Éditorial | Editorial

Si la majorité des affaires d'arbitrage international sont des affaires d'arbitrage commercial, le droit de la protection des investissements demeure le domaine dans lequel l'actualité se développe de la manière la plus intense. Cette situation est peut-être due au fait que cette matière est très largement publique, au contraire de l'arbitrage commercial qui demeure très majoritairement confidentiel, pour des raisons d'ailleurs tout à fait légitimes.

Deux développements récents doivent attirer l'attention en matière de protection des investissements. En premier lieu, le 30 avril 2019, la Cour de justice de l'Union européenne a rendu un avis sur la compatibilité du CETA avec le droit de l'Union européenne (CJUE, Avis 1/17). Cet avis a conclu à la compatibilité du mécanisme de règlement des différends du Traité CETA avec le droit de l'Union et certains ont pu y voir un assouplissement de la part de la Cour de justice après la position, hostile à l'arbitrage en matière d'investissements, prise dans l'affaire *Achmea*. Comme d'autres commentateurs l'ont cependant justement observé[1], cette solution, apparemment favorable au droit de la protection des investissements, cache en réalité un recul, même par rapport aux critères déjà passablement stricts imposés dans l'affaire *Achmea*. Sans entrer dans les détails de l'avis que chacun pourra lire, on ne peut qu'être frappé à sa lecture par le caractère fort limité que la Cour de justice croit déceler dans la protection de fond qu'offrent les dispositions, au demeurant assez classiques, du Traité CETA. Cette interprétation est en retrait marqué par rapport à l'interprétation normalement admise de ce type de disposition, un peu comme si la Cour voulait réduire le champ de la protection des traités d'investissement pour pouvoir la calquer sur le type de protection substantielle qu'offre le droit de l'Union, justifiant ainsi l'absence de traité interne entre les membres de l'Union. Cette tentative d'aligner la protection des traités de protection d'investissement sur la protection disponible au plan européen pourrait aussi servir de soutien au raisonnement, manifestement erroné, défendu par la Commission et certains États, selon lequel, après l'accession d'un État à l'Union, les traités européens prévaudraient sur les traités bilatéraux

1. E. Gaillard, JDI Juillet-Août-Septembre 2019, p. 833.

préexistants par application de l'article 30 de la Convention de Vienne qui régit la succession de traités portant sur la même matière.

Le deuxième développement porte sur la jurisprudence récente de la cour d'appel de Paris en matière de protection des investissements. Sur les quelques affaires soumises à la Cour (une quinzaine), il semble que le taux d'annulation soit plus élevé qu'en matière commerciale. Il y a encore trop peu d'affaires d'investissement pour que cette évolution soit statistiquement significative, mais on semble déceler de la part de la cour d'appel de Paris une volonté de contrôler au plus près les décisions des tribunaux constitués en matière de protection des investissements. Certaines solutions retenues apparaissent cependant difficiles à suivre. On pense notamment à la récente affaire *Rusoro* sur l'application des traités *ratione temporis*. L'affaire *Rusoro* étant soumise à la censure de la Cour de cassation, nous attendrons naturellement la solution de cette dernière. Par ailleurs, nous devrons attendre encore quelques années pour avoir une idée plus précise de l'évolution de la position qu'adoptera la cour d'appel de Paris dans ses décisions d'annulation de sentences arbitrales rendues en matière de protection des investissements, notamment pour ce qui concerne le degré de contrôle qu'elle entend exercer. Il ne serait en toute hypothèse pas surprenant que ce contrôle demeure assez étendu dans la mesure où les affaires de protection d'investissements posent de manière quasi-systématique des questions de compétence, pour lesquelles la Cour dispose d'un plein pouvoir d'examen, pour reprendre une expression du Tribunal Fédéral suisse.

S'il est en revanche un domaine dans lequel la cour d'appel semble aujourd'hui avoir fixé sa jurisprudence, c'est celui du paiement par la partie qui succombe d'une indemnité pour les frais de l'autre partie par application de l'article 700 du Code de procédure civile. Les affaires d'annulation de sentences arbitrales sont en effet les rares affaires pour lesquelles l'indemnité accordée par la Cour correspond peu ou prou au montant réel des honoraires exposés par les parties. Jusqu'à présent, personne n'avait systématisé la connaissance dans ce domaine et nous tenons à remercier vivement Luca de Maria, fin connaisseur en la matière, d'avoir analysé la jurisprudence de la cour d'appel sur le jeu de l'article 700 et de nous avoir permis de publier le résultat de son analyse, particulièrement intéressante tant du point de vue français que du point de vue du droit comparé. On pense encore ici à la jurisprudence du Tribunal Fédéral suisse qui n'est pas tendre non plus avec les recours frivoles.

Ce numéro contient également une importante étude sur les relations entre l'arbitrage de construction et le mécanisme de protection des investissements réalisée par Aladin Masri. Cette étude pose la question de savoir dans quelle mesure le mécanisme de protection des investissements est adapté au contentieux de construction, plus généralement, de projets majeurs d'infrastructures. On sait en effet que ces projets comptent parmi les affaires que l'on rencontre fréquemment en matière de protection des investissements. On songe en particulier à l'affaire *Salini*, fréquemment citée pour la définition qu'elle a donnée du terme investissement et qui est née d'un litige sur un projet de construction routière.

To complete our chronicle of construction law arbitration in this issue, we are delighted to publish a study by Sébastien Ribac and Erwan Robert on the subtle, and sometimes crucial distinction under French law between a limitation period (*délai de prescription*) and a contractual time bar (*délai de forclusion*). Whereas a limitation period finds its source in law and may only be amended or abridged contractually to a limited extent, a contractual time bar may be freely fixed by the parties to a construction contract governed by French law. As a result, relatively short *délais de forclusion* are perfectly valid and should be given effect by arbitrators. As the authors point out, however, even in the case of a purely contractual time bar there are limits, even though it may be considered that, all other things being equal, a commercial arbitrators' duty is, first and foremost, to give effect to the parties' agreement as expressed in their contract. One such limit is that set by Article 6 of the European Convention on Human Rights, guaranteeing parties the right to a fair trial. Parties have argued that, where an unreasonably short *délai de forclusion* has the practical effect of depriving a party of the possibility of making a claim at all, it should be considered contrary to Article and, as such, unenforceable. The authors caution arbitrators applying French law construction contracts to be mindful of this overriding principle and we agree. A violation of Article 6 would most likely be considered to be contrary to the public policy of the signatory States of the ECHR and would jeopardize enforcement in such States (particularly in France) of an award that failed to take it into account.

We also thank our colleague Ziad Mouallem from Dubaï for his searching contribution on the subject of due process standards in arbitration, particularly as applied in the context of post-award enforcement or annulment proceedings subject to the New York Convention. The author considers in particular the possible sources of such standards, including national rules and laws, transnational standards developed in the context of arbitration and autonomous principles to be found at Article V of the Convention.

We of course thank our valued regular contributors: John Siwiec for his panorama of Canadian case law and our indefatigable director, Priscille Pedone, for her thorough review of recent French cases.

Lastly, as we conclude this editorial shortly before going to press, we note another remarkable instance of apparent interventionism by the French Courts when reviewing an award rendered in an investment protection case. In the *Komstroy* case, the Paris Court of appeal has just decided to refer several questions regarding the interpretation of the ECT to the Court of Justice of the European Union (CJEU). Some of our readers may remember that this case concerns the Ukrainian assignee of a claim for the unpaid debt of a Moldavian electricity utility. Unable to collect the debt, which was for the supply of electricity from Ukraine, delivered at the Moldavian border, the Ukrainian creditor brought an ECT arbitration, in Paris, against Moldavia, alleging a breach by the State of the fair and equitable treatment standard. The claim was successful (despite a dissenting opinion by the chairman, on the tribunal's jurisdiction) but the resulting award was set aside in 2016 by the Paris Court of appeal, which considered that the Claimant's asset, namely the Moldovan utility's electricity purchase debt, did not constitute an "investment" within the meaning of the ECT, as it did not involve any contribution to the Moldavian economy, thus depriving the tribunal of jurisdiction. The French Cour de cassation, in 2018, quashed the Court of appeal judgment, considering that it had added a requirement which does not form part of the ECT's jurisdiction provision. This, however, has not prevented the Paris Court of appeal, on remittal of the case by the Cour de cassation, from submitting several issues of ECT interpretation to the CJEU, including the very one decided by the Cour de cassation, on the meaning of "investment". The Respondent State argued that the CJEU had jurisdiction to Interpret the ECT as it is a "mixed "treaty, to which the European Union is itself a party and that it was appropriate that it should do so in this case. The Paris Court agreed. We will of course be following this case in future issues of the Journal, as it pursues its meanderings in the French and European courts.

Charles KAPLAN Philippe PINSOLLE

Sommaire

2019-2

III. Panorama international de jurisprudence / Panorama of World Cases Law

sous la direction de Michal POLKINGHORNE et Louis DEGOS

Doctrine – Débats

Articles – Debates

L'article 700 du CPC en matière de contrôle des sentences arbitrales[1]

Luca DE MARIA
Avocat au Barreau de Paris
Chargé d'enseignement à l'École de droit de Sciences Po Paris

1. L'article 700 du Code de procédure civile est sans doute la disposition la plus connue de ce code. À tel point qu'il est devenu même synonyme des frais de l'instance dont il est chargé d'assurer l'évaluation et l'imputation entre les parties au procès[2]. C'est que pour le justiciable, comme le praticien, la question des frais est essentielle. Quel que soit son degré de fortune ou son statut, la partie qui engage un procès veut pouvoir connaître le coût de la procédure. Prosaïque, voire triviale, la question est incontournable pour le justiciable et le praticien par voie de conséquence.

2. Si l'article 700 en est venu à remplacer la notion même de frais dans le langage du palais et du droit judiciaire, il est beaucoup moins connu du monde de l'arbitrage. Il a évidemment peu voire pas vocation à s'appliquer en matière d'arbitrage international où, d'une part, la procédure civile française n'a pas de titre pour s'imposer en dehors d'un choix des parties en sa faveur[3], et où d'autre part, ce sont le plus souvent les règlements d'arbitrage qui déterminent les modalités de prise en charge des frais de procédure par les parties[4]. Même dans l'arbitrage interne, le recours à cette disposition n'est pas systématique. Il faut se souvenir que les règles de procédure civile sont seulement supplétives[5] et souvent remplacées par les prévisions du règlement d'arbitrage applicable. L'application de cette disposition ne peut donc qu'être marginale dans la procédure arbitrale.

3. Une étude de sa mise en œuvre dans le cadre de l'arbitrage ne peut en conséquence être envisagée sérieusement pour les instances arbitrales elles-mêmes. C'est plutôt vers les procédures étatiques auxquelles l'arbitrage peut se trouver mêlé, litiges péri- ou post- arbitraux devant les juridictions françaises, que la question de l'article 700 trouve un intérêt. C'est tout particulièrement vrai pour les recours en matière de contrôle des sentences. Depuis quelques années, en effet, la cour

1. L'auteur tient à remercier Mesdames Barbara Blanchard et Yasmina Micu pour leur aide précieuse à la réalisation de cet article.

2. Par métonymie, on a fini par demander un article 700, suivant l'expression passée dans le langage courant du palais. Pour cette raison, le seul numéro de l'article suffit à identifier cette disposition. C'est ainsi que celle-ci sera désignée dans la suite des développements pour éviter d'alourdir le discours.

3. Article 1509 du Code de procédure civile.

4. *Ibid.* et art. 38 Règlement d'arbitrage de la CCI en vigueur au 1er janvier 2017, art. 28 des règles d'arbitrage de la LCIA, articles 9 et 16 § 2 du Règlement d'Arbitrage de l'AFA.

5. Article 1464 du Code de procédure civile.

accorde, à titre de frais, des sommes de plus en plus considérables[6] sans rapport avec les sommes allouées dans d'autres contentieux. Le constat ne vaut pas pour les autres litiges en lien avec l'arbitrage portés devant la juridiction étatique, actions devant le juge d'appui ou en responsabilité de l'organisme chargé de superviser l'instance arbitrale[7] ou action en paiement de leurs honoraires par les arbitres[8], qui donnent lieu à une application beaucoup plus coutumière de l'article 700.

4. Atypique, l'application de cette disposition, dans ce contexte particulier, conduit naturellement à s'interroger sur les ressorts de cette pratique extraordinaire au sens premier du mot. Mais, un retour préalable sur les conditions générales d'application de cette disposition s'avère nécessaire comme point de départ de la réflexion.

5. Un peu d'histoire n'est pas inutile pour saisir le régime de l'article 700. Deux remarques, qui se complètent, doivent être formulées. La première concerne l'originalité du mécanisme. La banalité de cette disposition a fini par faire oublier que, lors de son introduction dans l'ordre juridique français, au moment de la promulgation de celui qui, à l'époque, se nommait encore le nouveau Code de procédure civile[9], elle réalisait une révolution. Jusqu'à son avènement, le vainqueur du procès ne pouvait prétendre qu'au remboursement des dépens[10], soit les frais rendus obligatoires par les règles de procédure[11] sauf à de rares exceptions[12]. Avec l'article 700, le vainqueur pouvait désormais espérer recouvrer, fût-ce en partie, on y reviendra un peu plus loin, les dépenses exposées pour faire face à tous les autres frais que la loi n'impose pas mais qui ne sont pas moins nécessaires au plaideur pour sa défense, et principalement les honoraires de l'avocat pour ses conseils et sa plaidoirie. C'était un véritable changement de paradigme que réalisait l'introduction de cette règle dans la procédure civile française, d'autant plus important que la disposition se voyait attribuer un domaine des plus larges[13] qui inclut les instances de contrôle des sentences arbitrales qui constituent indubitablement des procédures judiciaires[14].

---

6. Cf. à titre d'exemples : CA Paris, 9 septembre 2014, accordant la somme de 100 000 euros ; 18 novembre 2014, attribuant la somme de 100 000 euros ; 29 novembre 2016, tableau annexe, n° 27, qui accorde la somme de 200 000 euros, 7 février 2017, tableau annexe n° 32 accordant la somme de 150 000 euros ; 26 septembre 2017, tableau annexe n° 43, allouant la somme de 600 000 euros ; ces exemples sont les plus importants mais il y a d'autres nombreuses décisions accordant de 50 000 à 80 000 euros régulièrement.

7. Cf. CA Paris, 30 juin 2015, RDC 2016.75, obs. M. Laazouzi ; Gaz. Pal. 4-5 décembre 2015, n° 338-339, obs. D. Bensaude, qui donne lieu à une condamnation de 5 000 euros au titre de l'article 700.

8. Cf. C.A. Paris, Pôle 1 – Chambre 1, 24 mai 2016, Cah. arb. 2016.641, note M. de Fontmichel, Rev. arb. 2017, p. 533 et s., note V. Chantebout ; 11 octobre 2016, Rev. arb. 2017, p. 533 et s., note V. Chantebout.

9. Cf. art. 26 II et III, loi n° 2007-1787 du 20 décembre 2007, ayant abrogé l'ancien Code de procédure civile. Cf. G. Cornu et J. Foyer, Procédure civile, PUF, 3e édition refondue, 1996, p. 505.

10. Cf. F. Arbello, Enc. jur. Dalloz, Répertoire de procédure civile, V° Frais irrépétibles, n° 2.

11. L'article 695 du Code de procédure civile dresse la liste limitative des dépenses qui constituent des dépens, de laquelle sont exclus les coûts de l'avocat.

12. Cf. Droit et pratique de la procédure civile (sous la direction de S. Guinchard) Chap. 611, Contenu des dépens par M. Redon, spéc. n° 611.52.

13. Cf. *Droit et pratique de la procédure civile* (sous la direction de S. Guinchard), *op. cit.*, n° 611.70 et s. N'échappent à son application que quelques procédures.

14. Cf. J. Pellerin, Rôle et fonction de la Cour d'appel (contribution au colloque du Comité français de l'arbitrage sur Les réflexions sur les voies de recours en droit de l'arbitrage, *in* Rev. arb. 2018, p. 37 et s, spéc. n° 33.

6. La seconde remarque historique, prolongeant la première, concerne les rapports qu'entretient l'article 700 avec les dommages et intérêts pour procédure abusive et qui sont d'un intérêt particulier pour notre sujet dès lors que la cour d'appel de Paris fait, en tant que juge du contrôle des sentences arbitrales, un usage régulier de l'abus de procédure[15]. Avant l'entrée en vigueur de l'article 700, il avait été reconnu que les frais exposés par le vainqueur du procès, à l'époque normalement irrépétibles pour ne pas être couverts par la notion de dépens, pouvaient tout de même lui être remboursés, comme dédommagement de l'abus de procédure du perdant[16]. La promulgation de l'article 700 a conféré aux frais de procédure une autonomie qui a conduit à la séparation de l'indemnité pour procédure abusive de celle accordée au titre des frais. Les frais ne peuvent être recouvrés par le biais de l'abus de procédure et le dédommagement des pertes ne correspondant pas à des frais de procédure ne peut être obtenu sur le fondement de l'article 700. Mais, vestige de l'époque antérieure à l'avènement de l'article 700, il a pu être admis qu'une demande de condamnation aux frais de l'instance contient une demande en réparation pour procédure abusive[17]. Tous les liens entre les deux domaines n'ont pas été coupés.

7. Ces précisions historiques données, quelques mots sur les conditions de la mise en œuvre de l'article 700 s'imposent pour comprendre son application dans les procédures de contrôle des sentences arbitrales. Elles sont réduites. Le texte indique que les frais de l'instance sont supportés par la partie qui est condamnée aux dépens, à savoir le succombant[18] ou, dans les procédures ne donnant pas lieu à dépens, la partie perdante. La solution est, de ce point de vue, dans la continuité de la tradition immémoriale qui fait supporter aux perdants la charge des coûts de la procédure[19]. L'article 700 prévoit que « [...] *le juge condamne* [...] » comme pour restreindre l'office du juge. Mais, au contraire de ce que suggère l'indicatif présent du texte, le juge dispose en réalité de la plus grande marge d'appréciation. Les rédacteurs du texte ont opté pour un critère d'appréciation extrêmement souple qui confère au juge une grande liberté et donne à cette disposition une physionomie particulière : l'équité[20]. Le texte cite également aux côtés de celle-ci, la situation économique du débiteur. Mais, celle-ci n'est pas un critère autonome, elle n'est qu'une facette de l'équité[21]. L'état

15. Cf. pour des exemples : H. Lecuyer, exercice abusif des voies de recours contre les sentences arbitrales : de quelques manifestations de l'ire du juge judiciaire. Pour un exemple récent de procédure abusive : CA Paris, Pôle 1, Chambre 1, 21 novembre 2017, Règl. : 15/17205, inédit.

16. Cf. *Droit et pratique de la procédure civile* (sous la direction de S. Guinchard) Chap. 611, Contenu des dépens par M. Redon, spéc. n° 611.52. L'abus de procédure est un avatar de l'abus de droit source de responsabilité civile : F. Terré, Ph. Simler, Y. Lequette et F. Chénedé, *Droit civil, Les obligations*, Dalloz, 12e édition, n° 971.

17. Cf. Civ. 1re, 19 juillet 1978, JCP 1978, II, 178971, note Baudoin ; Civ. 2e, 23 juin 1979, Gaz. Pal. 1979, 562, note Viatte, Civ. 3e, 9 octobre 1979, n° 77-15.548, JCP 1979, IV, 369 ; RTD civ. 1981, 433, obs. Normand ; *contra* : Civ. 3e, 8 décembre 1981, Gaz. Pal. 1982, pan. 156, RTD civ. 1983, 183, obs. Normand.

18. Art. 696 du Code de procédure civile. Mais, en cas de succombance partielle, la charge des dépens est répartie discrétionnairement par le juge entre les deux parties (Civ. 3e, 29 mai 2002, n° 01-02332, Bull. civ. III, n° 115).

19. Cf. C. Chainais, F. Ferrand et S. Guinchard, *Procédure civile, Droit interne et européen du procès civil*, Dalloz, 33e édition, n° 260.

20. Cf. J.-L. Bergel, *Théorie générale du droit*, Dalloz, 3e édition, n° 277.

21. Cf. G. Cornu et J. Foyer, *Procédure civile*, PUF, 3e édition refondue, 1996, n° 112, p. 505.

de fortune des parties est une précision destinée à attirer l'attention particulière du juge sur cet aspect de leur situation. La première conséquence qui découle de l'adoption de l'équité pour critère est le pouvoir discrétionnaire conféré aux juges du fond pour décider sur cette question, qui les dispense de toute motivation[22]. La Cour de cassation, juge de l'unité de l'application du droit, ne peut contrôler ce qui n'en relève plus[23]. La seconde conséquence d'une appréciation en équité est la mise à l'écart des règles relatives à la preuve auxquelles le juge est dispensé de recourir pour condamner ou rejeter la demande. Il peut certes se référer à des pièces produites par l'une des parties, comme des attestations comptables, pour évaluer le montant, mais nul ne peut lui reprocher de ne pas en tenir compte ou de statuer sans aucune preuve de l'étendue des frais dont le recouvrement est recherché. En pratique, d'ailleurs, le juge se soucie rarement de la compensation effective des coûts réellement exposés par la partie bénéficiaire de la condamnation aux frais de l'instance[24]. On mesure, ici, la distance séparant la pratique judiciaire de celle arbitrale où les frais sont habituellement fixés sur la base des pièces justificatives produites. C'est encore l'équité qui justifie de refuser toute indemnité au vainqueur au titre de l'article 700. Elle a même justifié la condamnation du vainqueur à supporter les frais de la partie perdante[25]. Le régime de l'article 700 se révèle ainsi très original par rapport aux exigences habituelles en matière d'indemnisation.

8. La seule règle du droit commun de la procédure civile qui reste applicable à l'article 700, est le principe dispositif[26]. Ainsi, toute condamnation à ce titre est bornée par la demande de la partie au-delà de laquelle le juge ne peut aller et sans laquelle il ne peut octroyer aucune somme à ce titre.

9. Ce tour du régime de l'article 700 montre à quel point cette disposition constitue une expression singulière du système processuel français. Hétérodoxe à l'ordre juridique dont il émane, la mise en œuvre de l'article 700 ne laisse pas d'interroger lorsqu'il est amené à rencontrer le système arbitral à l'occasion de l'exercice par les parties des recours contre la sentence.

10. La première problématique que l'on rencontre, c'est celle, plus générale, suscitée par l'intrusion dans le système consensuel auquel les parties ont adhéré en recourant à l'arbitrage, notamment par la prévision des règles de procédure applicables, et plus particulièrement sur les frais, de dispositions impératives du for en charge du contrôle qui n'ont pas été choisis pour régir leurs rapports. En outre, comme il a été indiqué plus haut[27], la pratique arbitrale est favorable à la production des justificatifs des coûts pour accorder des indemnités pour frais, bien loin de l'usage français totalement contraire en matière d'article 700. L'adaptation des règles de procédure civile, à l'occasion de leur mise en œuvre dans le cadre du contrôle des sentences, au consensualisme de l'arbitrage n'est d'ailleurs pas une question inédite. Le refus de l'intervention volontaire d'un

22. Civ. 1re, 24 juin 2015, n° 14-15.538 et n° 14-19.562 ; pour la dispense de motivation, cf. J. et L. Boré, *La cassation en matière civile*, Dalloz action, 2015-2016, 5e édition, n° 66.33.

23. Cf. J. et L. Boré, *op. cit.*, n° 63.41.

24. Cf. F. Arbellot, *op. cit.*, n° 14 ; G. Cornu et J. Foyer, *op. cit.*, n° 112, p. 506.

25. Civ. 2e, 1er décembre 1982, D. 1983, IR 155, obs. Julien ; RTD civ. 1983, 597, obs. Perrot.

26. Cf. F. Arbellot, *op. cit.*, n° 37. Ce principe ne s'applique en revanche pas aux dépens (Civ. 3e, 5 avril 1978, Bull. civ. III, n° 151).

27. Cf. *supra* n° 7.

tiers dans la procédure de recours en annulation constitue une réponse à cette difficulté[28].

11. Le télescopage qui se produit à l'occasion des recours contre les sentences internationales, ne résulte d'ailleurs pas seulement du heurt entre les règles impératives de la procédure civile du for saisi et celles choisies par les parties ou les arbitres, mais aussi de la confrontation de traditions juridiques différentes. Et cette différence est grande en matière de frais de procédure[29]. Le contrôle des sentences, en matière internationale, conduit à soumettre des parties de traditions juridiques éloignées les unes des autres et de celles de la France, à une culture juridique particulière. Là où l'arbitrage avait neutralisé ces différences par l'accord des parties sur des règles issues de la pratique internationale, traduite le plus souvent dans les règlements d'arbitrage[30], les procédures de recours contre les sentences les ravivent, alors que le droit de la juridiction du contrôle de la validité de la sentence ou de celle du lieu d'exécution n'ont pas de titre préférentiel pour régir la procédure arbitrale[31], sauf choix exprès des parties en ce sens.

12. Dans ce contexte, la mise en œuvre d'une disposition comme l'article 700 étroitement liée aux traditions juridiques du for chargé du contrôle, pose la question de la rupture des équilibres prévus par les parties à l'arbitrage, notamment sur la question sensible des frais de procédure.

13. L'autre problématique que l'observateur de la pratique des frais par la Cour ne peut manquer est celle d'une potentielle restriction à l'accès au juge du recours, au regard de l'enchérissement des condamnations accordées sur le fondement de l'article 700.

14. L'affirmation d'un droit au recours n'est pas fréquente en matière d'arbitrage. L'insistance, légitime, portée sur le confinement de ces recours dans des limites étroites et surveillées finit par attaquer la légitimité même des recours. À tort. Comme l'écrit avec grande sagesse le professeur Emmanuel Gaillard : « [il] *est sain* [...] *que les arbitres, limités par l'existence d'un contrôle quelconque, ne puissent être tentés par l'ivresse de la toute puissance que serait susceptible d'engendrer la suppression de tout contrôle* [...] »[32]. Rempart contre l'hubris de l'arbitre, les recours contre la sentence arbitrale se justifient ainsi comme une nécessité interne au droit de l'arbitrage, contrepoids des pouvoirs confiés aux arbitres par les parties. Pas seulement d'ailleurs. C'est aussi une question de « [...] *crédibilité d'une place arbitrale* [...] »[33], à laquelle Paris est évidemment attaché en raison de la position qu'occupe la capitale française dans le monde de l'arbitrage, spécialement

---

28. Cf. sur le principe J. Pellerin, *ibid.* et sur l'irrecevabilité de l'intervention notamment : CA Paris, 9 avril 2009, Règl. : 07/17769, Rev. arb. 2009, somm. p. 436 ; CA Paris, 27 mai 2014, D. 2014.2541, obs. Th. Clay ; Cah. arb. 5 novembre 2015, p. 481, note R. Dupeyré.

29. Certains systèmes font supporter les frais à la partie perdante comme en France – sous réserve des atténuations que la jurisprudence apporte à la règle – en Allemagne, en Autriche et en Suisse ; d'autres prévoient un partage quelle que soit l'issue de l'instance : États-Unis ou Espagne (cf. à ce sujet J. Ortscheidt, *La réparation du dommage dans l'arbitrage commercial international*, Dalloz, 2001, n° 785 et les références citées).

30. Cf. *supra* note 4 les références citées.

31. Cf. Ch. Seraglini et J. Ortscheidt, *Droit de l'arbitrage interne et international*, Montchrestien, 2013, n° 793.

32. E. Gaillard, *La jurisprudence du CIRDI*, Pedone, 2004, p. 189.

33. C. Chainais, « Réflexions prospectives sur les voies de recours en matière d'arbitrage », Rev. arb. 2018, p. 177 et s., n° 35, p. 199.

international, par sa contribution au façonnement du droit de l'arbitrage bien au-delà des frontières nationales[34]. L'accès aux recours contre la sentence arbitrale mérite d'être protégé.

15. On le voit, l'application de l'article 700, dans le contexte du contrôle des sentences, pour quotidienne et banale qu'elle soit, soulève tout de même des questions qui vont au-delà de la simple problématique de la répartition de la charge des frais entre les parties, mettant en jeu des équilibres délicats et essentiels du droit de l'arbitrage.

16. Qu'en est-il en pratique de ces équilibres ? La Cour met-elle en place une jurisprudence qui serait soucieuse de leur préservation ? Le constat de l'enchérissement des condamnations qui a été posé ne suffit pas à donner une réponse. S'il peut faire craindre une atteinte à l'accès au juge du recours, il est insuffisant pour le caractériser à lui seul, dès lors que les condamnations les plus fortes ont été prononcées dans des procédures aux enjeux très élevées et opposant des parties puissantes, par leur qualité ou par leur richesse, et sont pour cette raison proportionnées et ne surprennent pas les acteurs de l'arbitrage. Par ailleurs, ce constat porte sur un résultat qui, s'il révèle une tendance, ne permet pas, pour autant, de comprendre les ressorts sur lesquels celle-ci reposerait et, par voie de conséquence, à renseigner sur la politique que la Cour appliquerait.

17. Il faut dire ensuite que la recherche d'une telle politique n'est pas aisée car elle se heurte à de nombreux obstacles.

18. La première difficulté dans cette démarche à laquelle l'analyste se trouve confronté est la motivation stéréotypée des décisions, réduite à un renvoi à l'équité pour toute explication[35], dont il est impossible de déduire les inclinaisons de la Cour à propos de ses choix, si elle en fait.

19. La seconde tient à la diversité des situations litigieuses et, corollairement à la dispersion apparente des solutions en matière d'article 700 à laquelle participe le mécanisme même de cette disposition fondée sur la notion souple, s'il en est, d'équité.

20. La diversité, à laquelle l'observateur autant que la Cour d'ailleurs sont confrontés, est avant tout celle des situations litigieuses, bien plus variées que ce que l'intuition suggérerait s'agissant d'arbitrage.

21. Ainsi, l'écart des enjeux entre les affaires est abyssal : de la contestation relative à la vente d'un bovin décédé peu de jours après la cession de l'animal[36] à l'indemnisation des anciens actionnaires d'un groupe pétrolier, accordée par suite

---

34. E. Gaillard, « L'apport de la pensée juridique française à l'arbitrage international », JDI, 2017, p. 529 et s. ; J. Pellerin, *op. cit.*, n° 4.

35. La Cour adopte les formules stéréotypées suivantes en cas de condamnation : « *considérant que* [primus], *qui succombe, ne saurait bénéficier des dispositions de l'article 700 du Code de procédure civile et sera condamné sur ce fondement à payer à* [secondus] *la somme de [x] euros* ». Si le rejet de la demande est justifié par des motifs plus variés, ceux-ci ne sont pas plus explicites des véritables ressorts de la solution adoptée : « [c]*onsidérant que les deux parties succombant partiellement, il n'y a pas lieu de faire bénéficier l'une ou l'autre d'entre elles des dispositions de l'article 700 du Code de procédure civile* [...] » ou « [c]*onsidérant qu'aucune considération tirée de l'équité ne permet de faire application des dispositions de l'article 700 du Code de procédure civile* [...] » ou encore « [c]*onsidérant que l'équité ne commande pas qu'il soit fait application de l'article 700 du Code de procédure civile* [...] ».

36. Cf. CA Paris, 23 octobre 2018, tableau annexe n° 68.

d'agissements menés à l'initiative d'une puissance mondiale reconnus comme expropriatoires par la sentence[37].

22. Se trouvent résumées dans ces exemples les immenses divergences auxquelles la cour d'appel est confrontée à l'occasion du contrôle des sentences. Sur le plan des différends, et sans exhaustivité, les recours naissent de litiges qui vont des contrats de construction internationaux[38] à la détermination de l'indemnité du journaliste licencié[39], en passant par des litiges presque familiaux de sortie d'une enseigne de la grande distribution[40] pour finir par l'arbitrage d'investissements aux implications politiques internationales[41].

23. De même, en considérant la qualité publique ou privée des parties au recours, si les sociétés commerciales dominent dans les procédures, le secteur public est également très présent, surtout depuis quelques années où se sont multipliés les arbitrages d'investissements hors CIRDI[42]. Sont concernés les États et leurs organes comme les ministères[43], des établissements publics[44], des entreprises publiques ou para-publiques[45]. Les acteurs publics sont tour à tour demandeurs ou défendeurs aux recours.

24. Les données à l'état brut découragent toute construction cohérente. D'abord, les écarts entre les condamnations sont immenses. Sur l'année 2016, les condamnations s'étalent de 3 000 à 200 000 euros, établissant un rapport de 1 à 66. Pour l'année 2017, cet écart est encore plus impressionnant puisque la plus petite condamnation reste de 3 000 euros alors que la plus haute grimpe à 600 000 euros. Le rapport s'accroît alors à 1 pour 200. En 2018, la différence, moins spectaculaire qu'en 2017, reste tout de même très importante, au même niveau qu'en 2016.

25. Il en va de même si l'on considère la proportion entre la somme allouée et celle réclamée. Sur la période étudiée, les condamnations prononcées représentent une fourchette variant de 16 %[46] à 100 % du montant de la demande.

26. Une perspective subjective, à hauteur des parties condamnées, donne la même image de dispersion : les particuliers sont condamnés comme les entreprises ; les personnes publiques comme les personnes privées. Et l'inverse est tout aussi exact, aucune discrimination ne touche le bénéficiaire des condamnations : quelle que soit la qualité de la partie, celle-ci a vocation à bénéficier d'une indemnité au titre de l'article 700.

---

37. Cf. CA Paris, 12 décembre 2018, tableau annexe n° 48.

38. Cf. CA Paris, 28 juin 2016, tableau annexe n° 16.

39. Cf. CA Paris, 23 février 2016, tableau annexe n° 5.

40. Cf. CA Paris, 8 mars 2016, tableau annexe n° 6.

41. Cf. *supra* note 40.

42. 2016 : 4 arrêts se sont prononcés à l'égard de l'État, sur 23 arrêts rendus recensés ; 2017 : 6 sur 20 ; 2018 : 3 sur 24.

43. *E.g.* : CA Paris, 8 novembre 2016, tableau annexe n° 22 : République d'Irak représentée par son Ministère du Logement et de la Construction ; 16 mai 2017, tableau annexe n° 39 : République Démocratique du Congo représentée par son Ministre des Finances ; 16 janvier 2018, tableau annexe n° 52, République d'Irak agissant par le département de la justice de son Ministère de la Justice.

44. *E.g.* : CA Paris, 6 mars 2018, tableau annexe n° 57 : l'Autorité pour l'administration des actifs de l'État de Roumanie.

45. *E.g.* : CA Paris, 4 décembre 2018, tableau annexe n° 75 : Agence France Presse.

46. *E.g.* : CA Paris, 15 novembre 2016, tableau annexe n° 22 : 5 000 euros d'accordés sur les 30 000 réclamés.

27. Ces forts contrastes laissent penser qu'aucune jurisprudence cohérente n'a pu s'édifier autour de l'application de l'article 700 en matière de contrôle des sentences. Ce résultat, décevant au plan de la recherche, serait cependant conforme à la plasticité de cette disposition fondée sur l'équité et le singularisme auquel celle-ci incite. Il se trouve cependant que cette impression globale est démentie par les résultats d'une analyse plus approfondie qui permettent de découvrir une véritable orientation jurisprudentielle de la Cour en matière de frais occasionnés par le contrôle des sentences. Il en résulte que la Cour choisit en principe de primer le vainqueur (I). Cette position qui, comme il sera envisagé plus loin dans les développements, par une proximité avec la jurisprudence arbitrale en matière de frais, minimise l'intrusion du système juridique du for de contrôle dans l'autonomie de l'arbitrage, n'évite pas les hésitations et certains excès qui militent pour un renouvellement de la jurisprudence en la matière et invitent à envisager de nouvelles solutions (II).

28. À défaut d'une motivation circonstanciée des arrêts, il a fallu recourir à une analyse statistique qui impose, à ce stade, quelques précisions méthodologiques. Cette étude ne se veut et ne pourrait être exhaustive dans le cadre limité d'un article quelle que soit la liberté éditoriale accordée à l'auteur. Le choix a été fait de concentrer l'attention sur les trois dernières années complètes disponibles. Il est totalement subjectif, et d'autres divisions pourraient se justifier tout autant. Il nous a semblé constituer un bon compromis permettant d'analyser les positions adoptées par la Cour sur une durée suffisamment longue pour distinguer les véritables tendances des épiphénomènes, tout en conservant son actualité à la présente étude[47]. L'examen se porte sur les arrêts de la cour d'appel de Paris traitant des recours contre les sentences arbitrales. Les arbitragistes de province pardonneront, nous l'espérons, ce parisianisme, dicté tout à la fois par le cadre limité de l'exposé, mais aussi par la variété et la disponibilité des arrêts de cette cour d'appel, et enfin, surtout, par la place qu'occupe cette juridiction dans le droit de l'arbitrage au plan interne et plus encore en matière internationale[48].

Autre précision nécessaire, déjà esquissée plus haut, les développements qui suivent ne concerneront pas les décisions relatives au contrôle du juge d'appui, ni celles concernant le contentieux de la responsabilité post-arbitrale des arbitres ou des centres d'arbitrage qui donnent lieu à une application habituelle de l'article 700[49]. Ne seront envisagées que les condamnations aux frais prononcées dans le cadre des recours contre les sentences. Si tous les recours auraient eu leur place dans l'étude, seuls l'appel de la sentence, celui de l'ordonnance accordant l'exequatur à la sentence rendue à l'étranger et le recours en annulation ont fourni la matière suffisante pour procéder à une analyse de la jurisprudence de la cour d'appel de Paris. Aussi seront-ils les seuls recours envisagés.

47. Les décisions plus anciennes ne seront pas exclues mais ne seront mentionnées que lorsqu'il paraîtra nécessaire d'offrir une perspective à plus long terme ou pour éclairer différemment les tendances plus récentes.

48. Cf. J. Pellerin, *op. cit.*, n° 4.

49. Cf. *supra* n° 3 et les notes de bas de page.

I. – L'émergence d'une solution : le privilège du vainqueur

29. La motivation laconique des arrêts sur la question des frais impose de déterminer l'existence et les contours de la solution qui émerge des décisions examinées (A). Cette étape franchie, on s'aperçoit que la solution qui découle des arrêts répond de manière inégale aux problématiques que pose l'application de l'article 700 dans le cadre du contrôle des sentences arbitrales (B).

30. Avant d'entrer dans le vif du sujet, une précision s'impose sur un autre constat que livre la lecture des arrêts de la cour d'appel, venant se superposer aux principes qui peuvent en être tirés et qui vont être exposés plus loin.

31. Il s'agit d'une fracture qui s'ordonne autour de la dichotomie primordiale du droit français de l'arbitrage, entre le droit interne et le droit international. Dans les deux camps, il est possible de trouver des condamnations d'un montant élevé et parfois comparable[50]. Cependant, le parallélisme en matière de frais entre les deux faces du droit français de l'arbitrage ne va pas au-delà de quelques arrêts. La moyenne des condamnations demeure bien inférieure en matière interne par rapport au droit international. Ainsi, les condamnations accordées, en droit de l'arbitrage interne, s'élevaient en moyenne à un peu plus de 20 000 euros pour 2016, 6 571 euros pour 2017 et 9 000 euros en 2018. En matière d'arbitrage international, la moyenne est considérablement plus élevée : 60 000 euros pour 2016, 120 000 euros environ pour 2017, 62 000 euros pour 2018. S'agissant de 2017, même en retirant les deux condamnations exceptionnelles, en valeur, prononcées dans les affaires « Genentech » et « Yukos » (600 000 euros chacune) qui contribuent à considérablement dilater la moyenne, celle-ci demeure toujours plus élevée, et de loin, qu'en matière interne, pour s'établir à 51 000 euros.

32. Cette différence significative repose autant sur la cour d'appel que sur le positionnement des plaideurs. Force est, en effet, de constater qu'en matière d'arbitrage interne, les parties et leurs conseils, dans le domaine de l'article 700, font preuve de modération, présentant des demandes d'un niveau très inférieur à celui que l'on trouve en matière internationale[51]. Les habitudes, une souvent moins grande complexité des dossiers, sans oublier des enjeux moins élevés sont autant d'explications qui justifient cette autolimitation des plaideurs dans la détermination de leurs demandes relatives aux frais en matière d'arbitrage interne. La Cour joue aussi un rôle dans cette limitation des demandes. On peut constater ainsi qu'à l'occasion des appels contre la sentence arbitrale, la Cour réduit systématiquement la demande même en cas de victoire totale[52]. Même en matière de recours en annulation, où la Cour tend majoritairement à faire droit intégralement à la

50. *E.g.* CA Paris, 24 mai 2018, tableau annexe n° 14, avec une condamnation de 50 000 euros au titre de l'article 700 ; 6 novembre 2018, tableau annexe n° 68.

51. Cf. CA Paris, 19 décembre 2017, tableau annexe n° 49 ; 3 octobre 2017, tableau annexe n° 44 ; 10 janvier 2017, tableau annexe n° 31...

52. Cf. en 2016 : CA Paris, 14 avril 2016, tableau annexe n° 12 (5 000 euros accordés sur 10 000 réclamés) ; 13 septembre 2016, tableau annexe n° 17 (3 000 euros accordés sur 7 500 réclamés) ; 25 octobre 2016, tableau annexe n° 21 (20 000 euros accordés sur 25 euros réclamés) ; en 2017 : CA Paris, 10 janvier 2017, tableau annexe n° 30 (5 000 euros accordés sur 10 000 réclamés) ; 14 mars 2017, tableau annexe n° 34 (10 000 euros accordés sur les 20 000 demandés) ; 3 octobre 2017, tableau annexe n° 44 (5 000 accordés sur les 8 000 demandés) ; en 2018 : CA Paris, 19 juin 2018, tableau annexe n° 64, (2 500 euros accordés sur les 15 000 euros

demande[53], elle applique dans quelques espèces de recours en annulation une réduction. C'est donc une approche beaucoup plus modeste des frais de l'instance qui est promue en matière d'arbitrage interne. L'application des frais est donc à compter parmi les points de résistance à la convergence actuelle des régimes des deux domaines du droit français de l'arbitrage[54]. Cette tendance qui se constate dans les arrêts n'occulte cependant pas les principes de solution qui vont être évoqués à présent. Elle se conjugue avec eux pour les pondérer et méritait donc d'être citée préalablement à leur exposé afin de mieux en comprendre les nuances et les hésitations.

A. Principe et étendue du privilège

33. L'analyse statistique des arrêts de la Cour révèle la préférence de la Cour pour le justiciable victorieux auquel elle accorde l'intégralité de sa demande (1). Elle montre aussi, en même temps, que la juridiction d'appel parisienne pose un tempérament au principe qu'elle applique pour, semble-t-il, pallier l'excès que l'application systématique du principe pourrait engendrer (2).

1. Le principe : la prime au vainqueur

34. Il a pu être remarqué, plus haut, que la proportion, entre les montants accordés par la Cour et ceux réclamés par la partie victorieuse, varie grandement[55]. Mais, en affinant l'examen des arrêts recensés, une solution émerge avec insistance. On s'aperçoit, ainsi, qu'au titre de l'année 2016, la Cour a accordé 12 fois, sur les 23 arrêts collationnés, la totalité de la somme réclamée par la partie bénéficiaire, quel que soit le résultat du recours – acceptation ou rejet –, soit plus de la moitié des condamnations prononcées. En 2017, ce sont 6 arrêts sur les 21 recensés qui ont alloué la totalité de la somme réclamée au titre des frais. Pour 2018, la proportion s'est rétablie, à presque la moitié des condamnations prononcées avec 10 arrêts accordant la totalité des sommes réclamées pour 24 arrêts recensés. Sur les trois années combinées, c'est presque la moitié des arrêts qui se prononce dans le même sens (42 %). Cette solution s'applique même lorsque les montants réclamés sont importants[56].

35. De tels résultats montrent que la solution n'est ni occasionnelle, ni le fruit du hasard. Il n'est pas nécessaire d'effectuer une étude détaillée pour s'apercevoir que, dans le contentieux général, les condamnations à la totalité de la somme réclamée sont, en ce domaine, comme dans celui plus large de la réparation du

---

demandés) ; 23 octobre 2018, tableau annexe n° 68 (1 000 euros accordés sur les 2 400 réclamés) ; 6 novembre 2018, tableau annexe n° 69 (27 000 euros accordés sur les 60 000 euros demandés).

53. Cf. CA Paris, 24 mai 2016, tableau annexe n° 15 (5 000 euros accordés sur les 10 000 euros réclamés) ; 16 mai 2017, tableau annexe n° 40 (10 000 euros octroyés sur les 25 000 demandés) ; 22 mai 2018, tableau annexe n° 61 (8 000 euros accordés contre 12 000 demandés).

54. Cf. Th. Clay, « Liberté, Égalité, Efficacité » : La devise du nouveau droit français de l'arbitrage, Commentaire article par article, JDI, Clunet, n° 4, pp. 815-816.

55. Cf. *supra* n° 25.

56. *E.g.* CA Paris, 24 mai 2016, tableau annexe, n° 14 ; 25 avril 2017, tableau annexe n° 38 ; 16 octobre 2018, tableau annexe n° 66.

dommage, très rares. Les taux mis au jour montrent, ici, une régularité qui contrarie l'habitude en matière d'article 700, et révèle l'existence d'une véritable tendance, d'un véritable principe de solution. La Cour accorde une prime au vainqueur en lui octroyant la totalité de la somme qu'il réclame.

36. La faveur accordée au vainqueur se trouve confirmée, par contraste, à travers le sort réservé aux demandes de frais, en cas de victoire partielle. Si le nombre d'espèces disponibles est limité, avec seulement cinq arrêts recensés, les résultats sont néanmoins parlants. Sur ces cinq arrêts, on ne trouve qu'une seule condamnation couvrant la totalité de la demande[57]. Dans les autres affaires, les parties qui obtiennent partiellement gain de cause ne se voient attribuer au mieux qu'une fraction de la demande en remboursement des frais présentée. Mais, une fois écartées les décisions rendues en matière d'appel contre la sentence qui, comme on l'a indiqué plus haut, donnent lieu à une application à part de l'article 700[58], les autres décisions refusent toute condamnation. On mesure toute la disparité entre le traitement des frais au profit des parties qui obtiennent partiellement gain de cause et celles dont la victoire est totale[59].

37. La cour d'appel n'applique pas une logique proportionnelle dans le traitement des frais de l'instance en matière de contrôle des sentences arbitrales. Seule la victoire totale compte. Celui qui obtient intégralement gain de cause se trouve privilégié car son sort est nettement favorisé par rapport aux parties qui n'obtiennent que partiellement gain de cause et doivent supporter leurs propres frais. Le résultat est d'autant plus remarquable que la Cour ne s'attache à aucune justification des frais réclamés.

38. On mesure, par cette dernière affirmation, le potentiel danger que recèle la solution de principe dégagée par la jurisprudence de la Cour. Appliquée sans discernement, elle aboutirait rapidement à faire de la demande au titre des frais une aubaine d'enrichissement pour les parties avec pour corollaire une course en avant vers des demandes toujours plus élevées. La Cour a donc appliqué un correctif à son principe, quoique, apparemment, pas de manière totalement consciente.

2. Le tempérament

39. La lecture des arrêts montre que, même en présence d'une victoire totale, admission ou rejet du recours, la Cour n'accorde parfois qu'une fraction de la demande au vainqueur voire lui refuse même toute indemnité. Parmi l'ensemble des décisions qui appartiennent à ce groupe, il en est certaines que l'on ne peut déchiffrer. Nous y reviendrons plus loin. Mais, d'autres répondent à une même logique.

40. Il apparaît, ainsi, très nettement, qu'au-delà d'un certain niveau de prétention, la Cour réduit systématiquement le montant attribué au profit du vainqueur par rapport à sa demande présentée au titre des frais. On remarque ainsi que, lorsque la demande est au moins égale à 100 000 euros, la Cour n'accorde presque jamais la totalité de la demande présentée par le vainqueur. Ainsi, ce

57. Cf. CA Paris, 22 novembre 2016, tableau annexe n° 26.
58. Cf. *supra* n° 32.
59. Cf. CA Paris, 23 avril 2017, tableau annexe n° 37 ; 23 octobre 2018, tableau annexe n° 68.

ne sont pas moins de 4 arrêts sur 6 qui voient cette solution adoptée en 2018, 6 sur 9 en 2017 et, enfin, 4 sur 5 en 2016. En se concentrant uniquement sur les affaires dans lesquelles la partie gagnante a présenté une demande supérieure à 100 000 euros, il ne se trouve plus aucune condamnation accordant la totalité de la demande d'article 700. La Cour réduit dans ces affaires systématiquement le montant demandé. La convergence ne peut qu'être constatée. Il serait bien difficile, tant au regard de la durée que de la récurrence avec lesquelles la même position s'exprime, d'y voir le simple effet d'une coïncidence. Une solution se dessine ici aussi nettement. La motivation laconique des arrêts ne fournit évidemment aucune explication. Les circonstances des arrêts, dont aucune particularité ne se détache, ne sont pas plus parlantes. Le seul véritable dénominateur commun à toutes ces décisions, c'est le niveau de la demande. Une fois franchi un certain seuil, les arrêts refusent de faire droit intégralement à la prétention du vainqueur. C'est l'excès qui paraît la seule explication à la solution dérogatoire que la Cour applique. L'exception à la solution de principe qui émerge des arrêts recensés ne va pas sans poser de questions sur ses limites, auxquelles il n'est pas toujours aisé de répondre. Au premier rang de celles-ci se trouve la détermination du seuil.

41. Comme il vient d'être indiqué, la réduction est systématique lorsque la demande excède les 100 000 euros. C'est bien sur ce chiffre que se situe la frontière entre le droit à la totalité de la demande et la satisfaction partielle. En revanche, lorsque la demande égale cette somme, c'est l'incertitude qui règne. En 2016, sur les deux demandes de condamnation à 100 000 euros au titre des frais, soumises à la cour d'appel par le futur vainqueur, une seule a été acceptée dans son intégralité[60]. En 2017, les arrêts de réduction prévalent (3)[61] sur ceux qui octroient la totalité de la somme réclamée (1)[62]. Pour 2018, enfin, ce sont les arrêts accordant la totalité de la demande qui deviennent majoritaires à 2[63] contre 1[64]. Il paraît difficile de trouver une explication dans les arrêts sur les raisons qui poussent la Cour à faire pencher la balance d'un côté plutôt que de l'autre quand la demande est de 100 000 euros. Il n'y a qu'une seule décision où les circonstances peuvent justifier l'attribution partielle de la demande au vainqueur. Dans cette affaire, les deux défendeurs au recours, victorieux, sollicitaient chacun la somme de 100 000 euros[65], soit, une fois cumulées les deux indemnités, une somme largement supérieure au seuil. Pour les autres, il faut se contenter du constat. L'absence de motifs apparents n'empêche cependant pas toute explication. L'incertitude, indubitable, qui résulte des arrêts de la Cour à ce niveau de demande, est le signe d'une hésitation de sa part. Il est probable que la solution ne résulte pas d'un parti adopté délibérément par la Cour, en ce sens que cette dernière n'aurait pas conscience de la convergence qui se dégage de ses décisions, et qu'elle agit muée par le sentiment d'exagération que représentent pour elle certaines demandes. Or, de cette démarche menée de

60. Cf. CA Paris, 12 avril 2016, tableau annexe n° 11 et CA Paris, 28 juin 2016, tableau annexe n° 16, pour le rejet partiel de la demande.

61. Cf. CA Paris, 21 mars 2017, tableau annexe n° 36 ; 16 mai 2017, tableau annexe n° 39 ; 28 novembre 2017, tableau annexe n° 46.

62. Cf. CA Paris, 25 avril 2017, tableau annexe n° 38.

63. Cf. CA Paris, 16 janvier 2018, tableau annexe n° 51 ; 16 octobre 2018, tableau annexe n° 66.

64. Cf. CA Paris, 16 janvier 2018, tableau annexe n° 52.

65. *Ibid.*

manière empirique, se dégage spontanément une ligne de démarcation entre le raisonnable et ce qui ne l'est plus, à hauteur de 100 000 euros. Quand la demande se situe sur le seuil même, le sentiment d'exagération s'exprime avec moins de force et donne lieu aux hésitations que l'observateur constate. Le flottement qui se produit sur le seuil ne remet cependant pas en cause la solution qui s'affirme lorsque la demande l'excède.

42. Une explication de la position adoptée par la Cour, que la lecture des arrêts pourrait suggérer, liant l'escompte appliqué à la demande à la qualité d'État de la partie condamnée, doit à notre sens être écartée. Il est vrai qu'en 2018, par 3 fois sur 6 et en 2017, par 4 fois sur 6, la réduction de la demande d'article 700 bénéficie à des États succombant en leur recours. La surreprésentation des États dans cette situation, ne doit cependant pas être perçue comme une sorte de faveur accordée à cette partie, contrepartie de son statut de puissance souveraine. D'abord, pour l'année 2016, la réduction à la demande a été appliquée en majorité au bénéfice de parties purement privées. Ensuite, à au moins une reprise des décisions recensées, sorte de contre-épreuve, la Cour a condamné un État à supporter l'intégralité des frais réclamés par la partie victorieuse. Cette qualité ne constitue donc pas un critère de la réduction appliquée à la demande. Nul favoritisme au profit des États, selon nous. La surreprésentation des États dans des affaires ayant donné lieu à réduction tient plutôt au développement ces dernières années de recours contre des sentences rendues en matière d'arbitrage d'investissements aux enjeux très forts.

43. La traduction statistique des arrêts de la Cour en matière de frais montre la constitution d'une véritable jurisprudence[66] en la matière, avec son principe et son exception. Tout praticien remarque immédiatement que ces solutions sont éloignées de la pratique habituelle des juridictions françaises en matière de frais tant par le principe même de l'allocation totale de la demande au titre de l'article 700 que par le niveau des condamnations. Si la Cour paraît ainsi atténuer l'intrusion de la règle du for chargé du contrôle dans l'autonomie de l'arbitrage, la solution présente néanmoins des défauts importants.

B. Le bilan contrasté du privilège accordé au vainqueur

44. La caractéristique la plus évidente de la solution qui s'évince des arrêts recensés est son automaticité. La condamnation est prononcée, sans égard pour la situation du débiteur ou la réalité des dépenses réclamées. L'exception que la Cour applique devrait apporter un tempérament à ce mécanisme. Mais celle-ci ne joue que de manière limitée car son seuil de déclenchement est élevé si bien qu'il ne parvient à rectifier que dans les cas les plus extrêmes une solution très monolithique.

45. La position de la Cour apparaît ainsi, immédiatement, en contradiction avec la notion d'équité dont elle devrait pourtant découler, qui, selon la compréhension que l'on en retient communément, constitue une adaptation au cas particulier, à l'espèce[67].

66. Cf. G. Cornu (sous la direction de), *Vocabulaire juridique*, PUF, 10e édition, 2014, V° jurisprudence, n° 4.

67. Cf. J. Carbonnier, *op. cit.*, n° 9, p. 23.

46. La solution n'est pas sans justification néanmoins. La mission confiée à la Cour dans le cadre du contrôle des sentences est hautement spécifique[68] : au carrefour du recours et du contrôle de légalité de l'acte juridique[69]. Tendu entre l'interdiction de la révision au fond et l'examen en fait et en droit des griefs, le contrôle de la sentence impose aux parties un exercice très particulier d'analyse sur l'ensemble de la procédure et de la discussion de fond de laquelle extraire les défauts d'une procédure susceptibles de correspondre à l'un des cas de rejet de la sentence. La singularité de l'exercice couplée à la complexité fréquente des affaires soumises aux arbitres conduisent à un accroissement des coûts.

47. Ce contexte permet de comprendre le niveau élevé des demandes au titre des frais de procédure et plus particulièrement en matière d'arbitrage international qui ne tient pas exclusivement à la nature internationale des affaires mais à la souvent plus grande complexité des dossiers dans ce domaine de l'arbitrage qui aboutit à des dépenses plus élevées. Il n'est pas alors anormal de mettre à la charge de la partie perdante les frais sollicités par le vainqueur tant que le montant réclamé demeure dans les limites de ce qui est habituel, et réduire ensuite la participation lorsque les montants dépassent un certain seuil. La solution rejoint d'ailleurs celle de la pratique arbitrale, à tout le moins international, qui, sous réserve d'adaptation suivant les lois et les règlements applicables, fait supporter au perdant la charge des frais engagés par son adversaire victorieux[70], à hauteur des sommes engagées. Envisagée de ce point de vue plus global, la solution se justifie pleinement. Elle peut même réintégrer l'équité envisagée comme une activité normative propre.

48. Bruno Oppetit, dans son ouvrage sur la philosophie du droit, sans renier la conception traditionnelle de l'équité, remarque que celle-ci s'est juridicisée[71] en ce sens qu'elle est devenue une source directe de solutions, sans confrontation avec le droit dont elle ne constitue plus, alors, un simple correctif[72]. Et c'est précisément dans l'arbitrage que l'éminent auteur trouvait l'expression la plus aboutie de cette conception. Il identifie dans l'équité un véritable ordre juridique autonome ayant sa méthode d'analyse propre fondée sur l'équilibre, distincte de celle du droit reposant sur le syllogisme[73]. À bien y réfléchir d'ailleurs, l'article 700 constitue le meilleur exemple de cette juridicisation à l'œuvre de l'équité. Celle-ci y est envisagée non comme un correctif d'un principe juridique pouvant se révéler trop sévère, mais comme une source propre de solution pour les frais de l'instance. Ce texte, au moment de son introduction dans le droit positif, n'était certainement pas envisagé sous cette perspective par ses initiateurs. Néanmoins, en faisant de l'équité l'essence de l'article 700, ceux-ci ont participé au mouvement que l'éminent auteur a mis au jour.

---

68. J. Pellerin, *op. cit.*, n° 9.

69. *Ibid.*

70. Cf. J. Ortscheidt, *op. cit.*, n° 807.

71. Cf. B. Oppetit, *ibid.*

72. *Ibid.*

73. Cf. B. Oppetit, *op. cit.*, n° 111 : « [...] *il semble que droit et équité correspondent à une dualité d'ordres juridiques. L'arbitrage en équité n'est pas seulement un arbitrage en droit enrichi d'un élément supplémentaire, c'est un ordre juridique distinct* [...] ; *il a sa logique propre ; il repose sur l'analyse des circonstances concrètes et tend à la recherche de l'utilité, de la mesure, de l'équilibre, alors que le système de droit strict a pour méthodologie le syllogisme juridique.* ».

49. C'est donc sans trahir l'article 700 que la Cour a pu promouvoir la solution qui s'évince de ses arrêts et adapter cette règle si particulière à la procédure civile française au contexte particulier de l'arbitrage, et plus précisément à son autonomie, par un rapprochement avec la solution qui a cours dans la pratique arbitrale, au moins internationale. La Cour prévient ainsi le risque, évoqué en introduction, d'intrusion juridique et culturel du système du for de contrôle de la sentence dans l'ordre arbitral voulu par les parties, en épargnant à celles-ci la pratique habituelle de l'indemnisation forfaitaire sans lien avec les dépenses véritables[74].

50. Positive sur le front de l'intrusion, la position que la Cour privilégie en matière de frais de l'instance dans le cadre du contrôle des sentences, l'est moins sur la question de l'accès au juge du recours. Le caractère mécanique de sa solution crée, eu égard aux montants susceptibles d'être encourus, une incertitude importante pour le demandeur qui ne connaît pas, à l'avance, le montant des frais qui sera réclamé par son adversaire, lequel peut, d'ailleurs, faire varier grandement sa demande tout au long de l'instance. Il faut, à cet égard, mentionné une différence notable, sensible pour la question de l'accès au juge du recours, entre la solution retenue par la Cour et la pratique arbitrale qui se rejoignent sur le principe de la condamnation du perdant à supporter les frais de l'instance. Là où les arbitres statuent sur la foi des justificatifs des coûts exposés produits par les parties, la Cour, la plupart du temps, ne dispose d'aucune pièce pour statuer sur l'article 700. La demande de frais est donc le plus souvent discrétionnaire. Par ailleurs, le correctif apporté à la solution de principe, avec la réduction appliquée aux prétentions les plus fortes, n'est pas suffisant pour contrer l'aléa du recourant, dès lors que son seuil de déclenchement est très élevé (100 000 euros), en sorte que la fourchette de condamnation possible demeure trop large pour être appréhendée suffisamment précisément par le demandeur. Certes, les montants accordés ne surprennent pas nécessairement les parties, surtout en matière d'arbitrage international, confrontées fréquemment à des condamnations aux coûts de l'instance arbitrale bien plus élevées que celles encourues devant le juge du contrôle. Mais, d'une part, l'indifférence au montant en tant que tel ne concerne pas toutes les parties[75]. D'autre part, c'est moins le niveau de la condamnation qui compte que la circonstance que l'inconnue pèse précisément sur le demandeur au recours qui, ayant succombé dans la procédure arbitrale, aura supporté déjà les lourds frais de l'instance arbitrale. La solution qui s'évince des arrêts de la Cour ne protège donc pas suffisamment l'accès au juge du recours pourtant essentiel.

51. La solution de principe appliquée par la Cour s'adapte pertinemment au contexte de l'arbitrage mais au prix, en définitive, d'une insécurité juridique excessive. L'incertitude est, d'ailleurs, en matière de frais de l'instance sur contrôle des sentences, un défaut plus global de la jurisprudence analysée. En effet, la Cour, craignant sans doute les conséquences du systématisme de sa solution de principe, s'en écarte fréquemment, en dehors de l'hypothèse de la demande excessive, sans cependant que s'affirme, à la lecture des arrêts, une logique alternative cohérente.

74. Cf. *supra* n° 7.
75. Cf. CA Paris, 23 octobre 2018, tableau annexe n° 67.

II. – Incohérence et besoin de renouvellement

52. Face aux nombreuses incertitudes que la solution de principe de la Cour ne parvient pas à combler au détriment de la sécurité juridique des parties (A) il apparaît nécessaire de proposer des solutions alternatives (B).

A. Incertitudes et insécurité

53. La première incertitude remarquable concerne l'atténuation apportée à la solution de principe, lorsque la demande excède 100 000 euros[76]. Au-delà de l'hésitation déjà évoquée qui affecte le seuil lui-même, c'est la détermination du taux de réduction que la Cour applique qui pose difficulté. D'une affaire à l'autre la variation du montant des condamnations montre beaucoup d'amplitude. Sur les trois années étudiées, le montant alloué au vainqueur fluctue de zéro à soixante-six pour cent de la somme réclamée au titre des frais. L'analyse des différentes données que contiennent les arrêts ne permet pas d'identifier une logique à l'œuvre dans l'attribution des sommes. Ainsi, ni le nombre de moyens, ni leur technicité ne paraissent justifier les différences entre les réductions appliquées d'une affaire à l'autre. On remarque également que le taux de variation n'est pas lié au niveau de la demande. Une demande plus élevée ne donne pas lieu à un taux de réduction plus fort. Ainsi, dans un dossier « Gententech », ayant donné lieu à la demande la plus importante sur les trois années étudiées[77], dans une procédure menée à son terme, le montant accordé représente presque cinquante pour cent de la somme réclamée, tandis que dans une affaire « Gold Reserve », où la somme réclamée représentait un peu moins de la moitié de celle revendiquée dans l'affaire Genentech, c'est seulement environ trente-cinq pour cent de la demande qui a été accordé[78]. Or, ces deux affaires présentaient des enjeux similaires.

54. La seconde hypothèse à prendre en considération lorsqu'il s'agit d'envisager les hésitations qui irriguent la jurisprudence de la Cour, voisine de la précédente, est celle de la réformation ou de l'annulation partielle de la décision déférée. Il a été indiqué précédemment que, dans cette hypothèse, la Cour n'accorde qu'une fraction de la demande présentée au titre des frais, voire la rejette complètement[79].

55. Mais, il est bien difficile de trouver une grille de lecture des décisions permettant de comprendre les choix opérés par la Cour. Il a été observé que la victoire partielle dans les recours, autres que l'appel de la sentence, n'a jamais donné lieu à condamnation au titre de l'article 700[80]. On relie difficilement la nature d'un recours à la répartition de la charge des frais du recours entre les parties. D'ailleurs, il arrive à la Cour de refuser toute indemnisation en cas de réformation partielle de la sentence[81].

---

76. Cf. *supra* n° 39 et s.

77. Cf. CA Paris, 27 septembre 2017, tableau annexe n° 43 : la demande du vainqueur s'élevait à la somme de 1 383 795 euros, et la Cour a octroyé la somme de 600 000 euros.

78. Cf. CA Paris, 7 février 2017, tableau annexe n° 32 : la Cour a accordé au vainqueur 150 000 euros sur les 500 000 que celui-ci réclamait à titre de frais de l'instance.

79. Cf. *supra* § 36.

80. *Ibid.*

81. Cf. CA Paris, 3 octobre 2017, tableau annexe n° 44.

56. Enfin, la dernière hypothèse, celle plus problématique, où la Cour, alors que les conditions pour l'application du principe sont réunies (victoire totale d'une partie et demande au titre des frais inférieure à 100 000 euros), s'en écarte, sans qu'aucune autre raison ne ressorte avec régularité. Certaines ont une explication procédurale justifiant l'écart : défaillance du défendeur[82], demandeur qui réserve sa demande de frais dans l'attente de l'arrêt sur le fond du litige de la Cour d'appel croyant à tort l'arbitrage interne[83], réservation par la Cour des demandes sur les frais par suite d'une annulation d'une sentence interne dans l'attente de l'arrêt sur le fond à venir. Une autre encore peut trouver son explication dans le motif retenu pour l'annulation de la sentence prononcée en conséquence de celle de la sentence principale[84]. Pour les autres, en revanche, aucune explication ne permet de justifier que la Cour se départisse de la solution. La Cour s'écarte d'elle-même de la propre solution qu'elle retient par principe, sans raisons apparentes ou facilement identifiables à la lecture de l'arrêt.

57. Malgré des signes de convergences dans la jurisprudence de la Cour, force est de constater qu'il existe de nombreuses zones d'ombre qui ne permettent pas au justiciable de réaliser clairement les risques encourus lorsqu'il engage un recours en annulation. Cet aléa existe dans toute procédure. Mais, ici, il revêt une particulière intensité car les montants réclamés comme ceux octroyés sont beaucoup plus importants que dans les autres instances judiciaires. L'incertitude pèse plus lourd.

58. Celle-ci ne vient pas seulement de la volatilité des solutions. Le manque de motivation des arrêts de la Cour sur la question des frais ajoute à l'équivoque provoquée par les irrégularités dans la jurisprudence. La difficulté naît du maintien de cette pratique, habituelle dans le contentieux de droit commun, dans un contexte où les condamnations sont bien plus élevées. Tant que les montants restent modestes, l'incertitude demeure limitée puisque l'écart des condamnations reste mesuré. Lorsque les condamnations varient entre vingt et six cent mille euros, l'absence d'indication sur les motifs qui conduisent la Cour à arrêter une condamnation plutôt qu'une autre est une source d'instabilité pour les parties qui ne peuvent aisément déterminer à quoi s'attendre.

59. L'incertitude n'est pas seulement nuisible aux parties mais à la jurisprudence elle-même. Les arrêts de la Cour, on l'a vu, mettent en évidence un ensemble organisé de solutions avec un principe, son exception, qui échappent aux parties tenues dans l'ignorance de ces mécanismes. Le seul moyen de comprendre qu'une logique est à l'œuvre au sein du maelström de décisions disparates est de recourir à une étude statistique. C'est évidemment une source de souplesse pour la Cour qui peut ainsi se départir, sans se démentir, de ses positions le cas échéant. Mais, il n'en demeure pas moins que faire échapper aux acteurs des recours la politique mise en œuvre conduit à la rendre inutile.

60. Il faut cependant se garder d'imputer exclusivement à la Cour l'absence de véritable motivation et l'insécurité qui en découle. Il faut bien reconnaître que les parties n'invitent pas la Cour à s'engager dans des explications plus fournies. Celles-ci n'entament pas sur la question des frais de débat. Chaque partie se

82. Cf. CA Paris, 13 novembre 2018, tableau annexe n° 70.
83. Cf. CA Paris, 29 mai 2018, tableau annexe n° 62.
84. Cf. CA Paris, 15 novembre 2016, tableau annexe n° 23.

contente dans la plupart des dossiers, pour ne pas dire la totalité, de solliciter sans aucune justification un montant au titre de ses frais et ne discute pas le montant réclamé par son adversaire, autrement que formellement.

61. Quoiqu'il en soit, cette situation n'est pas satisfaisante. Comme un auteur a pu l'écrire à propos de la facilité de motivation laissée en matière de frais aux juges du fond, c'est la justice qui finit par en pâtir, laquelle, pour reprendre ses mots, « [...] n'a rien à gagner à n'être pas motivée, ou n'avoir qu'une motivation factice[85] ». Des motifs circonstanciés, que le pouvoir discrétionnaire laissé par la Cour de cassation aux juges du fond en cette matière n'interdit aucunement, permettraient une interaction entre la juridiction et les parties comme il advient dans tous les autres aspects du droit et un affinement des solutions permettant de mieux préciser les situations. Quelques pistes peuvent être suggérées dans cette perspective.

B. Alternatives

62. Une première piste à suivre pour limiter l'incertitude, sans doute la plus simple à mettre en œuvre, consisterait à tenir compte des justifications apportées par la partie gagnante à l'appui de sa demande pour faire droit à la totalité de la demande. Si, comme il a déjà été indiqué la jurisprudence n'exige pas la production de preuves des frais exposés par la partie pour admettre la condamnation au titre de l'article 700, rien ne l'interdit. L'équité ne signifie pas s'abstraire de toute réalité. La production de pièces serait particulièrement pertinente pour l'application d'une réduction à l'égard des demandes les plus élevées, à défaut de justification. L'exigence rapprocherait d'ailleurs encore un peu plus la pratique judiciaire de la pratique arbitrale où l'exigence de production de pièces est un principe largement répandu, surtout en matière internationale[86]. Il est vrai que la confidentialité de l'arbitrage évite la difficulté liée à la divulgation de factures dont le caractère confidentiel peut parfois poser problème[87]. Néanmoins, diverses manières peuvent être envisagées pour échapper à la confidentialité en retirant les mentions relatives au détail des prestations ou bien à la production de documents comptables faisant état des honoraires perçus par l'avocat au titre de sa mission vis-à-vis de la partie.

63. Une autre voie pour apprécier le caractère raisonnable des frais pourrait consister à prendre en compte la complexité de l'affaire ayant conduit au

---

85. Cf. M. Defossez, Juris-classeur, Procédure civile, Fasc. 524, Dépens, Frais irrépétibles, articles 700, n° 48.

86. L'article 38 al. 1er du Règlement CCI dans sa version de 2017 prévoit que : « *Les frais de l'arbitrage comprennent* [...] *les frais raisonnables exposés par les parties pour leur défense à l'occasion de l'arbitrage.* ». L'article 28.4 des règles de la LCIA stipule quant à lui que : « *The Arbitral Tribunal shall make its decisions on both Arbitration Costs and Legal Costs on the general principle that costs should reflect the parties' relative success and failure in the award or arbitration or under different issues, except where it appears to the Arbitral Tribunal that in the circumstances the application of such a general principle would be inappropriate under the Arbitration Agreement or otherwise. The Arbitral Tribunal may also take into account the parties' conduct in the arbitration, including any co-operation in facilitating the proceedings as to time and cost and any non-co-operation resulting in undue delay and unnecessary expense. Any decision on costs by the Arbitral Tribunal shall be made with reasons in the award containing such decision.* ».

87. Cf. O. Duffour, L'honoraire, même en cash, est couvert par le secret professionnel, Gaz. Pal. 25 juillet 2017, n° 28, p. 7 et s.

recours contre la sentence. Il ne s'agit pas ici de juger de la légitimité des griefs qui sont invoqués, mais de tenir compte des enjeux du litige pour apprécier la proportionnalité des demandes de frais. C'est évident pour l'appel dirigé contre la sentence qui va permettre aux parties de débattre du fond du litige devant la Cour. Mais, l'approche est tout aussi valable pour le recours en annulation ou l'appel de l'ordonnance d'exequatur. L'interdiction de la révision au fond ne place pas ces recours « hors sol », ils se situent dans la continuité du débat qui s'est tenu devant les arbitres et s'en nourrissent. Ils sont donc soumis aux mêmes complexités et accentuent même parfois les enjeux par la combinaison de leurs caractères limités et ultimes.

64. Dans le prolongement de cette approche fondée sur la complexité du litige, la nature du grief retenu pour l'annulation de la sentence ou le refus de son exequatur, constituerait une autre piste d'appréciation de la répartition des frais de l'instance sur recours. Il est, en effet, des griefs auxquels les parties sont étrangères, tels le défaut d'impartialité ou d'indépendance ou l'expiration du délai de la mission. Dans ces hypothèses, il n'est pas totalement déplacé de trouver inéquitable de faire peser sur le défendeur au recours ou l'intimé le poids, en tout ou partie, des frais exposés par son adversaire victorieux. Quand bien même il se serait opposé au recours, pour tenter de préserver, de façon bien compréhensible, ses droits acquis dans le cadre d'une procédure qui a pu, par ailleurs, être irréprochable, il est, sauf circonstances particulières[88], bien étranger au vice dont la sentence est affectée et qui va lui faire perdre le bénéfice du résultat favorable obtenu. Dans ce contexte, il n'est pas inconcevable d'envisager d'épargner au défendeur une contribution complète aux frais du demandeur qui pourraient être, en définitive, supportés par les arbitres dans le cadre d'une action en responsabilité.

65. Ce critère semble d'ailleurs trouver un écho dans un arrêt récemment rendu par la Cour[89] aux termes duquel la demande d'article 700 présentée par le recourant est rejetée, malgré l'annulation totale de la sentence. La concision habituelle des motifs justifiant ce rejet laisse toute latitude à diverses interprétations. Difficile, cependant, de ne pas relier cette décision aux passages de l'arrêt qui stigmatisent l'attitude du demandeur par rapport au grief. De la prise en considération du comportement du demandeur dans la constitution du grief, à celle de l'extranéité du défendeur dans la réalisation du vice affectant la sentence, il n'y a qu'un pas.

66. Dans un registre différent, la jurisprudence pourrait, conformément aux prescriptions de l'article 700, s'appuyer sur les difficultés économiques comme critère pour réduire les demandes les plus élevées et compenser de manière plus claire les excès de la solution de principe. L'adoption de cette approche permettrait de rapprocher la jurisprudence sur les frais générés par l'instance sur contrôle des sentences avec celle qui impose aux arbitres de statuer lorsque des faiblesses économiques affectent l'une des parties au point de ne plus pouvoir régler les frais de l'instance arbitrale[90]. Les parties les plus faibles économiquement pourraient

88. Cf. CA Paris, 27 mai 2014, Rg. : 12/18165 ; Civ. 1re, 4 novembre 2015, 14-22630, Bull. civ. I, n° 411, Gaz. Pal. 22 mars 2016, note D. Bensaude.

89. Cf. CA Paris, 28 mai 2019, Rg. : 16/11182, inédit.

90. Civ. 1re, 28 mars 2013, n° 11-27770, D. actu. 8 avr. 2013, obs. Delpech.

ainsi envisager plus sereinement de recourir contre la sentence sachant qu'elles ne risquent pas d'obérer encore plus leur situation financière en cas de rejet. La Cour semble d'ailleurs vouloir ouvrir sa jurisprudence sur cette perspective à regarder de près deux arrêts rendus à quelques mois d'intervalle parmi ceux les plus récents analysés[91]. Leur nombre limité n'entame pas pour autant leur exemplarité. Dans les deux affaires, la Cour rejette totalement la demande présentée par le vainqueur en faveur de parties soumises à des procédures collectives. La réitération de la même conclusion au bénéfice de parties se trouvant dans la même situation juridique très spécifique des mesures de traitement des difficultés des entreprises ne peut être une simple coïncidence. La conclusion pose cependant immédiatement la question des limites dans la mise en œuvre d'un tel critère, surtout lorsqu'il s'agit de dispenser la partie perdante de toute prise en charge des frais du vainqueur. Il importe que cette solution ne concerne que les situations de difficultés économiques les plus aigües ou des entreprises confrontées à des situations très particulières. À défaut, la solution favoriserait les contestations des sentences en cas de procédure collective, précisément dans une situation où la tentation est grande de revenir sur les accords antérieurs. Les deux affaires recensées paraissent favoriser cette approche limitative. Il peut ainsi être retenu aux termes d'un des arrêts[92], d'une part, que le litige était né de l'application d'un protocole conclu entre la société demanderesse au recours, tombée par la suite en procédure collective, et la défenderesse, intitulé « accompagnement des points de vente en difficulté » et, d'autre part, que la sentence arbitrale attaquée avait partagé les frais de la procédure. Les difficultés économiques de la demanderesse au recours étaient au cœur du litige. En outre, les arbitres avaient eux-mêmes mutualisé les frais d'arbitrage. Ces circonstances, si on admet que la situation économique du demandeur justifie la décision, montrent que cette dernière n'est pas admise pour elle-même mais dans un contexte spécifique. Dans l'autre dossier recensé[93], le recours contre la sentence a été déclaré irrecevable car c'est un appel qui avait été formé au lieu d'un recours en annulation, à la suite d'une incompréhension dans la gestion du système e-barreau à travers lequel sont effectués les recours. Dans ce cas, aussi, c'est une combinaison de facteurs et pas la seule procédure collective qui paraît conduire au rejet de la demande d'article 700 dans ces deux affaires. La tendance naissante, si elle devait se confirmer, serait donc limitée à des contextes bien spécifiques où aux difficultés économiques s'ajoutent des circonstances particulières qui viennent justifier qu'il ne soit pas fait application de l'article 700. Elle ne s'appliquerait pas indistinctement à toute partie en procédure collective.

67. Ces solutions constitueraient des adaptations à la jurisprudence actuelle de la Cour. Une voie plus radicale, en rupture avec cette dernière pourrait être envisagée, qui fut déjà explorée par la Cour il y a quelques années mais abandonnée depuis. En effet, la Cour avait, quelques années avant la période étudiée, pris une position des plus intéressantes et susceptibles de réduire l'insécurité tout en évitant l'intrusion des particularismes locaux dans le système

91. Cf. CA Paris, 30 janvier 2018, tableau annexe n° 54 ; 10 avril 2018, tableau annexe n° 60.
92. Cf. CA Paris, 10 avril 2018, tableau annexe n° 60.
93. Cf. CA Paris, 30 janvier 2018, tableau annexe n° 54.

conventionnel voulu par les parties. Ainsi, dans plusieurs décisions[94], la Cour condamnait la partie perdante à supporter l'exact montant qu'elle-même réclamait au titre des frais. Le vainqueur obtenait ainsi, dans les limites de sa demande, principe dispositif oblige, le montant correspondant aux frais adverses. Même en l'absence de motifs explicites à ce sujet, la récurrence de la solution montre qu'il ne s'agit pas d'une simple coïncidence. C'est véritablement une position de la Cour qui s'exprimait, peu important ici qu'elle ait été ou non largement appliquée. Seule la solution importe pour le présent propos. L'intérêt de cette approche réside dans l'inversion des perspectives qu'elle impose aux parties qui vont supporter à titre de condamnation leur propre frais. Elle constitue une invitation à la modération ou, à tout le moins, à la mesure des frais au plus juste. Et elle confère à chacun, et surtout au demandeur, la maîtrise des frais de l'instance qu'il supportera.

68. Malgré son intérêt, la Cour n'a pas persévéré dans cette voie. Les motifs de cet abandon ne sont évidemment pas disponibles. Quoi qu'il en soit, cette solution réclamant la participation des parties au recours, ne pouvait réussir qu'au prix d'une reconnaissance explicite que la motivation des arrêts ne permettait pas d'assurer. Mais, cette solution subtile réussissait à parvenir à un équilibre entre le contrôle des coûts, la prévisibilité pour les parties et une intrusion acceptable dans le système conventionnel des parties à l'arbitrage.

69. Il existe sans doute encore bien d'autres possibilités d'ajustement des faits au regard des circonstances du litige ou de la procédure, susceptibles d'améliorer les équilibres que l'application de l'article 700 met en jeu dans le contexte du contrôle des sentences. L'objet de la présente étude n'est cependant pas de toutes les explorer mais plutôt de susciter la discussion en vue de permettre aux idées de se développer et d'être proposées à la juridiction du contrôle. Il est important, on l'a dit, que les parties s'emparent du sujet pour amener la Cour à préciser les solutions et les hypothèses en vue de réduire l'aléa pour le justiciable en ce qui concerne les coûts. En effet, l'enjeu primordial de la question des frais de l'instance sur recours c'est, en définitive, moins les critères appliqués que leur reconnaissance par les parties et leurs conseils, laquelle passe nécessairement par une motivation plus étoffée gage d'une compréhension de la démarche de la Cour. À défaut, les parties sont condamnées à être aveugles et sourdes à la politique mise en place par la Cour. La première étape pour sécuriser la situation des parties du point de vue des frais, c'est l'explicitation des solutions par la Cour, même en l'absence de propositions des parties sur la question. La justice n'a pas seulement besoin d'être rendue mais également de montrer qu'elle est rendue. Ce brocard est ici plus que jamais approprié.

94. CA Paris, Pôle 1 – Chambre 1, 9 septembre 2014, Rev. arb. 2014, p. 1021 ; 18 novembre 2014, Rev. arb. 2014, p. 1040; 26 mai 2015, Rg. : 14/01919, inédit; 15 septembre 2015, Rg. : 15/04996, inédit.

Chambre	Date de la décision	Numéro de règlement	Parties		Demandes des parties sur le fondement de l'article 700 du Code de procédure civile		Commentaires dans des revues d'arbitrage
ANNÉE 2016			Appelant	Intimé	Montant demandé	Montant alloué	
1-1	19 janvier 2016	15/12349	SA Bourbon	Monsieur Henri de V.	50 000 euros	30 000 euros	
1-1	23 février 2016	15/06713	SA LA PROVENCE	Monsieur Jean-Pierre TISSIER	3 000 euros	3 000 euros	Sommaires de Jurisprudence, Page 352 – Revue de l'arbitrage, Bulletin du Comité Français de l'Arbitrage, année 2016, Numéro 1 – Janvier-Mars
1-1	8 mars 2016	14/21055	SAS CARREFOUR PROXIMITÉ FRANCE	Monsieur Christian B. ; Monsieur Aymeric B. ; Monsieur Alexis B. ; SARL La Briouzaine	30 000 euros	20 000 euros chacun, soit 60 000 euros	

1-1	8 mars 2016	14/21974	SAS BD	SASU D.B. CONSTRUCTION	20 000 euros	20 000 euros	Sommaires de Jurisprudence, Page 611 – Revue de l'arbitrage, Bulletin du Comité Français de l'Arbitrage, année 2017, Numéro 2 – Avril-Juin
1-1	15 mars 2016	14/18622	SARL COREDIF	SCI ROUTE DE MAGNY	15 000 euros	–	Sommaires de Jurisprudence, Page 356 – Revue de l'arbitrage, Bulletin du Comité Français de l'Arbitrage, année 2016, Numéro 1 – Janvier-Mars
1-1	15 mars 2016	14/19164	République de Madagascar	Monsieur Peter DE S. ; Monsieur Kristof DE S. ; SA DS 2 ; SARL POLO GARMENTS MAJUNGA	150 000 euros	–	Sommaires de Jurisprudence, Page 356 – Revue de l'arbitrage, Bulletin du Comité Français de l'Arbitrage, année 2016, Numéro 1 – Janvier-Mars ; Sommaires de jurisprudence, Page 215 – Revue de l'arbitrage, Bulletin du Comité Français de l'Arbitrage, année 2017, Numéro 1 – Janvier, Mars

1-1	12 avril 2016	13/22531	République de Moldavie agissant en la personne de son Excellence le Ministre de la Justice	Société KOLMSTROY venant aux droits de la société ENERGOALIANS	100 000 euros	10 000 euros	Sommaires de Jurisprudence, Page 833 – Revue de l'arbitrage, Bulletin du Comité Français de l'Arbitrage, année 2016, Numéro 3 – Juillet-Septembre
1-1	12 avril 2016	14/14884	Société J&P AVAX	Société TECNIMONT SPA	250 000 euros	100 000 euros	Sommaires de Jurisprudence, Page 643 – Revue de l'arbitrage, Bulletin du Comité Français de l'Arbitrage, année 2016, Numéro 2 – Avril-Juin ; Sommaires de Jurisprudence, Pages 234 et 949 – Revue de l'arbitrage, Bulletin du Comité Français de l'Arbitrage, année 2017, Numéro 1 et 3 (Janvier-Mars et Juillet-Septembre)

1-1	14 avril 2016	14/25013	Société AGENCE POUR LA COMMUNICATION ET L'ENSEIGNEMENT DES TECHNIQUES SCOPACET	MONSIEUR Jean Pierre C.	10 000 euros	5 000 euros	
1-1	10 mai 2016	14/20486	Monsieur Bocar Samba D.	SA ASCOT COMMODITIES	20 000 euros	20 000 euros	Sommaires de Jurisprudence, Page 646 – Revue de l'Arbitrage, Bulletin du Comité Français de l'Arbitrage, Année 2016 – Numéro 2, Avril-Juin ; Sommaires de Jurisprudence, Page 592 – Revue de l'Arbitrage, Bulletin du Comité Français de l'Arbitrage, Année 2017 – Numéro 2, Avril-Juin
1-1	24 mai 2016	15/04025	SA MUT RE	Mutuelle Mieux Être	50 000 euros	50 000 euros	

1-1	24 mai 2016	15/17963	SARL AGEFEC	Monsieur Dominique Dubray ; Monsieur Philippe Beringer	10 000 euros	5 000 euros	Sommaires de Jurisprudence, Page 1206 – Revue de l'arbitrage, Bulletin du Comité Français de l'Arbitrage, année 2016, Numéro 4 – Octobre-Décembre ; Sommaires de Jurisprudence, Page 617 – Revue de l'arbitrage, Bulletin du Comité Français de l'Arbitrage, année 2017, Numéro 2 – Avril-Juin
1-1	28 juin 2016	15/03504	Société VIJAY CONSTRUC-TION (PROPRIE-TARY) LTD	Société EASTERN EUROPEAN ENGINEERING LTD	100 000 euros	60 000 euros	Sommaires de Jurisprudence, Page 1094 – Revue de l'arbitrage, Bulletin du Comité Français de l'Arbitrage, année 2016, Numéro 4 – Octobre-Décembre
1-1	13 septembre 2016	15/02510	Monsieur Erwan Christien ; Monsieur Pascal Willing ;	SCOP ALLIANCE AMBULANCE ; Monsieur Wannick VOLANTIN	7 500 euros	3 000 euros	

1-1	27 septembre 2016	15/12614	SA ANCIENNE MAISON MARCEL BAUCHE	Société INDAGRO	50 000 euros	50 000 euros	Sommaires de Jurisprudence, Page 942 – Revue de l'arbitrage, Bulletin du Comité Français de l'Arbitrage, année 2017, Numéro 3 – Juillet-Septembre ; Les Cahiers de l'Arbitrage, The Paris Journal of International Arbitration, 2016-4, Page 1026
1-1	4 octobre 2016	15/03341	Société PHILIPPINE PHOSPHATE FERTILIZER CORPORATION	SOCIÉTÉ MEKATRADE ASIA PTE LTD	50 000 euros	50 000 euros	Sommaires de Jurisprudence, Page 1210 – Revue de l'arbitrage, Bulletin du Comité Français de l'Arbitrage, année 2016, Numéro 4 – Octobre-Décembre
1-1	11 octobre 2016	15/02907	SOCIÉTÉ AL REWAQ – AL DAHABI GENERAL TRADING AND CONTRACTING CO	SOCIÉTÉ TELEROB GESELLSCHAFT FÚR FERNHAN-TIERUNGSTECH-NIK MBH	50 000 euros	50 000 euros	Les Cahiers de l'Arbitrage, The Paris Journal of International Arbitration, 2016-4, Page 1034

1-1	25 octobre 2016	15/05288	SAS PNSA exerçant sous l'enseigne ABITEC	SARL NOVELLUS PROMOTION	25 000 euros	20 000 euros	
1-1	8 novembre 2016	13/12002	LE GOUVERNEMENT DE LA RÉPUBLIQUE D'IRAQ REPRÉSENTÉ PAR LE MINISTÈRE DU LOGEMENT ET DE LA CONSTRUCTION	SOCIÉTÉ M.A.N. ; SOCIÉTÉ THYSSENKRUPP	60 000 euros	60 000 euros	Sommaires de Jurisprudence, Page 1213 – Revue de l'arbitrage, Bulletin du Comité Français de l'Arbitrage, année 2016, Numéro 4 – Octobre-Décembre ; Les Cahiers de l'Arbitrage, The Paris Journal of International Arbitration 2016-4, Page 1041 ; Les Cahiers de l'Arbitrage, The Paris Journal of International Arbitration, Commentaires de Jurisprudence, 2017-3, Page 487
1-1	15 novembre 2016	16/11198	SA ANCIENNE MAISON MARCEL BAUCHE	Société INDAGRO	30 000 euros	5 000 euros	

1-1	22 novembre 2016	14/14778	SA ITM ENTREPRISES ; SAS ITM ALIMENTAIRE OUEST ;	Monsieur Cyrille O. ; Madame Valérie O. ; SA MINEVA	15 000 euros	15 000 euros	
1-1	22 novembre 2016	14/23011	Monsieur Henri H.D ; Monsieur Thierry H.D ; Madame Marie-Christine D. ; Monsieur Charles H.D	Monsieur Jacques H.D ; Madame Jacqueline M épouse D ; Monsieur Laurent H.D ; Madame Marie-Thérèse D. épouse G	100 000 euros	60 000 euros	
1-1	22 novembre 2016	15/15570	SARL RAMAJE ; SELARL ERIC R&GILBERT D	SAS CSF	20 000 euros	20 000 euros	Les Cahiers de l'Arbitrage, The Paris Journal of International Arbitration 2016-4 ; Page 1049

1-1	29 novembre 2016	14/17964	L'État d'Ukraine représenté par le Ministre de la Justice	Société PAO TATNEFT	300 000 euros	200 000 euros	Sommaires de Jurisprudence, Page 500 – Revue de l'arbitrage, Bulletin du Comité Français de l'Arbitrage, année 2017, Numéro 2 – Avril-Juin ; Les Cahiers de l'Arbitrage, The Paris Journal of International Arbitration, Chroniques, 2017-4, Page 674
ANNÉE 2017							
1-1	10 janvier 2017	14/21345	Société MIDEX AIRLINES LLC	SARL AERO VENTURES LLC	10 000 euros	10 000 euros	Sommaires de Jurisprudence, Page 330 – Revue de l'arbitrage, Bulletin du Comité Français de l'Arbitrage, année 2017, Numéro 1 – Janvier-Mars ; Les Cahiers de l'Arbitrage, The Paris Journal of International Arbitration, Panorama International de Jurisprudence, 2017-1, Page 100

1-1	10 janvier 2017	15/00636	Me Jean-Denis MAUHIN mandataire judiciaire agissant ès-qualités de liquidateur judiciaire de la SCOP BATITOU	Monsieur Claude ROUGRAFF	10 000 euros	5 000 euros	Sommaires de Jurisprudence, Page 331 – Revue de l'arbitrage, Bulletin du Comité Français de l'Arbitrage, année 2017, Numéro 1 – Janvier-Mars
1-1	10 janvier 2017	15/13466	Monsieur Pietro FACCHI	SAS POM'ALLIANCE	5 000 euros	5 000 euros	Sommaires de Jurisprudence, Page 332 – Revue de l'arbitrage, Bulletin du Comité Français de l'Arbitrage, année 2017, Numéro 1 – Janvier-Mars
1-1	7 février 2017	14/21103	RÉPUBLIQUE BOLIVARIENNE DU VENEZUELA	SOCIÉTÉ GOLD RESERVE INC	500 000 euros	150 000 euros	Sommaires de Jurisprudence, Page 566 – Revue de l'arbitrage, Bulletin du Comité Français de l'Arbitrage, année 2017, Numéro 2 – Avril-Juin ; Les Cahiers de l'Arbitrage, The Paris Journal of International Arbitration, 2018-2, Rapport annuel sur le droit de l'arbitrage français, Page 304

1-1	28 février 2017	15/18655	SA HELVETIA ASSURANCES, venant aux droits de la Société GAN EURO-COURTAGE, laquelle vient aux droits de la société GROUPAMA TRANSPORT	SA AVIVA ASSURANCES	8 000 euros	8 000 euros	Sommaires de Jurisprudence, Page 338 – Revue de l'arbitrage, Bulletin du Comité Français de l'Arbitrage, année 2017, Numéro 1 – Janvier-Mars ; Les Cahiers de l'Arbitrage, The Paris Journal of International Arbitration, Panorama International de Jurisprudence, 2017-1, Page 117
1-1	14 mars 2017	15/00541	SNC MILLENIUM IMMOBILIER	SARL J.I.M.	20 000 euros	10 000 euros	Les Cahiers de l'Arbitrage, The Paris Journal of International Arbitration, Panorama International de Jurisprudence, 2017-1, Page 120

1-1	14 mars 2017	15/19525	SNC FOREZIENNE D'ENTREPRISES	SAS GUINTOLI	10 000 euros	10 000 euros	Sommaires de Jurisprudence, Page 1213 – Revue de l'arbitrage, Bulletin du Comité Français de l'Arbitrage, année 2014, Numéro 4 – Octobre-Décembre ; Les Cahiers de l'Arbitrage, The Paris Journal of International Arbitration, Panorama International de Jurisprudence, 2017-1, Page 119

1-1	21 mars 2017	15/17324	MINISTÈRE YÉMÉNITE DU PÉTROLE ET DES MINERAIS – THE YEMENI MINISTRY OF OIL AND MINERALS ; RÉPUBLIQUE DU YÉMEN – REPUBLIC OF YEMEN	Société ALKOR PETROO LIMITED (INDIA) ; Société GUJARAT STATE PETROLEUM CORPORATION LIMITED (INDIA) ; Société WESTERN DRILLING CONTRACTORS PRIVATE LIMITED (INDIA)	100 000 euros	50 000 euros	Sommaires de Jurisprudence, Page 340 – Revue de l'arbitrage, Bulletin du Comité Français de l'Arbitrage, année 2017, Numéro 1 – Janvier-Mars [2017/17] ; Sommaires de Jurisprudence, Page 587 – Revue de l'arbitrage, Bulletin du Comité Français de l'Arbitrage, année 2018, Numéro 3 – Juillet-Septembre ; Les Cahiers de l'Arbitrage, The Paris Journal of International Arbitration, Commentaires de Jurisprudence, 2017-3, Page 487

1-1	25 avril 2017	15/01040	RÉPUBLIQUE BOLIVARIENNE DU VENEZUELA	Monsieur Serafin GARCIA ARMAS ; Madame Karina GARCIA GRUBER	150 000 euros	–	Sommaires de Jurisprudence, Page 767 – Revue de l'arbitrage, Bulletin du Comité Français de l'Arbitrage, année 2017, Numéro 2 – Avril-Juin ; Les Cahiers de l'Arbitrage, The Paris Journal of International Arbitration, Chroniques, 2017-4, Page 674
1-1	25 avril 2017	15/07642	Société DAMIETTA INTERNATIO-NAL PORT COMPANY SAE	Entreprise ARCHIRODON-ARAB COTRACTORS JOINT VENTURE ; Société ARCHIDORON CONSTRUCTION (OVERSEAS) CO SA ; Société THE ARAB CONTRACTORS OSMAN AHMED OSMAN & CO	100 000 euros	100 000 euros	Sommaires de Jurisprudence, Page 1197 – Revue de l'arbitrage, Bulletin du Comité Français de l'Arbitrage, année 2017, Numéro 4 – Octobre-Décembre

1-1	16 mai 2017	15/17442	RÉPUBLIQUE DÉMOCRA-TIQUE DU CONGO repré-sentée par Mon-sieur le Ministre des Finances	Société CUSTOMS AND TAX CONSULTANCY LLC		50 000 euros	Sommaires de Jurisprudence, Page 248 – Revue de l'arbitrage, Bulletin du Comité Français de l'Arbitrage, année 2018, Numéro 1 – Janvier-Mars
1-1	16 mai 2017	15/22848	Monsieur Alain Guérard ; Monsieur Guillaume Guérard ; Monsieur Arnaud Guérard ; Monsieur Stéphane Guérard ; Monsieur Michel Petit	SAS MATISCO DEVELOPPEMENT	25 000 euros	10 000 euros	Sommaires de Jurisprudence, Page 612 – Revue de l'arbitrage, Bulletin du Comité Français de l'Arbitrage, année 2018, Numéro 3 – Juillet-Septembre ; Les Cahiers de l'Arbitrage, The Paris Journal of International Arbitration, Panorama International de Jurisprudence, 2017-3, Page 532

1-1	23 mai 2017	15/24578	Monsieur MABANGA MOTO MATIKO	Société NAMECO ENERGY (PTY) LIMITED	150 000 euros	80 000 euros	Sommaires de Jurisprudence, Page 1069 – Revue de l'arbitrage, Bulletin du Comité Français de l'Arbitrage, année 2017, Numéro 4 – Octobre-Décembre ; Les Cahiers de l'Arbitrage, The Paris Journal of International Arbitration, 2018-2, Rapport annuel sur le droit de l'arbitrage français, Page 296

1-1	30 mai 2017	15/16412	RÉPUBLIQUE DU NIGER	SOCIÉTÉ AD TRADE LTD BELGIUM	50 000 euros	30 000 euros	Sommaires de Jurisprudence, Page 1071 – Revue de l'arbitrage, Bulletin du Comité Français de l'Arbitrage, année 2017, Numéro 4 – Octobre-Décembre ; Sommaires de Jurisprudence, Page 765 – Revue de l'Arbitrage, Bulletin du Comité Français de l'Arbitrage, année 2018, Numéro 4, Octobre-Décembre ; Les Cahiers de l'Arbitrage, The Paris Journal of International Arbitration, Panorama International de Jurisprudence, 2017-3, Page 538
1-1	26 septembre 2017	16/15338	Société GENENTECH INC	SOCIÉTÉ HOECHST GmbH ; Société COMPANY SANOFI-ADVENTIS DEUTSCHLAND GmbH	1 383 795 euros	600 000 euros	Sommaires de Jurisprudence, Page 1080 – Revue de l'arbitrage, Bulletin du Comité Français de l'Arbitrage, année 2017, Numéro 3 – Juillet-Septembre

1-1	3 octobre 2017	16/15555	SCOP SOCIÉTÉ TRAVAUX D'ÉQUIPE-MENTS PUBLICS ET PRIVÉS « STEPP »	Monsieur Charles FLEURY	8 000 euros (demandeur) et 5 000 (défendeur)	–	Les Cahiers de l'Arbitrage, The Paris Journal of International Arbitration, Panorama International de Jurisprudence, 2017-4, Page 734
1-1	17 octobre 2017	15/13696	Monsieur Gérard GUILLOUART ; Monsieur Didier GUILLOUART ; SA TRANS WORLD FINANCES ; SNC STB H20 INDUSTRIE ; SNS SM2G	SASU NOV BRANDT EUROPE FRANCE	50 000 euros	30 000 euros	Sommaires de Jurisprudence, Page 1265 – Revue de l'arbitrage, Bulletin du Comité Français de l'Arbitrage, année 2017, Numéro 4 – Octobre-Décembre ; Les Cahiers de l'Arbitrage, The Paris Journal of International Arbitration, Panorama International de Jurisprudence, 2017-4, Page 738

1-1	28 novembre 2017	16/00194	Monsieur SHEIKH MOHAMED BIN ISSA AL JABER	Monsieur SHEIKH SALAH IBRAHIM AL-HEJAILAN	100 000 euros	80 000 euros	Sommaires de Jurisprudence, Page 289 – Revue de l'arbitrage, Bulletin du Comité Français de l'Arbitrage, année 2018, Numéro 1 – Janvier-Mars ; Les Cahiers de l'Arbitrage, The Paris Journal of International Arbitration, Panorama International de Jurisprudence, 2017-4, Page 748
1-1	5 décembre 2017	15/24961	RÉPUBLIQUE TOGOLAISE	SAS ACCOR AFRIQUE ; SOCIÉTÉ TOGO-LAISE D'INVES-TISSEMENT ET D'EXPLOITATION HOTELIÈRE « STIEH » ; SA ACCOR NOM COMMERCIAL « ACCORHOTELS »	80 000 euros	30 000 euros	Sommaires de Jurisprudence, Page 624 – Revue de l'arbitrage, Bulletin du Comité Français de l'Arbitrage, année 2018, Numéro 3 – Juillet-Septembre

1-1	12 décembre 2017	15/11664 – 15/11666 – 15/11668	Fédération de Russie	– Société Veteran Petroleum Limited – Société Hulley Enterprises Limited – Société Yukos Universal Limited	3 900 000 euros	600 000 euros	
1-1	19 décembre 2017	16/11404	Monsieur Sabri DEMMANE	Monsieur Bruno PARENT DE PETKOWSKI D'OSTOJA ; Monsieur Alberto ZALAR ; SELARL CABINET DE GASTRO-ENTÉROLOGIE DE L'EUROPE	3 000 euros	3 000 euros	Sommaires de Jurisprudence, Page 292 – Revue de l'arbitrage, Bulletin du Comité Français de l'Arbitrage, année 2018, Numéro 1 – Janvier-Mars ; Les Cahiers de l'Arbitrage, The Paris Journal of International Arbitration, Panorama International de Jurisprudence, 2017-4, Page 754

ANNÉE 2018							
1-1	16 janvier 2018	15/21703	Société MK Group	SARL Onix ; Société Financial initiative	100 000 euros	100 000 euros	Sommaires de Jurisprudence, Page 401 – Revue de l'arbitrage, Bulletin du Comité Français de l'Arbitrage, année 2018, Numéro 2 – Avril-Juin
1-1	16 janvier 2018	16/05996	Le Legal Department du Ministère de la Justice de la République d'Irak	Société Fincantieri Cantieri Navali Italiani Spa ; Société Finmeccanica	100 000 euros	30 000 euros	Sommaires de Jurisprudence, Page 296 – Revue de l'arbitrage, Bulletin du Comité Français de l'Arbitrage, année 2018, Numéro 1 – Janvier-Mars
1-1	23 janvier 2018	16/15258	SA Sovarex	SA Cargill SLU	5 000 euros	5 000 euros	Sommaires de Jurisprudence, Page 298 – Revue de l'arbitrage, Bulletin du Comité Français de l'Arbitrage, année 2018, Numéro 1 – Janvier-Mars

1-1	30 janvier 2018	15/24612	Monsieur Eric Malaquin	SAS Terre de France	8 000 euros	–	Sommaires de Jurisprudence, Page 298 – Revue de l'arbitrage, Bulletin du Comité Français de l'Arbitrage, année 2018, Numéro 1 – Janvier-Mars
1-1	27 février 2018	15/24730	Madame Sylvie HAMEAU épouse COUTURIER ; Monsieur Jacques COUTURIER ; SAS GREGAGE ; SAS SYJAC ; SELARL Frederic Blanc ; SELARL AJ Partenaires	SAS ITM ALIMENTAIRE CENTRE OUEST ; SAS ITM ENTREPRISES	10 000 euros	10 000 euros	

1-1	27 février 2018	16/01358	Société Riseria Prodotti del Sole	SAS Scamark	15 000 euros	15 000 euros	Sommaires de Jurisprudence, Page 299 – Revue de l'arbitrage, Bulletin du Comité Français de l'Arbitrage, année 2018, Numéro 1 – Janvier-Mars
1-1	6 mars 2018	15/23711	L'autorité pour l'administration des actifs de l'État de Roumanie	Société Arcelormittal Holdings AG	250 000 euros	100 000 euros	Sommaires de Jurisprudence, Page 471 – Revue de l'arbitrage, Bulletin du Comité Français de l'Arbitrage, année 2018, Numéro 2 – Avril-Juin [2018/14]
1-1	27 mars 2018	16/09386	Société SAAD BUZWAIR AUTOMOTIVE CO	Société Audi Volkswagen Middle East FZE LLC	150 000 euros	100 000 euros	Sommaires de Jurisprudence, Page 472 – Revue de l'arbitrage, Bulletin du Comité Français de l'Arbitrage, année 2018, Numéro 2 – Avril-Juin
1-1	27 mars 2018	16/03596	Société Antrix Corporation Limited	Société Devas Multimedia Private Limited	250 000 euros	100 000 euros	

1-1	10 avril 2018	16/16588	Monsieur Bernard du Moulin ; Madame Régine Guilgue ; Société Varfon SAS	SAS ITM ALIMENTAIRE OUEST	15 000 euros	–	Sommaires de Jurisprudence, Page 476 – Revue de l'arbitrage, Bulletin du Comité Français de l'Arbitrage, année 2018, Numéro 2 – Avril-Juin [2018/18] ; Les Cahiers de l'Arbitrage, The Paris Journal of International Arbitration, 2018-2, Panorama International de Jurisprudence, Page 370
1-1	22 mai 2018	16/24803	Monsieur José Martinez ; Madame Christiane Clergue épouse Martinez	SAS ITM SUD OUEST	12 000 euros	8 000 euros	Les Cahiers de l'Arbitrage, The Paris Journal of International Arbitration, 2018-2, Panorama International de Jurisprudence, Page 378

1-1	29 mai 2018	15/20168	Société Elcir	SA Bouygues Batiment Île-de-France	30 000 euros	–	Sommaires de Jurisprudence, Page 477 – Revue de l'arbitrage, Bulletin du Comité Français de l'Arbitrage, année 2018, Numéro 2 – Avril-Juin ; Les Cahiers de l'Arbitrage, The Paris Journal of International Arbitration 2018-2, Panorama International de Jurisprudence, Page 383
1-1	29 mai 2018	15/23187	Société Wilkes Participacoes SA ; Société Companhia Brasiliera de distribucao	Société Morzan Empreendimientos E Participações LTDA	40 000 euros	40 000 euros	Sommaires de Jurisprudence, Page 478 – Revue de l'arbitrage, Bulletin du Comité Français de l'Arbitrage, année 2018, Numéro 2 – Avril-Juin ; Les Cahiers de l'Arbitrage, The Paris Journal of International Arbitration 2018-2, Panorama International de Jurisprudence, Page 381

1-1	19 juin 2018	16/20362	Monsieur Louis MONTAGNE	SCOP BEARSTECH	15 000 euros	2 500 euros	
1-1	26 juin 2018	16/21967	Monsieur Christophe Jacquin ; Madame Karine Jacquin ; SAS VILOU ; SAS FRAQUIN	SAS ITM ALIMENTAIRE SUD EST ; SAS ITM ALIMENTAIRE INTERNATIONAL ;	10 000 euros	–	
1-1	16 octobre 2018	16/18843	Monsieur Ahmed Saeed Mohamed Albad Aldhaheri	Société Cerner Middle East LTD	100 000 euros	100 000 euros	Sommaires de Jurisprudence, Page 837 – Revue de l'arbitrage, Bulletin du Comité Français de l'Arbitrage, année 2018, Numéro 4 – Octobre-Décembre [2018/29] ; Les Cahiers de l'Arbitrage, The Paris Journal of International Arbitration, Panorama International de Jurisprudence, 2018-4, Page 812

1-1	23 octobre 2018	16/24374	SAS Cabinet Maîtrise d'œuvre CMO	SNC Lavalin International	20 000 euros	–	Sommaires de Jurisprudence, Page 840 – Revue de l'arbitrage, Bulletin du Comité Français de l'Arbitrage, année 2018, Numéro 4 – Octobre-Décembre
1-1	23 octobre 2018	17/00447	Monsieur Florent Bujard	SA Cadran Boischaut Marche	2 400 euros	1 000 euros	
1-1	6 novembre 2018	17/01492	SA Prévoir Risques Divers Groupe Prévoir	SAS Protegys Courtage	60 000 euros	27 000 euros	
1-1	13 novembre 2018	16/16608	Société Shackleton and associates limited	Monsieur Ali Marzook Ali Bin Kamil Al Shamsi ; Monsieur Mohammed Ali Marzook Ali Bin Kamil Al Shamsi ; Monsieur Marzook Ali Marzook Ali Bin Kamil Al Shamsi	300 000 euros	–	Sommaires de Jurisprudence, Page 841 – Revue de l'arbitrage, Bulletin du Comité Français de l'Arbitrage, année 2018, Numéro 4 – Octobre-Décembre

1-1	13 novembre 2018	16/25942 (Jonction avec 17/01561)	SA Helli-union	La Chambre de Commerce Internationale CCI ; SAS Airbus Helicopters anciennement dénommée Eurocopter SAS	5 000 euros	5 000 euros	Sommaires de Jurisprudence, Page 842 – Revue de l'arbitrage, Bulletin du Comité Français de l'Arbitrage, année 2018, Numéro 4 – Octobre-Décembre ; Les Cahiers de l'Arbitrage, The Paris Journal of International Arbitration, Panorama International de Jurisprudence, 2018-4, Page 819
1-1	13 novembre 2018	17/01561	La Chambre de Commerce Internationale CCI ; SAS Airbus Helicopters anciennement dénommée Eurocopter SAS	SA Helli-union	5 000 euros	5 000 euros	Sommaires de Jurisprudence, Page 842 – Revue de l'arbitrage, Bulletin du Comité Français de l'Arbitrage, année 2018, Numéro 4 – Octobre-Décembre

1-1	20 novembre 2018	16/10379	Ministère des Finances venant aux droits du Ministère de la Défense agissant en la personne de Monsieur Hoshyar Zebari ; Ministère de l'Industrie et des Minéraux agissant en la personne de Monsieur Mohammed Sahib Khalaf Al-Daraji	Société Instrubel BV	30 000 euros	30 000 euros	Sommaires de Jurisprudence, Page 844 – Revue de l'arbitrage, Bulletin du Comité Français de l'Arbitrage, année 2018, Numéro 4 – Octobre-Décembre [2018/35] ; Les Cahiers de l'Arbitrage, The Paris Journal of International Arbitration, Panorama International de Jurisprudence, 2018-4, Page 821

1-1	27 novembre 2018	17/01628	Monsieur Augustin Louis, Odilon	Madame Kieu LE	10 000 euros	10 000 euros	Sommaires de Jurisprudence, Page 845 – Revue de l'arbitrage, Bulletin du Comité Français de l'Arbitrage, année 2018, Numéro 4 – Octobre-Décembre [2018/36] ; Les Cahiers de l'Arbitrage, The Paris Journal of International Arbitration, Panorama International de Jurisprudence, 2018-4, Page 823
1-1	4 décembre 2018	16/24891	Organisme AGENCE FRANCE PRESSE (AFP)	Monsieur Patrick BROSSELIN	7 000 euros	7 000 euros	

International Due Process in Post Award Proceedings: a New York Convention Reading

Ziad A. MOUALLEM

*PhD, International Arbitration (Paris II – Panthéon-Assas)**
Dubai, United Arab Emirates

ABSTRACT

The ***due process concept*** *in post award review proceedings is recognized in most legal systems. However, decisions of state judges assessing foreign arbitration awards, under the New York Convention, show that general support for this concept masks significant differences in terms of its scope and application. This article does not aim to outline a theoretical and a comprehensive description of its content; rather, it provides a preliminary qualitative analysis, the main objective of which is to ascertain its specificity: it is more than the mere transposition of traditional national due process principles. Although it does not go as far as to establish conclusively the conditions for the adoption of an autonomous international arbitral concept, the discussion below demonstrates the appropriateness and, therefore, the need for such a concept. In particular, the New York Convention presents itself as a likely sufficient legal vessel incorporating fundamental procedural fairness principles applicable in international arbitration. In short, this article proposes another way of conceiving due process in post award review proceedings, a concept that continues to be a matter of scholarly as well as judicial discussion and dissent.*

RÉSUMÉ

La notion de "droits de la défense" (ou encore « droit être entendu » ou « respect de la contradiction ») examinée dans le cadre du contrôle des sentences arbitrales, est reconnue dans la plupart des systèmes juridiques. Toutefois, les décisions des juges étatiques exerçant leur contrôle de sentences arbitrales étrangères conformément à la Convention de New York, démontrent que le soutien très large dont bénéficie cette notion masque de profondes divergences quant à son champ d'application et son contenu. Le présent article ne recherche pas une description théorique complète de son contenu, mais plutôt une analyse qualitative préliminaire, dont l'objectif principal est d'en établir la spécificité ; il s'agit de plus que de la simple transposition de principes procéduraux traditionnels internes. Bien qu'elle n'aille pas jusqu'à établir les conditions pour l'adoption d'une notion autonome

* Dubai, United Arab Emirates (Email: zmouallem@gmail.com).

propre à l'arbitrage international, la discussion qui suit démontre la justesse et la nécessité d'une telle notion. En particulier, la Convention de New York peut servir de vecteur juridique adapté, puisqu'elle importe les notions fondamentales de justice et d'équité procédurale dans l'arbitrage international. Bref, le présent article propose une autre manière de concevoir les droits de la défense dans le cadre du contrôle des sentences arbitrales internationales, notion qui fait toujours l'objet de débats et de désaccords, aussi bien judiciaires que doctrinaux.

1. – Introduction

In international arbitration, as a matter of due process,[1] in general, a breach of locally recognized rights is considered contrary to parties' fundamental rights to present their case. Comparative case law is reluctant to adopt solutions that could run counter to basic local legal standards and traditional procedural safeguards in this regard.[2] Such an approach is still dictated by parochial policies and traditional mistrust towards arbitration,[3] as well as by the fear of condemning the arbitral result by the competent supervising or enforcing courts.[4] However, a contextual reading

1. Throughout the present article, the terminology used will capture or imply other terms related to fundamental procedural rights applied in the post award judicial context.

2. Such local standards are sometimes incorporated into constitutional legal frameworks or assimilated to constitutional norms, as is the case in some Latin-American (e.g., Colombia, Mexico, Ecuador) and European countries (e.g., Spain, Switzerland, Czechoslovakia). Leading case law refers to fundamental notions of due process according to the State's basic understanding of procedural fairness, developed in civil litigation, as applied in post award challenge proceedings in international arbitration. *See generally e.g. C.C.M. Sulzer v. Somagec*, Ct. App. Paris, 27 Nov. 1987, 1989 Rev. Arb. 62; *Parsons & Whittemore Overseas Co. Inc. v. Société Générale de l'Industrie du Papier (RAKTA)*, 508 F.2d 969 (2d Cir. 1974), US No. 7, 1976 Y.B. COMM. ARB. 205 ("[Article V(1)(b) of the New York convention] essentially sanctions the application of the forum state's [American] standards of due process.") [hereinafter Parsons & Whittemore]; *Iran Aircraft Industries v. Avco Corporation*, 980 F. 2d 141, 145, 146 (2d Cir. 1992), US No. 143, 1993 Y.B. COMM. ARB. 596; *Compagnie des Bauxites de Guinee v. Hammermills Inc.*, D.D.C. 29 May 1992, 1992 WL 122712 (D.D.C. 1992) [hereinafter Compagnie des Bauxites]; *Gold Reserve Inc. v. Bolivarian Republic of Venezuela*, U.S. Dist. Ct., D.C., 20 Nov. 2015, US No. 862, 2016 Y.B. COMM. ARB. 648, ¶ 37; *Yukos Capital SARL v. OAO Samaraneftegaz*, 963 F. Supp. 2d 289, 296 (S.D.N.Y. 2013); Cologne Ct. App., 23 Apr. 2004, n. 9 Sch. 01-03, 2005 Y.B. COMM. ARB. 557.

3. In fact, excesses in the conformance to traditional concepts of fairness would only be due to the mistrust of the courts with regard to the private arbitral justice, especially that this requirement is among rare legislative protections. This explains the practice of transposing national statutory and judicial solutions relating to fundamental procedural rights. *See Bowles Fin. Group v. Stifel Nicolaus & Co.*, 22 F.3d 1010, 1011 (20th Cir. 1994). *But see* Emmanuel Gaillard, *Laws and Court Decisions in Civil Law Countries,* in *Preventing Delay and Disruption of Arbitration*, ICCA Congress series No. 5, Kluwer Law International, at 231-232. *Cf.* Karl-Heinz Böckstiegel, *Public Policy and Arbitrability,* in *Comparative Arbitration Practice and Public Policy in Arbitration*, ICCA Congress series No. 3, Kluwer Law International, at 178.

4. *See* Jacques Werner, *Arbitral Chronicle VII: The Arbitrator as a Master of Time*, J. World Inv. & Trade, Werner, April 2011, vol. 12, no. 2, at 299-300. *See also* Klaus Berger & J. Ole Jensen, *Due Process Paranoia and the Procedural Judgment Rule: A safe Harbour for Procedural Management Decisions by International Arbitrators*, 32(3) Arb. Intl. 415 (2016); Queen Mary University of London and White & Case, 2015, *International Arbitration Survey: Improvements and Innovations in International Arbitration*, at 1, 10 (available at: www.arbitration.qmul.ac.uk/research/2015); Michael Polkinghorne & Benjamin Gill, *Due Process Paranoia: Need we be Cruel to be Kind?*, J. Intl. Arb. 34, no. 6 (2017), at 935, 938-940.

of the New York Convention[5] and post award case law, in the international arena, require taking into consideration other realities in practice.

More specifically, the procedure that is devised by arbitral tribunals and that the parties establish must comply with any mandatory rules and overriding public policy requirements of the legal regime that governs the arbitration,[6] and possibly other relevant laws. It must also consider the provisions of international conventions and rules regarding arbitration, which aim to ensure that arbitral proceedings are conducted fairly. While that is the norm, a contrary position may pertain under some *lex arbitri* and in some enforcement jurisdictions; as with the discretionary application of many international notions, local courts are not inexorably bound to apply or enforce international standards of due process. However, the relative gradualness with which emancipation from local fairness requirements came around demonstrates a steady trend towards a common para-national concept of due process.

It is in this context, and not in the abstract, that the concept will be evaluated. Simple to state and recognized by most international legal systems, conventions and instruments, it continues, under the guise of unanimity, to be subject to considerable divergence.[7] Identical situations are interpreted differently, thus generating contradictory decisions at times and, consequently, unfair results for the parties initially opting for a neutral arbitration procedure, distant from local predispositions and various national laws.[8]

It is not the aim of this article to synthetize judicial rulings and doctrinal positions that provide direct support for our proposition while putting aside legal authorities that contradict it. Specialist readers should be able to discern both positions. However, our goal is to detect and establish a common trend in comparative law and arbitral jurisprudence, justified by relevant applicable texts, which could validate an international uniform reading of the post award due process concept. The analysis below intends to succinctly address the core principle at hand and its international aspirations, notwithstanding other impacting factors.

---

5. The United Nations Convention on the Recognition and Enforcement of Foreign Arbitral Awards, June 10, 1958, 21 U.S.T. 2517, 330 U.N.T.S. 3 (available at: https://www.uncitral.org/pdf/english/texts/arbitration/NY-conv/New-York-Convention-E.pdf) [hereinafter Convention].

6. *I.e.*, the law of the juridical seat of the arbitration.

7. Clearly, the solutions currently offered by comparative jurisprudence are not coherent, except in the context of systematic claims for annulment and non-enforcement of awards, patently unfounded, or regarding remedies based on blatant procedural violations; as would be the case in extreme situations of lack of notice of the arbitration proceedings or of the written pleadings. *Cf.* Alan Redfern & Martin Hunter, *Law and Practice of International Commercial Arbitration*, 4th ed., 2004, at 413. *See also* Howard Holtzmann, *Summary of Discussion in the Second Working Group*, in *Improving the Efficiency of Arbitration Agreements and Awards: 40 Years of Application of the New York Convention*, ICCA Congress series No. 9, Kluwer Law International (noting that "no doubt, due process is a general requirement of arbitration law of practically all countries", realistically emphasizing that "it is not necessarily the same in all national laws."). *Contra* Jean-François Poudret & Sébastien Besson, *Droit comparé de l'arbitrage international*, Bruylant, LGDJ, 2002, at 499 (explaining that the varied formulas used by the texts, all aim to guarantee the basic procedural rights of the parties to the arbitration, and therefore there are no major differences between the various legal regimes, except for a few points mainly regarding the extent of these rights, which is explicably dictated by national sensitivities).

8. *See* Leonard Quigley, *Accession by the United States to the United Nations Convention on the Recognition and Enforcement of Foreign Arbitral Awards*, 70 Yale L.J. 1049, 1051 (1961). *Compare* Mark Mangan, "With the Globalisation of Arbitral Disputes, Is it Time for a New Convention?", 11 Intl. Arb. L. R. 133-134 (2008).

2. – Acceptance of international fairness principles in arbitration

The expansion of international arbitration, the increase of the interests at stake and its sometimes excessive refinement, in addition to the evolution of procedural difficulties, have led the courts and arbitral tribunals to refer to general principles of international arbitration procedure.[9] International case law and doctrinal authorities, including many of those who argue against a distinct normative regime, are unanimous as to the inappropriateness of the conventional local fairness principles in international commercial arbitration. Indeed, case law brings basic adjustments to the concept, and practice shows that, sometimes, arbitrators free themselves from the usual requirements thereof.[10]

It is true that in many national courts, a foreign arbitral award cannot be enforced if it has been obtained in a manner that did not accord with the basics of the due process. However, modern authorities sometimes refer to acceptable commonalities across jurisdictions and international standards of natural justice, which overlap with or surpass, in many instances, the national concepts.[11] Comparative case law is progressively following the same pattern in cases as subtle as those pertaining to the notification of the parties, their participation in the proceedings, and the postponement of hearings.[12]

By way of example, state courts in common law legal systems are generally in favour of classic tools of due process, such as discovery and cross-examination.[13] By contrast, civil law judges are more inclined to an exclusion or a limitation of these tools, which are not considered part of parties' mandatory procedural rights.[14] Only a unified approach in this respect, taking into consideration the expectations of the parties and the international context, is appropriate; in international arbitration, discovery can be significantly limited, without being eradicated, while preserving fairness for parties.[15]

9. Bruno Oppetit, *Les Principes généraux en droit international privé, Archives de philosophie du droit,* 1987, at 179.

10. *See* Serge Guinchard, *L'arbitrage et le respect du principe du contradictoire*, 1995, Rev. Arb. 187. *See also* Matthieu de Boisséson, *Le droit français de l'arbitrage Interne et International*, GLN eds., Paris, 1990, Joly, at 672. *Contra* Matti Kurkela, *Due Process in International Commercial Arbitration, Oceana Publications, 2005, at 6, 18, 85.*

11. Terms such as "international due process" and "supranational due process" appear in modern arbitration literature. Doctrinal authorities converge towards the idea of the necessity and legitimacy of adopting an autonomous international fairness framework. *See generally* e.g. Julian Lew, *Autonomous Arbitration*, in *Arbitration Insights*, Kluwer law international, 2007, at 468; Stephen Schwebel & Susan Lahne, *Public Policy and Arbitral Procedure*, in *Comparative Arbitration Practice and Public Policy in Arbitration*, ICCA Congress series No. 3, Kluwer Law International, at 205, 216; Jan Paulsson, *The Case for Disregarding LSAs (Local Standard Annulments) under the New York Convention*, Am. Rev. Intl. Arb., 1996, vol. 7, n. 2, at 99; Gary Born, *International Commercial Arbitration*, vol. III, Kluwer Law International, 2014, at 3228.

12. *See generally* e.g. Austria No. 29, Austrian Ct. App., 24 June 2015, *Kinve Solar Power Co. Ltd. v. Sun Value GmbH et al.*, 2016 Y.B. COMM. ARB. 393, ¶ 12; *Paklito Investment Limited v. Klockner East Asia Limited*, Hong Kong United Sup. Ct., High Ct., 15 Jan. 1993, n. MP 2219, 1994 Y.B. COMM. ARB. 668, 670, ¶ ¶ 21, 26; *Maxtel International FZE v. Airmec Dubai LLC*, Dubai Cass. Ct., Appeal No. 132/2012 (Com.), 18 Oct. 2012; German Sup. Ct., 12 Feb. 1976 (F.R. Germ. n. 12).

13. *I.e.*, United States, United Kingdom, Singapore.

14. *I.e.*, France, Germany, Austria.

15. One of the essential marks of international arbitration, and one of the main reasons why parties resort to this alternative dispute resolution process, is the particular conduct of proceedings, beyond the formal provisions of national rules.

Indeed, international hard and soft law codifications, like the New York Convention, UNCITRAL Model law and various IBA guidelines and recommendations provide a suitable framework for defining and implementing universal notions of natural justice. Other general principles pertaining to the right to be heard appear throughout practice, sometimes referred to as *lex mercatoria processualis*.

Commentators may levy criticism against such a permissive approach towards fundamental rights. However, the application of an international concept of fair trial is becoming more acceptable and common.

3. – Uniform standards of international post award due process

For decades, national courts have endeavored to adopt, apply, and perfect parochial notions of fairness when dealing with challenges to foreign arbitration awards, by compiling domestic lists of conditions that undergird the concept or by imposing specific procedural safeguards: due notice of the arbitration procedure, impartial and independent tribunals, opportunity for a full and fair trial, equal right to be heard, oral hearings, opportunities for cross-examination, legal representation, reasoned award, and the right to postpone a hearing, the right to submit material evidence, etc. The approach is a systematic one that allows case law to forge reliable parameters beyond, and sometimes against, international interpretations and guidelines, and foreign courts' positions. Depending on the relevant jurisdiction, more or less elaborate arbitration-related provisions pertaining to due process could direct, or even dictate, the judicial outcome.[16]

However, post award due process should not include idiosyncratic elements of fairness. Any such attempt would run counter to the international effectiveness and enforceability of foreign arbitration awards and stunt their free circulation. Post award due process may, to the contrary, contradict domestic law provisions in many scenarios. As such, international due process principles can apply not only as a corrective tool to national interpretations, but should also be directly applied by domestic judges, through or on the basis of international instruments, to displace or override local rules.

Contrary to numerous eminent authorities,[17] the New York Convention primarily provides an adequate legal framework for defining the parameters of breach of due process as a ground for challenge and non-recognition of awards.[18]

16. *See generally e.g.* French Code of Civil Procedure, arts. 1510, 1520, 1525 & 14-20; English Arbitration Act 1996, sections 68(1)-(3) & 33; Federal Arbitration Act (USA), art. 10(a)(3); Federal Law No. 6/2018 on arbitration in the United Arab Emirates, art. 53(1)(d).

17. Catherine Kessedjian, *Principe de la Contradiction et Arbitrage*, 1995, Rev. Arb. 381-389.

18. Article V(1)(b) of the Convention sets out all-inclusive substantive rules for the recognition and enforcement of foreign awards regarding the due process legal remedy. It provides, "Recognition and enforcement of the award may be refused, at the request of the party against whom it is invoked, only if that party furnishes to the competent authority where the recognition and enforcement is sought, proof that: The party against whom the award is invoked was not given proper notice of the appointment of the arbitrator or of the arbitration proceedings or was otherwise unable to present his case.". *See also* art. 34(1)(a)(ii) and art. 36(1)(a)(ii) of the UNCITRAL Model Law on International

Whether this Convention may be invoked by way of direct or indirect application in a given jurisdiction, on a legislative level,[19] has no implication *per se* on the ultimate status of the relevant provisions. On the other hand, its content includes binding principles for direct application by local courts or on which to elaborate when applying local standards of due process or, at least, suitable guidelines to be practically adopted.[20] Saying otherwise would undermine the Convention's function and goal,[21] place the relevant state in violation of its international obligations, and produce unwarranted disparities in the treaty's application, which is unlikely to be what the drafters of the Convention would have intended.

To sum up, the unification of procedural principles is indispensable to the construction of an autonomous para-national dispute process. Arbitration awards must not be received to different extents under various legal systems; this would be contrary to the very essence of international arbitration and related enforcement, to the legitimate expectations of parties, as well as to the principle of free movement of awards.[22]

Importantly, uniformity[23] in the approach is the ultimate goal of the Convention,[24] which should be taken into consideration in assessing the conditions for a breach of due process. The United Nations General Assembly underlined the importance of uniformity when Contracting States interpret the Convention.[25] To the same effect, major courts have followed a line of authorities that established the principle of a unified requirement for a fair arbitral procedure, incorporating basic notions of due process under the New York Convention umbrella.

Commercial Arbitration of 1985, with amendments as adopted in 2006 (providing similar specific wording) [hereinafter UNCITRAL Model Law].

19. *See* Gary Born, *The New York Convention: A Self-Executing Treaty*, 40 Mich. J. Intl. L. 115 (2018); *id.* at 130, 131.

20. This is all the truer, given that the major domestic arbitration statutes and the UNCITRAL Model Law reproduce to varying extents Article V(1)(b) of the Convention.

21. *See* International Chamber of Commerce, Report and Preliminary Draft Convention Adopted by the Committee on International Commercial Arbitration at its Meeting of 13 March 1953, reprinted in 9 ICC Intl. Ct. Arb. Bull. 32 (1998).

22. *See e.g.*, Pierre Tercier & Tetiana Bersheda, *The Search for Truth in Arbitration: Is Finding the Truth What Dispute Resolution is About?*, in *Document Production in Arbitration: A Civil Law Viewpoint*, ASA Special series No. 35, JurisNet, 2011, at 77-78; William Park, *Procedural Evolution in Business Arbitration*, in *Arbitration of International Business Disputes*, Oxford University Press, 2006, Part I, at 57, n. 323; Paul Friedland, *A Standard Procedure for Presenting Evidence in International Arbitration*, Mealey's Intl. Arb., 1996, at 133; Maxi Scherer, *Violation of Due Process, Article V(1) (b)*, in *The New York Convention: Convention on the Recognition and Enforcement of Foreign Arbitral Awards of 10 June 1958*, R. Wolff (ed.), Hart Publishing, Oxford, 2012, 285–286, ¶ 141.

23. *See* Born, *supra* note 19, at 116. *See also Scherk v. Alberto-Culver Co.*, U.S. Sup. Ct., 17 June 1974, 417 U.S. 506, 520, n. 15 (1974), US No. 4, 1976 Y.B. COMM. ARB. 203-204 (according to the U.S. Supreme Court, the Convention was designed to "encourage the recognition and enforcement of commercial arbitration agreements in international contracts and to unify the standards by which agreements to arbitrate are observed and arbitral awards are enforced in the signatory countries."); *Smith/Enron Cogeneration L.P. v. Smith Cogeneration Intl., Inc.*, 198 F.3d 88, 96 (2d Cir. 1999); *Intl. Ins. v. Caja Nacional De Ahorro y Seguro,* 293 F.3d 392, 399 (7th Cir. 2002).

24. *See* Albert Jan Van Den Berg, *The New York Convention of 1958*, at 1, 6, 54-55, 168-69, 262-63, 274, 357-58 (1981). *See also Lindo v. NCL (Bahamas), Ltd.*, 652 F.3d 1257, 1285 (11th Cir. 2011); *Certain Underwriters at Lloyd's v. Argonaut Ins. Co.*, 500 F.3d 571, 580 (7th Cir. 2007); *IMC Aviation Solutions Pty Ltd v. Altain Khuder LLC* [2011] 282 ALR 717, ¶ 35 (Austl.); *IPCO (Nigeria) Ltd. v. Nigerian Nat'l Petroleum Corp.* [2008] EWCA (Civ.) 1157 [19] (Eng.); *Hebei Imp. & Exp. Corp. v. Polytek Eng'g Co.*, [1999] 2 H.K.C.F.A.R. 11, ¶ 28.

25. G.A. Res. 62/65, at 1-2, U.N. Doc. A/RES/62/65 (Dec. 6, 2007).

4. – Legal basis for an international reading

International arbitration is a private mode of settlement of transnational disputes, conceptually autonomous with respect to state justice. Freed from the specific laws of states in the conventional sense, it is, in principle, out of the reach of local rules.[26] More specifically, autonomy is desirable and should be more acceptable regarding procedure, procedural rules which are legitimately devised by the parties. It would accordingly be inadequate that due process notions, which are essentially procedural, follow national laws and precedents.

Therefore, submitting international disputes to international arbitration mechanisms requires, on the one hand, the application of basic procedural fairness rules different from those applicable *per se* to state judges, and on the other hand, consideration of the international context and adaptation of domestic laws accordingly.[27]

4.1. Exclusion of a local legal basis

In a general context, compliance with the procedural requirements of the arbitral seat under Article V(1)(d) of the Convention[28] is primarily a matter of convenience, a fall back tool with no direct legal relevance, and should thus not be taken into account for the purpose of defining the standards applicable to arbitral procedure and breaches thereof. This textual reading of the Convention comports with international arbitration practice and the increasing delocalization of procedure. A primary nexus in this respect is the principle of autonomy of the parties,[29] which is conceptually the opposite of the idea of reliance on local statutes in order to define fairness protections.

Strict reference to domestic provisions under national arbitration laws or civil codes of procedure is neither appropriate nor legitimate. Some of the most prominent arbitration legislations, such as French law, have taken a new step towards the emancipation of international arbitral procedure; elaborate local provisions of the French Code of Civil Procedure related to the principle of adversarial proceedings,[30] traditionally imposed by state courts, are not applicable, neither by operation of the general provisions pertaining to arbitration, nor by reference.[31] In fact, it could be concluded that the assessment of compliance with fundamental principles of procedure is made by French judges, at the post

26. *See* Boisséson, *supra* note 10, at 348.

27. Laurence Kiffer, *L'arbitre, l'avocat et le juge*, in *Archives de Philosophie du Droit*, vol. 52, Dalloz, 2009, at 181.

28. Article V(1)(d) of the Convention provides, "Recognition and enforcement of the award *may be refused... if...* [t]he composition of the arbitral authority or the arbitral procedure was not in accordance with the agreement of the parties, or, failing such agreement, was not in accordance with the law of the country where the arbitration took place".

29. This is supported by international instruments, rules and arbitration statutes. *See e.g.* UNCITRAL Model Law, art. 19(1); International Chamber of Commerce Rules of Arbitration of 2012, as amended in 2017, art. 19 [hereinafter ICC Rules]; French Code of Civil Procedure, art. 1509; Federal Statute on Private International Law, art. 182; English Arbitration Act 1996, section 34.

30. French Code of Civil Procedure, arts. 14-20.

31. *Id.* arts. 1506, 1510, 1520 & 1525.

award stage, regardless of the precise stipulations of conventional state law, while preserving their essence.

Thus, a careful analyst should refuse to follow a cursory reading of local provisions and, have regard to the corresponding provisions of the New York Convention, in order to give them their true international dimension, which is only possible by means of a teleological interpretation.

4.2. Recognition of an international legal basis

Acceptance of an international basis for the due process ground, post award, is consistent with the pro-enforcement objective of the Convention.[32] This is supported by case law and authorities in the global arbitration sphere.[33] As a matter of ordinary treaty interpretation, Article III of the Convention,[34] in conjunction with its Article V(1)(b),[35] prescribe the binding effect of, and establishes an enforceability bias in favour of foreign arbitral awards, subject, among others, to the condition that there is no breach of due process rights as defined by the Convention. Moreover, the text of the corresponding provisions, and of all other due process-related provisions under Article V of the Convention,[36] is comprehensive and all-inclusive. No other legal provisions are required beyond what the Convention prescribes for the effective recognition and enforcement of foreign awards.

In addition, based on the rules of international law, and according to some of the most authoritative doctrinal opinions, international treaties prevail in the event of conflict with domestic laws. Indeed, Article 27 of the Vienna Convention on the Law of Treaties[37] provides that "a party may not invoke the provisions of its internal

32. *See* Lucy Reed & James Freda, *Narrow Exceptions: A Review of Recent U.S. Precedent Regarding the Due Process and Public Policy Defenses of the New York Convention*, J. Intl. Arb. 25, no. 6 (2008), at 656. *See also* Homayoon Arfazadeh, *In the Shadow of the Unruly Horse: International Arbitration and the Public Policy Exception*, Am. Rev. Intl. Arb., 2002, vol. 13, at 43, 46-47; an English commercial court insists, in a rather particular way, on such a policy: UK No. 53, 1999, Y.B. COMM. ARB. 739, Queen's Bench Div. (Com. Ct.), 20 Jan. 1999 ("The countervailing policy considerations in favour of enforcement of awards are so strong that they displace the policy consideration of non-enforcement in the face of procedural defects going to a breach of natural justice.").

33. See e.g., Parsons & Whittemore, *supra* note 2, at 969, 973; Compagnie des Bauxites, *supra* note 2, at 3; *Dowans Holdings SA v. Tanzania Elec. Supply Co.* [2011] EWHC (Com. Ct.) 1957 ¶ 10] (Eng.); *Bharat Aluminium v. Kaiser Aluminium*, (2010) 9 SCC 552, ¶ 149 (India); *Honeywell International Middle East Ltd. v. Meydan Group LLP* [2014] EWHC 1344 (TCC), 30 Apr. 2014, [2014] 2 Lloyd's Rep. 133; *IMP Group Ltd. v. Aeorimp*, Moscow Dist. Ct., 21 Apr. 1997, 1998 Y.B. COMM. ARB. 745; *IPCO (Nigeria) Ltd. v. Nigerian National Petroleum Co.* [2005] EWHC 726 (Q.B.); International Law Association, Committee on international commercial arbitration, *Final report on public policy as a bar to enforcement of international arbitral awards*, Resolution No. 2/2002, New Delhi Conference, 2002; Gerald Aksen & Wendy Dorman, *Application of the New York Convention by United States Courts: A Twenty Years Review (1970-1990)*, Am. Rev. Intl. Arb., 1991, vol. 2, at 65; Thomas Carbonneau, *L'arbitrage en droit américain*, 1988 Rev. Arb. 3.

34. Convention, *supra* note 5, art. III ("Each Contracting State *shall* recognize arbitral awards as binding... *under the conditions laid down in the following articles. There shall not be imposed substantially more onerous conditions*... than are imposed on the recognition or enforcement of domestic arbitral awards.") (emphasis added).

35. Convention, *supra* note 5, art. V(1)(b) ("Recognition and enforcement of the award may be refused... *only if*...") (emphasis added).

36. *I.e.*, Convention, art. V(2)(b).

37. The Vienna Convention on the Law of Treaties, concluded at Vienna on 23 May 1969 and entered into force on 27 January 1980.

law as justification for its failure to perform a treaty". Other major provisions of the Vienna Convention establish mandatory rules for the interpretation of the terms of a treaty in accordance with their ordinary meaning, in their context and in the light of its "object and purpose".[38] Therefore, any potential conflict between Article V(1)(b) of the Convention and relevant national provisions governing the same matter must be resolved in favour of the former, in light of the pro-enforcement goals of the Convention.

As a matter of fact, a review of the most progressive case law and authorities demonstrates that national courts seldom undertake a textual analysis of the relevant provisions or give statutory reasons to support their conclusions. Most importantly, they do not address the issues in a cocoon but, on the contrary, deal with them in light of the needs of international practice, shaping legal provisions in consideration of factors such as the discretion of the arbitrators, the efficiency of the arbitral process, procedural flexibility and finality of the awards.

As such, a refusal by the arbitrators to postpone an agreed upon hearing date, to accommodate the schedule of experts and witnesses, does not of itself constitute a breach as *per* international standards, even if local laws and judicial practice direct otherwise.[39] In the same context, disregarding expert reports and witness statements by reason of the failure on the part of the relevant persons to attend in order to corroborate their content, according to local laws prescribing testimony under oath, is not appropriate;[40] such an approach contradicts the basic principles of equality in international arbitration.

Similarly, an objection based on the fact that an arbitral tribunal did not accede to a party's request to hold an oral hearing is unfounded.[41] Such issues should be decided in light of the needs of the case, unless the agreed procedure, the touchstone of the Convention, prescribes otherwise.[42]

In the same vein, there is not necessarily a violation of the parties' procedural rights in an international arbitration, where all the parties have not been able to participate in a technical expertise or in an investigation process undertaken unilaterally by the arbitral tribunal, whereas they have been afforded with an opportunity to equally share all documents submitted and to comment on the final reports.[43]

---

38. *Id.* arts. 31(1) & 33(4).

39. *See* Parsons & Whittemore, *supra* note 2, at 969 ("Overseas seeks relief under this provision for the arbitration court's refusal to delay proceedings in order to accommodate the speaking schedule of one of Overseas' witnesses. This attempt to state a due process claim fails for several reasons... Secondly, the logistical problems of scheduling hearing dates convenient to parties, counsel, and arbitrators scattered about the globe argues against deviating from an initially mutually agreeable time plan, unless a scheduling change is truly unavoidable."). *Cf.* Hamburg Ct. App., 27 July 1978 (F.R. Germany n. 18).

40. This international dimension of parties' fundamental rights is currently disputed in a pending challenge regarding an award resulting from an ICC arbitration seated in the UAE.

41. *See* Swiss Fed. Trib., 24 Mar. 1997, ASA Bull. 200 (1997). *See also* Naumburg Ct. App., 21 Feb. 2002, available at: www.dis-arb.de. *Contra* Austrian Sup. Ct., 30 June 2010, 7 Ob 111/10i, The Paris Journal of International Arbitration, 2011, 2, LGDJ, C. Kaplan & A. Mourre (eds.), at 490.

42. A requirement for an oral hearing – if requested by a party and not initially waived – appears in major European legislations in jurisdictions such as Germany, Holland, Belgium, Sweden and Italy.

43. *See generally e.g. Carter v. Alsthom*, Ct. App. Paris, 1997 Rev. Arb. 556, 559; Swiss Fed. Trib., ASA Bull. 415 (1991); Ct. App. Paris, 25 juin 1993, 1993, Rev. Arb. 685; *Leopold Lazaras Ltd. v. Chrome Resources SA*, Geneva Ct. App., 17 sept. 1976, 1979, Y.B. COMM. ARB. 311, 313.

More fundamentally, the due process principle in international arbitration converges towards the notion of international procedural public policy,[44] the principle of equality being its most noticeable illustration, as a core and minimal requirement.

As a result, international standards and practice prevail over unilateral local requirements, and therein lies the crux of the matter. Accordingly, these basic 'international' ingredients, which form a core component of the due process grounds for denial of recognition and enforcement of foreign arbitration awards, are found in one single international document: The New York Convention.

5. Article V(1)(b) of the Convention as an exclusive substantive international rule

It should be also noted that one of the main causes of the lack of consistency in judicial outcomes on an international level lies in the attitude of the courts, which are inclined to adhere – more or less strongly – to national conceptions embedded in their legal cultures; all the more since, while the Convention enumerates the grounds for non-recognition and non-enforcement of awards, it however fails to specify the conditions for their application, in practice leaving this task to the relevant state judge.

Nevertheless, from a textual perspective and a comparative view, it is just as significant that the provisions of Article V(1)(b) are a complete and comprehensive set of substantive rules, directed to national courts, requiring nothing further to be applied in order to effectuate the Convention's due process purposes. Any elaboration regarding the application of conditions thereto or reference to local laws in this respect must be restricted in scope to the intended goal underlying the Convention and to its provisions.[45]

As will be discussed below, the language and structure of the Convention provision do not suggest the application of a full-fledged concept of due process at the post award stage.[46] Instead, both the language and the contextual analysis

44. *See* Philippe Fouchard, Emmanuel Gaillard & Berthold Goldman, *Traité de l'arbitrage commercial international*, Litec, 1996, at 962. *Compare* Fernando Mantilla-Serrano, *Towards a Transnational Procedural Public Policy*, in *Towards a Uniform International Arbitration Law*, International Arbitration Institute, E. Gaillard (ed.), Juris Publishing Inc., YAP seminars 2003-2004, at 288.

45. *See* Gary Born, *International Commercial Arbitration*, vol. II, Kluwer Law International, (1st d. 2009), at 1766. *See also* George Bermann, *Competence to Set Aside an Award and Procedural Grounds for Refusing Enforcement: The Viewpoint and Role of the Arbitration Law Expert*, Am. Rev. Intl. Arb., 1992, vol. 3, at 106; May Lu, *The New York Convention on the Recognition and Enforcement of Foreign Arbitral Awards: Analysis of the Seven Defenses to Oppose Enforcement in the United States and England*, Ariz. J. Intl. & Comp. L., Vol. 23, No. 3, 2006, at 755, 768 ("The appellate court first noted that the meaning of the phrase 'otherwise unable to present his case' in the New York Convention should have an international meaning since it is in an international document"). *Compare* Philippe Fouchard, Emmanuel Gaillard & Berthold Goldman, *Fouchard Gaillard Goldman on international commercial arbitration*, E. Gaillard & J. Savage (eds.), 1999, ¶ 1696; Bruno Oppetit, 1971 Rev. Arb. 97, 104. *Compare Irvani v. Irvani*, [2000] 1 Lloyd's Rep. 412-414, 426-27 (Eng.).

46. The language of the Convention does not intend to impose the scrupulous observance of the fairness principle as applied in arbitration proceedings, much less in local civil procedure.

of the surrounding conditions and environment in which it was written point towards a limited form of the concept aiming at ensuring minimal compliance with basic fairness rights, those that cannot be disregarded in an international arbitration. In fact, this is barely a screening mechanism; it does not purport to implement national rules that international parties are in any case assumed to have surpassed.[47] Moreover, the assessment of an alleged violation of these rights must not amount to an effective revision of the consequences of such violation, in terms of the reasoning of the arbitrators and the ultimate outcome they have reached. Only general international arbitration principles must be applied.

International judicial practice illustrates narrow interpretations of the due process principle under Article V(1)(b) of the Convention, excluding from its purview notions as important as independence and bias of arbitrators, fraud, corruption, public hearing rights, absence of qualifications of arbitrators, irregularity in the composition of the arbitral panel, improper internal deliberations, etc. Of course, some of these categories fall under the definition of public policy or may give rise to other challenges under the Convention, but they are not considered part of the right to be heard *per se*, as intended by the Convention. Furthermore, the early inclusion in case law and legal commentary, of strict conditions, illustrates and supports the courts' firmness in rejecting challenges based on inconsequential procedural breaches; the seriousness of the violation of the minimal fairness standard is a post award judicial requirement under the Convention.[48] However, such a pragmatic approach does not contribute to the definition of the concept. A great deal of room is thus left for the opportunism and parochialism of national judicial policies.

Yet, the policy stance under international case law goes beyond that, generating decisions that incorporate new standards emanating from arbitration practice, mainly centered on the Convention. A review of the legislative history and *travaux préparatoires* for the Convention demonstrates the specific content of the post award due process concept and of the rationale behind its requirements: it is essentially distinct, yet not isolated, from local fairness standards, and applies beyond the general principles dictated by the overall framework and policy for the review of awards.[49]

---

47. This fact is fully justified, especially that the parties who opt for arbitration waive, in principle, the standard local procedure in favor of simplicity, an informal approach and the speed of the process. *See Mitsubishi Motors Co. v. Soler Chrysler-Plymouth Inc.*, 473 U.S. 614, 628, 1985. *See also Washington-Baltimore Newspaper Guild, Local 35 v. The Washington Post Co.*, 143 U.S. App. D.C. 210, 442 F.2d 1234, 1238 (1971).

48. *See generally e.g. Consolidated Contractors Group SAL (Offshore) v. Ambatovy Minerals SA*, 2017 ONCA 939 (Ont. Ct. App.); *Adviso NV v. Korea Overseas Construction Co.*, Korea Sup. Ct., 14 Feb. 1995, 93 Da 53054; *Pacific China Holdings Ltd. v. Grand Pacific Holdings Ltd.*, High Court of the Hong Kong special administrative region, Ct. App., 9 May 2012, ¶ ¶ 94, 105; *Lesotho Highlands Development Authority v. Impregilo SpA & others* [2005] UKHL 43; *Orascom TMT Investments Sarl v. Veon Ltd.* [2018] EWHC (Com. Ct.) 985 (Eng.); *Associate Builders v. Delhi Development Authority*, India Sup. Ct., 4 [2015] AIR 620 (SC); Amokura Kawharu, *The Public Policy Ground for Setting Aside and Refusing Enforcement of Arbitral Awards*, J. Intl. Arb. 24, no. 5 (2007), at 508; Ikram Ullah, *Judicial Review of Arbitral Award in Pakistan*, Asian Intl. Arb. J., 2017, vol. 13, Issue 1, at 53, 67; Osamu Inoue, *The Due Process Defense to Recognition and Enforcement of Foreign Arbitral Awards in United States Federal Courts: A Proposal for a Standard*, Am. Rev. Intl. Arb., 2000, vol. 11, n. 1-2, at 260, 272-274.

49. Such as aspects that are considered extrinsic conditions when applying grounds for annulment or non-enforcement of awards, or that relate to the mechanism of review in general – *i.e.*, waiver of procedural irregularities, prohibition of the re-examination of the merits of the award,

In particular, under the final wording of Article V(1)(b) of the Convention, a court may refuse to recognize or enforce an arbitral award, if the party against whom the award is invoked was "not given proper notice of the appointment of the arbitrator or of the arbitration proceedings" or was "otherwise unable to present its case".

Previously, the language of the Geneva Convention of 1927 and of the earlier drafts of Article V(1)(b) of the Convention[50] revolved around extreme cases of impossibility to present a case, only to include – under the Dutch delegation's proposal – secondary amendments encompassing other serious situations not pertaining to notice.[51] In other words, under this analysis, Article V(1)(b) of the Convention rests on the premise that an objectionable breach should have as a consequence a grave denial of justice, a "Déni de Justice".[52] Thus, the scope is narrow and specific in the context of post award challenges. The UNCITRAL Arbitration Rules, and major institutional arbitration rules, shift away from the full defense rights criterion and provide for a 'reasonable opportunity' to present one's case in arbitration or a comparable formula.[53]

Moreover, according to state-of-the-art case law, the test of a breach of due process is not whether the proceedings were limited in any way, but whether they were fundamentally unfair.[54] For example, a limitation of the parties' rights to submit evidence may be acceptable, whereas a more generic prohibition in this area remains unacceptable.[55] Similarly, refusal by the arbitral tribunal to consider a particular difficulty for one of the parties to participate in the proceedings, because an arrest warrant has been issued against its principal, will not constitute a violation of the procedural rights of that party within the meaning of Article V(b) of the New York Convention, where that party had the opportunity to participate through its lawyers, representatives, or even by telephone.[56]

---

burden of proof incumbent on the party challenging the award, requirement that the party opposing recognition or enforcement raise the due process defense.

50. *I.e.*, the preliminary draft of the Convention adopted on the 13th of March 1953.

51. Developed as such as a safety valve for the adjudication of significant procedural irregularities, such as when a party has been unable to appear before the arbitrator because a visa had been refused, in the absence of legal representation, or for other causes of force majeure. It is noteworthy, in this regard, that the French version of Article V(1)(b) of the Convention refers to the "impossibility" of a party to present its case.

52. *See* David Sutton & Judith Gill, *Russell on Arbitration*, 22th ed., Sweet & Maxwell, 2003, at 374.

53. *I.e.*, UNCITRAL Arbitration Rules, art. 17(1); LCIA Arbitration Rules, art. 14(4)(i); CIETAC Arbitration Rules, art. 35(1); HKIAC Administered Arbitration Rules, art. 13(1); SCC Arbitration Rules, art. 19(2); ICC Rules, art. 22(4).

54. *See* Report of the Secretary-General on the Application and Interpretation of the Convention on the Recognition and Enforcement of Foreign Arbitral Awards (A/CN 9/168), 20 Apr. 1979, at 106 ("[t]he principle of due process that parties should be able to present their case is regarded as very fundamental... *not every limitation or obstacle to a full presentation of the case leads to refusal of enforcement.*") (emphasis added).

55. *Generica Ltd. v. Pharmaceutical Basics Inc.*, U.S. Dist. Ct., N.D. Ill., E.D., 18 Sept. 1996, n. 95 C 5935, 1997 Y.B. COMM. ARB. 1029; *Hoteles Condado Beach, La Concha & Convention Center v. Union De Tronquistas Local*, 901,763 F.2d (1st Cir. 1985) 34, 39-40.

56. *Consorcio Rive SA de C.V. v. Briggs of Cancun Inc.*, U.S. Dist. Ct., E.D. La., 14 March 2001, Civ. A. 99-2204; affirmed on appeal, *Consorcio Rive SA de C.V. v. Briggs of Cancun Inc.*, U.S. App. (5th Cir. 2003), 26 Nov. 2003, 01-30553. *See also China National Building Material Investment Co. Ltd. v. BNK International LLC*, U.S. Dist. Ct., W.D. Tex., Austin Div., 4 Dec. 2009, Case No. A-09-CA-488-SS, 2010 Y.B. COMM. ARB. 507-09.

On the other hand, traditional doctrine and case law include causality as a factor to determine the existence of a breach of due process.[57] As a matter of fact, a causal nexus between the violation of due process and the final outcome of the award is inappropriate and is extrinsic to the definition of the concept under the Convention. The Convention does not include any such requirement, which is strictly a jurisprudential invention. In addition, a *de novo* review of the effect of the breach should be avoided; otherwise, subjective considerations, pertaining to aspects as important as a lack of notice of the arbitration proceedings, failure to disclose documents submitted in the proceedings to a party, or the failure by the arbitration tribunal to address relevant legal arguments, will unevenly dictate the outcome in similar cases with similar fact patterns.[58]

That being said, courts reviewing international awards could be invited to adopt and introduce more accurate definitions of the international due process concept, given its proper function at the review stage. In this perspective, it is important that state courts carry out this task, taking into consideration other major contemporary principles, pertaining to international arbitration, as important as the principles of efficiency and finality.

Without claiming to draw definitive conclusions, one can clearly assert, or at least argue, that what constitutes a breach of due process according to national laws, is not necessarily the same according to the New York Convention.[59]

6. – Conclusions

The most significant conclusion derived from the above analysis is that we may still be facing inconsistent rulings or disagreements, particularly with regard to the determination of the parameters of fairness in international arbitration by state courts. However, convergence in the judicial review of awards is a fact.[60] This makes sense, as it is difficult to conceive a legal arbitration system in which procedure is unified on many important aspects in practice, by the weight of globalization, while fundamental procedure-related concepts are still interpreted differently when parties reach the enforcement stage.

57. *Omnium de Traitement et de Valorisation SA (OTV) v. Hilmarton Ltd.* [1999] 2 All ER (Com.) 146 [1999], 2 Lloyd's Rep. 222, 225 1999 WL 477773 (QB Div., Com. Ct., 24 May 1999), Intl. Arb. Rep. 14, A (June 1999); Ct. App. Paris, 25 March 2010, 2011 Rev. Arb. 442.

58. This reasoning is reflected in modern case law. *See generally e.g.* French Cass. Ct. (civ.), 25 March 1999, 2000 Rev. Arb. 267; *Société Duarib v. Société Jallais*, French Cass. Ct. (civ.), 10 Nov. 1998, 1998 Rev. Arb. 680; *Gtc Industries Ltd. v. Assistant Commissioner Of Income-Tax* (1998) 60 TTJ Mumbai 308; *G.W.L. Kersten & Co. BV v. Société Commerciale Raoul-Duval et Cie*, Amsterdam Ct. App., 16 July 1992, 1994 Y.B. COMM. ARB. 708-709.

59. *See* Albert Jan van den Berg, *The New York Arbitration Convention of 1958: Towards a Uniform Judicial Interpretation*, Kluwer Law International, 1981, at 298.

60. *See* Pietro & Platte, *supra* note 7, at 148–149; Austrl. Fed. Ct., 30 Apr. 2014, *Emerald Grain Australia Pty Ltd. v. Agrocorp International Pte Ltd.*, [2014] FCA 414, ¶ 13 ("The parties to such an arbitration can, and are entitled to, expect that the relevant provisions (regarding the requirements of natural justice) of the Model Law and of the domestic legislation will be construed and applied with some uniformity in the convention countries.").

Indeed, achieving consistent and determinate outcomes in the application of principles of fairness is a necessity that contributes to the clarity, transparency and legitimacy of the arbitration process for litigants, from the start through to the ultimate conclusion of the dispute at the post award stage, and to the trust in and viability of arbitration as a means of resolving international trade disputes.[61]

Such a conclusion invites a change of perspective and the salutary separation of disciplines, required for an appropriate functioning of the relevant supporting legal systems – *i.e.*, local arbitration laws, international enforcement regimes, international treaties and instruments.[62]

More fundamentally, this is made possible under Article V of the Convention, that grants state courts discretion to enforce, even if the grounds for refusal of recognition and enforcement of an award are proven to exist.[63]

Consequently, a uniform international reading would entail derivative results affecting the way local courts apply the remedy in issue, allowing plausible common interpretations to emerge and developing suitable converging criteria in the years to come; this will need to happen over a period of time. In short, the technical aspect of review, the socio-economic objective of promoting international arbitration and the principle of universal recognition of awards outweigh orthodoxy in the application of traditional legal concepts, apparently prescribed by local laws. The traditional approach of extending national legal concepts gives way to the pragmatic approach of limiting and specifying these same concepts, guided by the goal of achieving the overall purpose of the review by state courts of international arbitration awards. An international due process reading, in practice shaped by reviewing courts, is to be permitted and encouraged.

Still one question looms: Will this be the new "normal" for court recognition and enforcement of international arbitration awards?

---

61. Susan Franck, *The Legitimacy Crisis in Investment Treaty Arbitration: Privatizing Public International Law through Inconsistent Decisions*, 73 Fordham L. Rev. 1584 (2005); Cindy Buys, *The Tensions between Confidentiality and Transparency in International Arbitration*, Am. Rev. Intl. Arb., 2003, vol. 14, at 121, 136; James Fry, *Désordre Public International under the New York Convention: Wither Truly International Public Policy*, Chinese J. Intl L., vol. 8, Issue 1, 2009, n. 80, 86.

62. Most importantly the Convention, the UNCITRAL Model Law and the Vienna Convention.

63. The opening lines of paragraphs (1) and (2) of Article V of the Convention say that enforcement "*may*" be refused (emphasis added); the language is permissive under all five official texts, not mandatory.

Chronique Construction

Construction Chronicle

Validity of Time Bar Clauses In International Construction Contracts Under French Law[1]

Sébastien RIBAC
In-House Counsel, Bouygues Batiment International

Erwan ROBERT
Associate, Reed Smith LLP

RÉSUMÉ

Les clauses soumettant la formulation de réclamations à des délais assez brefs sont répandues dans les contrats internationaux de construction, qu'il s'agisse de contrats ad hoc ou de contrats-types. Les arbitres doivent appliquer ces clauses, notamment lorsqu'ils statuent en droit français. Bien que ce droit limite la possibilité pour les parties de modifier conventionnellement le délai de prescription légale applicable (notamment en interdisant un délai de prescription contractuel de moins d'un an) cela ne s'applique pas aux délais de forclusion qui assujettissent le droit pour les parties de présenter des réclamations à l'accomplissement de formalités précises, telles que des notifications détaillées, dans un délai de moins d'un an à compter de l'évènement qui y a donné lieu.

Il y a toutefois une limite potentielle au droit des parties de stipuler un bref délai de forclusion, notamment lorsque le délai prévu pour la notification ou autre formalité est excessivement bref et aurait pour effet de priver une partie de la possibilité de soumettre sa demande à un juge ou à un arbitre, la privant ainsi du droit à un procès équitable, garanti par l'article 6 de la Convention Européenne des Droits de l'Homme. Cette limite doit aussi être prise en compte par un arbitre international statuant en droit français.

ABSTRACT

Clauses providing for the submission of claims within relatively short time-limits are common in international construction contracts, whether bespoke or standard form contracts. Arbitrators must apply these clauses, in particular where the contracts concerned are governed by French Law. Although French Law limits parties' rights to amend legal limitation periods by contract (in particular they may not stipulate a limitation period of less than one year) this is not applicable to time-bar clauses which subject the parties' right to make claims to specified procedures, such as providing detailed notices, within periods of less than one year after the event giving rise to the claim.

1. The authors would like to thank Adam Calloway for his assistance.

There is however one potential limitation on the parties' right to stipulate short time bars, namely where the time allowed for the required contract notice or other formality is unreasonably short and would have the effect of depriving a party of the possibility of submitting its claim to a court or arbitrator. This would deprive the affected party of its right to a fair trial, contrary to Article 6 of the European Convention on Human Rights; This possibility should also be considered by an international arbitrator applying French Law.

I. – Introduction

Parties to an international construction project will often use an internationally recognized standard form of contract as a middle ground between parties which may have internally developed their own bespoke (and less balanced) contracts. A common feature in international construction contracts is the fundamental principle of addressing disputes as they arise, in the interest of good project management. Another common feature of international construction contract is the use of international arbitration to settle disputes that may arise from or in connection with the contract for obvious reasons: the stakeholders have different nationalities, the benefits of the New York Convention when applicable, the possibility to design a bespoke procedure, etc. If some arbitration agreements are multi-tiered and provide for negotiations, mediation and then arbitration, other requirements should not be overlooked such as clauses stipulating a strict time-period within which a party considering it has a claim should commence arbitration proceedings within the agreed period (30 days, 60 days, etc.). Should a party fail to commence arbitration proceedings within the stipulated time period, it will be barred from doing so at a later stage or will face an argument from the opposing party that the claim is inadmissible or even that the arbitral tribunal does not have jurisdiction because the time bar provision was not complied with. The success of such arguments will obviously depend on the law applicable to the contract, which may prohibit such clauses. This restriction on the right for a party to commence arbitration proceedings is to the benefit of both parties. It enables either party to know, within the time period stipulated in the contract, whether it will face arbitration proceedings or not and accordingly make appropriate provisions for a dispute. This has the benefit of ensuring foreseeability for the parties.

A related way of ensuring that parties address disputes in a timely fashion, in the interest of good contract administration is the insertion of time bar provisions, which are the main focus of this article, for the submission of claims. Time bar provisions force the parties to address claims and disputes as they arise during the project by requiring them to submit their claim within a defined time-period, failing which a party faces the risk of forfeiting any entitlement to claim extension of time, related costs or variations for instance. Counsel in arbitration proceedings can rely on a time bar provision try to dismiss part of, or all claims, which can frequently be the most appropriate and simple defence. You submitted your claims a day late? Sorry, but the contractual provisions are clear and rules are rules. You commenced arbitration proceedings after the time period provided in the contract? The proceedings are time-barred.

That being said, is it really that straightforward before an arbitral tribunal? In practice, it often is not: the claimant may argue that the provision is unenforceable under the applicable law and that the claims are admissible.

The purpose of this paper is to examine time bar provisions in international construction contracts from a French law perspective. We have seen, on several occasions, during arbitral proceedings, contractors or subcontractors trying to circumvent time bar provisions in contracts governed by French law. They typically try to argue that a time bar provision is not enforceable because it is contrary to the minimum limitation period provided for in the French Civil Code, namely one year. Article 2254 of the French Civil Code, which is a public policy provision, provides that limitation can be amended by contract but cannot be shortened to less than one year, even where there is an agreement between the parties. Since the 2008 reform on limitation periods (*"délai de prescription"*), parties may amend such time bar provisions, but cannot provide for a period which is shorter than one year. Some contractors/subcontractors have drawn the conclusion from article 2254 of the French Civil Code that any time bar clause providing that a claim shall be submitted within a time period shorter than one year, failing which the entitlement to make such a claim will be forfeited, is void as a matter of public policy. This would obviously be problematic when considering provisions requiring a party to submit a claim within 28 days of the occurrence of the event giving rise to a claim (as is the case under Sub-Clause 20.2 of the New FIDIC Yellow Book) or requiring that a party commence arbitration proceedings within 30 days after a dispute has arisen. Such clauses are particularly restrictive and can prove costly. However, y relying on this article of the French Civil Code to challenge the validity of time bar clauses, some parties fail to distinguish between the concepts of *délai de prescription (*limitation period) and *délai de forclusion* (time bar) under French law. The distinction is not an easy one, but is crucially important.

It is the authors' position that contractual time bar periods stipulated in international construction contracts fall within the category of contractual time bar periods or *"forclusion conventionnelle"*, which have a regime separate from that applicable to *délai de prescription* under French law. Parties are given the possibility, by the principle of freedom of contract, to decide that after a certain period of time, which may be more stringent than the *délai de prescription* of one year, a party will lose its entitlement to exercise a right.

French case law has held that such clauses are valid but has also specified that sufficient consideration must also be given to due process; as short time bar periods could have the effect of simply preventing a party from exercising its rights under the contract. This would be the case where a clearly unreasonably short time period to submit a claim in accordance with the contractual requirements is provided for in the contract.

II. – Forclusion vs Prescription

As all good civil lawyers, we will start by addressing the definition of *"prescription"* which can be found at Article 2219 of the French Civil Code. It defines *"prescription extinctive*", i.e. the limitation period operating as a bar to a claim, which has the effect of extinguishing a right after a certain time lapse due to the inaction of the right holder.[2] Article 2224 of the French Civil Code provides for a statutory limitation period of 5 years, which is the standard time bar period. Under the guise of creating legal certainty, the French Civil Code now allows for parties to amend this limitation period as they see fit without, however, being able to reduce it to less than one year or without being able to extend it beyond 10 years, except where a special regime is applicable.[3] Based on these provisions, practitioners question the enforceability of clauses that provide that a party will lose its entitlement to file a claim and / or to start arbitration proceedings if it does not submit its claim within a specified time period shorter than 1 year. May parties agree on a time bar shorter than one year? This question often confuses parties to a contract.

The main difference between "*prescription*" and "*forclusion*" is that *prescription* can be interrupted[4] or suspended.[5] This is not the case for *forclusion*. The French Civil Code expressly sets out in Article 2239 that the rules applicable to *prescription* are not applicable to *forclusion*. A limitation period can be suspended or interrupted when a party commences legal proceedings or makes a summary application, for example an application for the appointment of an expert by the court. Conciliation or mediation will also suspend the "*prescription*" limitation period, either when a party decides in writing to resort to conciliation or mediation or at the first conciliation/mediation meeting.[6]

"*Forclusion*" is held to be, similarly to *prescription*, a "*fin de non recevoir*" (a plea of inadmissibility) which is a procedural defence which puts an end to legal proceedings commenced by a party before the judge (or the arbitrator) even considers the substance of the dispute.[7] French courts are under the obligation to raise such pleas of their own motion, even if none of the parties have raised them

2. Article 2219 French Civil Code: extinctive limitation is a mechanism terminating a right as result of the inaction of the right holder during a certain time period. (« *La prescription extinctive est un mode d'extinction d'un droit résultant de l'inaction de son titulaire pendant un certain laps de temps.* »).

3. Article 2254 French Civil Code: "The duration of the prescription may be made shorter or longer by agreement of the parties. Nevertheless, it may not be reduced to less than one year nor extended to more than ten years." ("*La durée de la prescription peut être abrégée ou allongée par accord des parties. Elle ne peut toutefois être réduite à moins d'un an ni étendue à plus de dix ans.* »).

4. Article 2230 French Civil Code: "Suspension of the prescription temporarily stops its course without erasing the delay that has already run." (« *La suspension de la prescription en arrête temporairement le cours sans effacer le délai déjà couru.* »).

5. Article 2231 French Civil Code: "Interruption erases the delay that has elapsed. It causes a new period of the same duration as the former period to run." (« *L'interruption efface le délai de prescription acquis. Elle fait courir un nouveau délai de même durée que l'ancien.* »).

6. Article 2238 French Civil Code: "Prescription is suspended from the day when, after a dispute arises, the parties agree to proceed to mediation or conciliation, or, if there is no written agreement, from the day of the first meeting of the mediation or conciliation." (« *La prescription est suspendue à compter du jour où, après la survenance d'un litige, les parties conviennent de recourir à la médiation ou à la conciliation ou, à défaut d'accord écrit, à compter du jour de la première réunion de médiation ou de conciliation.* (...) »).

7. Article 122 French Civil Procedure Code: "A plea of non-admissibility is any defence whose purpose is to have the adversary's claim declared inadmissible, without entering into the merits of the case, for lack of a right of action, such as not being the proper party, lack of standing, statute of limitations, fixed time-limit or res judicata."(« *Constitue une fin de non-recevoir tout moyen qui tend à faire déclarer l'adversaire irrecevable en sa demande, sans examen au fond, pour défaut de droit d'agir, tel le défaut de qualité, le défaut d'intérêt, la prescription, le délai préfix, la chose jugée.* »).

and *forclusion* has been identified as being a matter of (domestic) public policy.[8] Absent such characterization, it is up to the parties to raise such a plea, which, according to French civil procedural principles, may be raised at any stage of the proceedings.[9] A *délai de forclusion* is considered to be a strict time-limit ("*délai prefix*") which explains why it cannot be suspended or interrupted. A *délai de forclusion* will run its course from the event triggering it until either a party has taken the required step pursuant to the contract provision concerned or has failed to do so.

If we had to summarise briefly, "*forclusion*" operates as a sanction when a party fails to follow a contractually agreed mechanism. *Prescription* is rather a mechanism thought to protect a party. This distinction has been upheld by the French Courts.

III. – Guidance on *forclusion* given by the French *Cour de cassation*

As can be readily understood, parties with conflicting interests will often dispute whether the time period provided in international construction contracts governed by French law is a *délai de prescription* or a *délai de forclusion*. French Courts have upheld the validity of *forclusion* clauses and have confirmed that their regime is distinct from that of *prescription*.

It is important to understand that the main purpose of using strict *forclusion* clauses, such as that provided for by Clause 20.1, of the FIDIC forms is to improve the administration of the contract. By imposing a hard deadline on the contractor to notify it of any events giving rise to a claim, the employer will be alerted to the contractor's claim at an early stage. This enables the employer to evaluate the claim, and also take any steps to work with the contractor to mitigate any delay. The purpose of providing for a *forclusion* for submitting claims is to avoid a build up of the contractor's claims during a project, which often leads to a final account dispute between the employer and the contractor.

A *forclusion* requirement imposes a more proactive and real time approach to dealing with unexpected events when they occur, with the purpose of achieving

8. Article 125 French Civil Procedure Code: "Pleas of inadmissibility must be raised sua sponte where they are of a public policy nature, in particular, where they result from non-observance of the time-limits within which rights of recourse must be exercised or where they result from absence of a right of recourse. The judge may raise sua sponte an objectif plea of inadmissibility based upon lack of standing., for not being the right party or because the judgement has become res judicata." (« *Les fins de non-recevoir doivent être relevées d'office lorsqu'elles ont un caractère d'ordre public, notamment lorsqu'elles résultent de l'inobservation des délais dans lesquels doivent être exercées les voies de recours ou de l'absence d'ouverture d'une voie de recours. Le juge peut relever d'office la fin de non-recevoir tirée du défaut d'intérêt, du défaut de qualité ou de la chose jugée.* »).

9. Article 123 French Civil Procedure Code: "A plea of inadmissibility may be raised at any stage of the proceeding, without prejudice to the judge's discretion to order payment of damages by those who abstain, with dilatory intent, from raising them earlier." (« *Les fins de non-recevoir peuvent être proposées en tout état de cause, sauf la possibilité pour le juge de condamner à des dommages-intérêts ceux qui se seraient abstenus, dans une intention dilatoire, de les soulever plus tôt.* ») (free translation).

cost and programme certainty and transparency. An effective *forclusion* clause can be used as a tool for achieving a more collaborative approach between the contractor and employer in relation to claims for additional time and money.

Additionally, those clauses providing for a better real time contract management will often be key in subsequent arbitration proceedings, with the employer arguing that the contractor's claims are time-barred.

The two cases that we are going to analyse below relate to the time-period applicable to a creditor's right of action against a guarantor. In these two cases, the *Cour de cassation* ruled that such a time-period is a *délai de forclusion*[10] which is therefore not subject to the provisions on *délais de prescription*. Unlike a real *délai de prescription*, the disputed clause in the cases below did not have as an objective to ensure legal certainty, by aligning the legal situation with the factual situation, after a defined time period. The actual purpose of the disputed clauses in these cases was to raise a temporal obstacle obliging the Lessor to act within the agreed time period under the penalty of waiving its right to submit its claim before courts or in arbitration. Accordingly, this clause was a *forclusion* clause and therefore the provisions governing *prescription* could not apply. It is the authors' view that, following this rationale, time bar clauses in international construction contracts should also qualify as *forclusion* clauses.

a. *Temporal restrictions to the right of action of a creditor are* **délais de forclusion**

A recent example, even though not a construction case, is a ruling dated 26 January 2016.[11] In its ruling, the Cour de cassation held that *"the clause which sets a time limit to the right to act of the creditor establishes a 'forclusion' time period"*.[12]

In this case, a bank (the "Creditor") entered into two loan agreements with a company (the "Debtor"). Under the loan agreements, the Debtor had to repay the loans by 30 September 2006. The loans were guaranteed by a collateral security provided by Mr X. (the "Guarantor") up to a defined amount for the duration of the loans extended by two years, i.e. 30 September 2008. On 27 May 2011, more than two and a half year after the specified time, the Bank requested the seizure of the Guarantor's bank account under the collateral security. The guarantor resisted, on the ground that his obligation to pay ended on 30 September 2008.

According to the Lyon Court of Appeal, the fact that the guarantor had undertaken an obligation to pay for the duration of the loan, extended by two years, constituted a shortening of the *prescription* period and this period had been interrupted by the Creditor's claim against the Debtor on 26 June 2007. Given the fact that this claim was still pending, the action against the Guarantor, initiated on 27 May 2011 was not time barred, because the contractual limitation period of two years had been interrupted.

---

10. Pierre Crocq, Professeur à l'Université Paris II Panthéon-Assas, RTD civ. 2014, p. 155, « Le droit de la prescription ne s'applique pas à une limitation temporelle des effets du cautionnement ».

11. Cour de cassation, commercial chamber, 26 January 2016, no. 14-23.285

12. In French in the original decision: « *La clause qui fixe un terme au droit d'agir du créancier institue un délai de forclusion* ».

The *Cour de cassation* overruled the judgment of the Lyon Court of Appeal. The Cour de cassation held that the intended effect of the clause by which the guarantor was bound for the duration of the loan (extended by two years) to enable the bank to take action against him under his obligation to pay, was that the time limit imposed on the bank provided an "end date" for the Creditor to claim payment. It was therefore a period of *forclusion* and not of *prescription*. The clause declared that the Creditor was time barred (*"forclos"*) from claiming payment from the Guarantor (the obligation to pay expired on September 30, 2008). The *Cour de cassation* ruled that the period agreed by the parties was not a mere limitation period but rather a *forclusion*, which the parties could determine freely. The *Cour de cassation* held that the Court of Appeal violated the Civil code by not properly interpreting the clause and by not applying it as intended by the parties, thereby violating their freedom of contract.

b. Temporal restrictions on the effect of guarantees/sureties are **délais de forclusion**

There are other examples of the *Cour de cassation* upholding a time bar clause shorter than one year, because it considered the time limit was intended as a sanction for the creditor's failure to act.

On June 15, 2007, Crédit Lyonnais ("Guarantor") gave a joint and several guarantee to Groupama ("Lessor") for the payment of 12 months' of rent to the Lessor under a lease agreement which took effect as of June 25, 2007, for a six-year term. The lease agreement contained a clause stipulating that: *"the* [Guarantor's] *obligation shall cease and may in no way be invoked* [by the Lessor] *on the expiry of a period of three months from the date on which any early termination of the lease agreement by one of the parties takes effect."*. On April 23, 2009[13], the Lessor sent a formal notice to the Guarantor requesting the performance of its obligation to pay. The Guarantor refused to pay, on the grounds that the guarantee had not been called upon within the three months period following the termination of the lease agreement by a court order.

The Court of Appeal held that the limitation period in the aforementioned clause was contrary to Article 2254 of the French Civil Code which prohibits the reduction to less than one year of the *prescription* period. The Court of Appeal's ruling was quashed by the *Cour de cassation*, which held that the guarantor was entitled to rely upon the three-month time-limit to refuse to pay pursuant to the guarantee agreement. The Cour de cassation thus recognised that (i) the time period agreed by the parties in the clause aimed to sanction the i creditor's failure to act and was therefore a *forclusion*, (ii) that because *forclusion* is distinct from *prescription* a three-month period was enforceable and (iii) that because the parties had agreed it, the clause was enforceable.

It is therefore established that time bar provisions in contracts setting a short time period clearly providing that a party is to submit its claim(s) during the agreed time period is a *forclusion* clause and is enforceable, even if the time limit is shorter than a year. It follows, in our view, that clauses such as Sub-Clause 20.1,

13. Cass. com., 15th October 2019, no. 12-21704.

now Sub-Clause 20.2 in the 2017 FIDIC forms of contracts or arbitration agreements requiring that a party commence arbitration proceedings within X days of submitting its claim are enforceable under French law.

Parties submitting their international construction contract to French law, or possibly another law derived from French law, should be aware that such clauses will be enforced against them in arbitration.

IV. – Coexistence of *délai de prescription* and *délai de forclusion*

The express provision of a contractual *délai de forclusion* in an international construction contract governed by French law is not the only time period that must be carefully taken into account when claiming compensation in arbitral proceedings.

A claim for compensation can also be time-barred when the *délai de prescription* has lapsed even if this is not expressly stipulated in the Contract. Therefore, a claim for compensation before an arbitral tribunal should comply both with the *délai de forclusion* and the *délai de prescription*.

Consequently, a clause that expressly stipulates both a *délai de forclusion* and a *délai de prescription* is valid and it does not create any contradiction: both time-limits must be complied with.

This was confirmed in a judgment dated 17 February 2016[14], whereby the Bastia Court of Appeal was requested to rule on the coexistence of a *délai de prescription* and *délai de forclusion* in the same clause.

In this case, the owners of a company entered into a contract with the *Centre de Gestion et de Conseil du Sud* for accounting services. The accounting company was sold and the accounting services were assigned to *SARL Compagnie Fiduciaire de Corse.*

The company received a tax assessment bearing on financial years 2004 and 2005.

The company brought an action before the first instance tribunal of Ajaccio against *SARL Fiduciaire de Corse,* which judged that the Company's action was time-barred as the *délai de forclusion* had lapsed.

The company filed an appeal against the judgment.

The *Compagnie Fiduciaire de Corse* argued that the claim was time-barred (*forclos*) on the basis that article 8 of the engagement letter signed by both the accounting company and the client on 1st December 2005 provided that "*any claim for damages can only be made during the legal limitation period and the claim shall be notified within three months following the date when the client has knowledge of the damage*".

The company asserted that a clause providing for both a *délai de forclusion* and *délai de prescription*, if not void, should be construed in the client's favour. Hence, it was the five year *prescription* that should prevail. In the alternative, the company argued that the 3 month time period stipulated in the letter of engagement was a

14. Cour d'appel de Bastia, Chambre civile, Audience publique, 17 February 2016, RG : 15/00035.

contractual amendment of the *délai de prescription*, contrary to Article 2254 which provides that *prescription* cannot be less than one year.

In accordance with the two *Cassation* cases mentioned above, the Bastia Court of Appeal ruled that *délai de prescription* and the *délai de forclusion* were distinct as the former extinguishes a right after a predefined time period which can be suspended or interrupted, while the latter can only extinguish a right of action after a predefined time period. Moreover, the Court of Appeal also specified that the prohibition against agreeing upon a *prescription* period of less than one year does not apply to *délai de forclusion*. As already stated, the argument made by the company before the Bastia Court of appeal is similar to arguments we have seen on a number of occasions in international arbitrations in relation to time-bar clauses stipulated in international construction contracts such as Clause 20.1 of the FIDIC rainbow suite of Contracts. *Délai de forclusion* and *délai de prescription* can coexist within the same contract and even the same clause. The Bastia Court of appeal therefore correctly held that Article 8 of the engagement letter was valid and not ambiguous or contradictory.

V. – Time bar provisions as conditions precedent for claims

The consequences for a contractor which improperly submits an application for an extension of time, or which fails to submit its payment application in accordance with a time-bar provision, can be harsh.

In order to ensure that contractors submit their claims as they arise (rather than 'roll them over' to the end of a project) and to assist in efficient cash-flow management, as mentioned above, it is common practice for both bespoke and standard form contracts to include express procedures for submitting claims for time, money or other relief. Provisions dealing with claims for an extension of time and/or additional costs frequently provide for the submission of the following within a limited time-period:

- written notification of the events giving rise to the claim,
- submission of particulars, and
- an assessment of what if any extension should be awarded.

What happens if the claiming party does not complete the relevant action or procedural step within the stipulated time?

This will depend first on what the contract says the consequences are to be. The usual practice in standard forms such as the FIDIC rainbow suite of contracts and the NEC3 is to expressly provide that a failure to submit the particulars of the claim strictly in accordance with the time period prescribed will invalidate the claim i.e the claim becomes "time barred". Looked at in another way, such express provisions are seeking to make timely submission of the required particulars a condition precedent to recovery.

The issue of enforceability will depend to a significant extent on the law of the contract. What will be the outcome in arbitration if the claiming party has failed to follow strictly the procedure stated in the *forclusion* clause in an international construction contract governed by French law?

The starting point to determine whether a time bar clause will be enforceable by the employer against the contractor is to understand whether compliance with the clause is a condition precedent to the contractor's claim. When considering this question, the English Courts have typically taken the view that the notice requirements in construction contracts are directory, not mandatory, and that a contractor may not lose its entitlement to a claim, unless the contract expressly states that a non-compliant contractor will lose its rights to additional time and/or money. It is the authors' view that the French Courts would adopt a similar approach and so should international arbitrators applying French Law.

a. *The Intention of the Claiming Party should not be Taken into Account*

French judges or arbitrators applying French Law must not only apply the express stipulations of the contract; they must also consider what was intended by the parties to the contract[15].

However, the intention of the claiming party is irrelevant if it has failed to comply with the claim mechanism/conditions agreed upon between the parties and stipulated in their contract. This was clearly restated in a judgment dated 21 December 2017 whereby the Cour de cassation[16] ruled that claiming parties had to follow the particular procedure set out in a *forclusion* clause to submit a claim, regardless of their intention, or they would lose their claim entitlement.

In this case, a property investment company hired two contractors for woodwork in an office project. The property investment company accepted the works but listed snags and only partially paid for the works.

The project contract was based on a French standard form of contract: the *"Cahier des clauses administratives générales (CCAG) applicable aux travaux de bâtiment faisant l'objet de marchés privés"* [the *"CCAG"*].

Pursuant to Article 19.6.3 of the CCAG[17], "[t]*he contractor shall have 30 days from the date of notification to submit any observations in writing to the project manager and at the same time to notify the project manager. After that period, he is deemed to have accepted the final account statement*".

On 11 January 2011, the contractor requested the payment of the contractual balance. A final account was issued on 14 January 2011.

The two contractors initiated court proceedings against the property investment company for the payment of the balance of the works.

The Lyon Court of appeal granted the two contractors' claims for payment on the basis that the request for payment notified by them on 11 January 2011 and

15. Article 1188 of the French Civil Code: « The contract is interpreted taking into consideration the common intention of the parties rather than the literal meaning of the contract terms » (« *Le contrat s'interprète d'après la commune intention des parties plutôt qu'en s'arrêtant au sens littéral de ses termes.* ») (free translation).

16. Cass. civ. 3, 21 December 2017, no. 16-25.665.

17. « *L'entrepreneur dispose de 30 jours à compter de la notification pour présenter, par écrit, ses observations éventuelles au maître d'œuvre et pour en aviser simultanément le maître de l'ouvrage. Passé ce délai, il est réputé avoir accepté le décompte définitif* ».

the ensuing interim proceedings after the receipt of the final account demonstrated their express disagreement with the final account statement.

The Cour de cassation overruled the ruling of the Lyon Court of appeal on the basis that the Lyon Court of Appeal had misapplied article 1134 of the French Civil Code[18] and violated the agreement of the parties.[19] The Cour de cassation ruled that the Lyon Court of Appeal should have verified whether the two contractors had expressed their disagreement as provided for in article 19.6.3 of the CCAG. Because the Contractors had failed to express their disagreement as required in the freely agreed contract provision, they were barred from making their claim for payment. The Cour the cassation takes a strict approach when it comes to upholding *forclusion* clauses so as to not violate the agreement of the parties as enshrined in the contract.

b. Referral of a claim to interim proceedings does not prevent a party from being time barred

It is not rare to see claims that have not been made in accordance with the provisions of an international construction contract. On many occasions, the claiming party believes that the referral of a claim to proceedings for interim relief will interrupt (or suspend) a *délai de forclusion*. However, as we will see below, this is not the case under French law and the consequences can be harsh for a claiming party that does not strictly follow the procedure stipulated in the *forclusion* clause.

In a ruling dated 31st October 2001,[20] the Cour de cassation emphasized the importance for a party to comply with the notification procedure provided for in a contract in order not to be time-barred as even interim proceedings do not interrupt *délai de forclusion*.

An employer and a contractor entered into a contract for structural works and landscaping of outside buildings.

The contract was based on the French General Conditions of Contract ("*Cahier des Clauses Administratives Générales*"). Sub-Clause 50.21 of the General Conditions of Contract[21] provided that: "when the contractor rejects the proposal made by the person responsible for the works or further to the implied rejection of the contractor's request, the contractor should, under penalty of being time-barred (*forclusion*), within three months from the notification of this proposal, notify in writing the person responsible for the works by sending, if needed for transmission to the employer, a complementary memorandum developing the reasons for its refusal".

18. Now article 1103 of the French Civil Code following the recent reform.

19. Article 1134 of the French Civil Code: "*Agreements lawfully entered into have the force of law for those who have made them. They may be revoked only by their mutual consent, or for causes allowed by law. They must be performed in good faith.*"

20. Cass. civ. 3, 31 October 2001, no. 99-13.004

21. « *Lorsque l'entrepreneur n'accepte pas la proposition de la personne responsable du marché ou le rejet implicite de sa demande. Il doit, sous peine de forclusion, dans un délai de trois mois à compter de la notification de cette proposition ou de l'expiration du délai de deux mois prévu au 12 du présent article, le faire connaître par écrit à la personne responsable du marché en lui faisant parvenir, le cas échéant aux fins de transmission au maître de l'ouvrage un mémoire complémentaire développant les raisons de son refus* ».

After completion of the works, a dispute arose between the parties in relation to the final account statement. The employer had previously issued a final account statement and the contractor challenged it without following the contractually agreed procedure. However, the contractor initiated proceedings for interim relief in relation to its claim.

The Paris Court of Appeal ruled that the contractor's claim was time-barred under the contractual *délai de forclusion*.

The contractor lodged an appeal with the Cour de cassation on the ground that the applications for interim measures had interrupted the time to bring an action and in particular the *délais de forclusion*.

The *Cour de cassation* ruled that:

– Since the Contractor had failed to challenge the employer's rejection of the final account statement in accordance with Sub-clause 50.21 of the General Conditions of Contract, the Court of appeal had rightly ruled that the applications for interim relief could not replace the procedure stipulated in the General Conditions of Contract. Consequently, the contractor was deemed to have accepted the final account statement issued by the employer, which became final, and could no longer be challenged before courts as the 3 month *délai de forclusion* had lapsed, and

– The reasons for interrupting the limitation period listed in Article 2244 of the French Civil Code do not apply to contractual *forclusions*.

VI. – The limit to the enforceability of time bar provisions is due process

It may of course be asked whether there are any remedies that a claiming party could rely upon in order to circumvent a contractual *délai de forclusion*.

The first remedy would be the good faith principle.[22] For instance, if an employer represents to a contractor that he will not apply the *délai de forclusion* clause and eventually relies upon it to resist a claim, then he would be considered to have acted in bad faith and to have violated the principle *"nul ne peut se contredire au détriment d'autrui"* (promissory estoppel) which is widely recognized in international arbitration.[23]

Another remedy which results from two recent *Cour de cassation* rulings is that a contractor could, in certain circumstances, rely upon Article 6§1 of the European Convention on Human Rights (the "ECHR") to challenge a *délai de forclusion*. Article 6§1 of the ECHR provides that "[i]*n the determination of his civil rights and obligations or of any criminal charge against him, everyone is entitled to a fair and public hearing within a reasonable time by an independent and impartial tribunal established by law.*". Pursuant to Article 6§1 of the CEDH, a claiming party has

22. Article 1104 of the French Civil Code: Contracts shall be negotiated, entered into and performed in good faith. This is a public policy provision. (« *Les contrats doivent être négociés, formés et exécutés de bonne foi. Cette disposition est d'ordre public* »).

23. Gaillard Emmanuel, « L'interdiction de se contredire au détriment d'autrui comme principe général du droit du commerce international », Rev. Arb. 1985, at 241 et seq.

a right to have a reasonable time to seize a court, and a short *délai de forclusion* could infringe such a right.

In a first ruling dated 12th June 2014,[24] the *Cour de cassation* seemed to imply that Article 6§1 of the ECHR could be relied upon to challenge an excessively short *délai de forclusion*.

On 6th March 2008, the Mayor of Bédarrides ("Seller") and Mr. and Mrs. X ("Buyers") entered into a pre-contract/promise of sale relating to several municipal plots of land. The pre-contract provided, inter alia: (a) that the conclusion of the final agreement must take place no later than June 15, 2008; and (b) that the Buyers could legally compel the Seller to perform its obligation to sell and transfer the ownership of the property within three months of the Buyers' notice to finalize the sale, under penalty of foreclosure (of the Buyers' right).

The Nîmes Court of Appeal rejected the Buyers' claim to proceed with an enforced sale under the promise of sale agreement.

The Buyers challenged this ruling before the *Cour de cassation* on the following grounds:

– Pursuant to Article 2254 of the French Civil Code, the parties can agree upon a *délai de forclusion* stricter (i.e., shorter) than that provided by law to take legal actions deriving from their agreement. However, these periods must not be less than one year. Consequently, the Court of Appeal had violated Art. 2254 of the French Civil Code in admitting a *délai de forclusion* inferior to one year; and

– Alternatively, no special agreements can be made which derogate from the fundamental principle that it must always be possible to bring a civil dispute before a court. If, and to the extent that, parties are free to subject legal actions arising out of their agreement to *délai de forclusion* shorter than those provided for by law, this right is subject to the condition that the contractually agreed periods remain sufficient to allow the effective exercise of the parties' right to take legal action. Therefore, by not examining whether the three-month *forclusion* period could be regarded as excessively brief, given that it did not provide the Buyers with sufficient time to effectively institute proceedings, the Nîmes Court of Appeal's judgment violated Article 6 ECHR.

As already explained above, the first argument developed by the Buyers is not valid, as the pre-contract provided for a *délai de forclusion,* not a *délai de prescription* and the *Cour de cassation* rejected this ground of appeal.

What is interesting in this ruling, however, is that the Cour de cassation did not dismiss the ground of appeal based on the ECHR as a matter of principle. Rather, the *Cour de cassation* only ruled that the asserted violation of the ECHR should have been raised before the Court of appeal, which the Buyers failed to do. Consequently, the Court of appeal was not obliged to undertake an analysis which had not been requested, given that no violation of the provisions of the ECHR had been invoked by the Buyers.

More interestingly, in a second ruling dated 30 March 2016,[25] the *Cour de cassation* seems to have expressly recognised that *délai de forclusion* clauses have to comply with article 6§1 of the "ECHR".

24. Cass. civ. 3, 12 June 2014, no. 13-17.272.
25. Cass. com., 30 March. 2016, no. 14-24.874.

In this case, *Kele,* a simplified limited company, instructed *In Extensor,* a simplified limited company (IE), to do its accounting from 24 June 2009 to 30 June 2010.

Article 5 of the General Terms and Conditions (the "GTC"), provided that claims for compensation must be submitted within three months of discovering the loss/damage. Kele initiated court proceedings against IE on the basis that IE had committed gross negligence in the performance of its contractual obligations and claimed damages.

Kele lodged an appeal with the *Cour de cassation* against the decision of the Lyon Court of Appeal dated 12 June 2014, which rejected its claim.

Kele argued that Article 6§1 of the ECHR, as construed by the European Court of Human Rights, requires that the right of access to a judge be effective and tangible. Consequently, a *délai de forclusion* which is unreasonably short, would violate this article. Kele argued that a *délai de forclusion* of 3 months violated Article 6§1 of the ECHR.

The *Cour de cassation* rejected Kele's argument on the ground that Article 5 of the GTC did not violate the principle of due process provided in Article 6§1 of the ECHR, i.e. Kele had had a reasonable time to seize the courts.

– The issue to be considered here is of course what constitutes a reasonable time period.

– Whilst it is open for parties to specify in the contract exactly what details must be included in the contractor's notice, not all international construction contracts do so. There are international construction contracts where substantially more or less documents and information are required (updated planning, critical path analysis, costs impact, etc.) within a short period following an event giving rise to an extension of time and / or additional costs. Such a demand could be challenging and a short time period could be considered by an arbitral tribunal to be unreasonable and therefore contrary to Article 6§1 of the ECHR.

VII. – Conclusion

French courts have recognised that clauses which aim at preventing a party from relying on a right after a certain contractually agreed time has lapsed following a specific event qualify as *forclusion* and not *prescription*.[26] This distinction is essential as the French Civil Code expressly sets out in Article 2239 that the rules applicable to *prescription* are not applicable to *forclusion*.[27] It is precisely this provision which justifies that *forclusion* clauses can validly provide for a time bar which is shorter than one year. Parties are therefore free to negotiate a *forclusion*

26. Cass. com., 27 March 2012, no. 11-10.103: "The clause limiting a party's right to commence proceedings after a set duration following the closing of a bank account, which is included in an official act or a private act, means that after the duration, the party's right is terminated because of *forclusion*" (free translation).

27. Article 2220 French Civil Code: "Delays of foreclosure are not governed by this title, unless legislation provides otherwise." (« *Les délais de forclusion ne sont pas, sauf dispositions contraires prévues par la loi, régis par le présent titre.* »).

clause providing that, absent a notice within a set time period, a party will be prevented from making claims in relation to the corresponding event. Parties can tailor their clause as they see fit. Because such clauses are feely agreed between the parties, an international arbitral tribunal should hold the parties to their bargain and enforce such clauses when the international construction contract is governed by French law.

Consequently, compliance with the notice provisions is a condition precedent to recovery of time and/or money. Any claim to time or money will be lost if there is no notice within the prescribed time limit and if the contract provides such a sanction. That being said, consideration should be given to due process. An arbitral tribunal, on this ground, may consider that the time period provided in the contract is too short for the party to submit its claim. A time period which would be too short may be considered unreasonable and therefore unenforceable because the claiming party will not be in a position to prepare its claims or gather the required documentation under the international construction contract. The parties should therefore be careful when drafting time bar provisions; they should also manage them carefully during the project if they do not want to lose claims for failure to to observe a time bar provision that they had freely agreed upon.

L'arbitrage d'investissement, un mécanisme efficace de résolution des litiges internationaux de construction ?

Aladin MASRI[1]
Président et co-fondateur
des Young Professionals of Construction in Paris

ABSTRACT

This article looks at the use of treaty arbitration to resolve cross-border construction disputes. The author discusses whether treaty arbitration allows efficient resolution of construction dispute, in a context where construction practitioners are looking at cost and time efficiency, as well as control over the dispute resolution process.

RÉSUMÉ

Le présent article porte sur l'opportunité pour de nouveaux acteurs du recours à l'arbitrage d'investissement pour la résolution des litiges internationaux de construction. L'auteur s'interroge sur l'efficience de la résolution des litiges pour de nouveaux acteurs, constructeurs de taille plus modeste, qui participent de plus en plus à des appels d'offres internationaux. Il examine si dans le cadre d'un investissement international sporadique pour un constructeur à l'étranger l'arbitrage d'investissement constitue toujours un mécanisme efficace de résolution des litiges de construction, dans un contexte où les praticiens de la construction se préoccupent du coût et de la durée, ainsi que de leur influence sur le processus de résolution des litiges.

1. Aladin Masri est collaborateur au sein de la pratique arbitrage internationale du cabinet White&Case LLP, Paris. Les opinions exprimées dans le présent article sont celles de l'auteur.

Introduction

Les projets de construction transnationaux sont en constante augmentation, et cette tendance va perdurer durant la prochaine décennie[2].

C'est un lieu commun de dire que les litiges de construction connaissent une forte augmentation. Dans notre précédente chronique[3], nous avons discuté de l'augmentation des arbitrages commerciaux de construction durant les quinze dernières années. Cette augmentation s'est poursuivie lors de l'année qui s'est écoulée. Les contrats internationaux de construction ont été le premier pôle de contentieux arbitral à la Chambre de Commerce Internationale (« CCI »)[4]. En 2018, la CCI a enregistré 224 nouveaux arbitrages relatifs à des contrats de construction, un nombre « record »[5].

Si l'arbitrage reste pour la grande majorité des praticiens la méthode préférée de résolution des différends transnationaux[6], il n'en va pas de même pour l'industrie de la construction. Dans son rapport pour l'année 2018, Arcadis, société d'ingénierie, rapporte que l'arbitrage ne figure désormais plus parmi les trois méthodes privilégiées pour la résolution des différends en matière de construction[7]. Les praticiens de la construction, principaux acteurs des projets de construction (constructeurs, maîtres d'œuvre et maître d'ouvrage), favorisent désormais les négociations entre les parties, la médiation et l'« *adjudication* »[8], méthode non-contentieuse de résolution des litiges, par laquelle un tiers émet une décision contraignante entre les parties pour la durée du contrat et susceptible d'être remise en cause ensuite par une procédure d'arbitrage ou contractuellement[9].

Ce relatif désamour pour l'arbitrage par les acteurs de la construction n'est toutefois pas surprenant. Les modes alternatifs de résolution des litiges sont favorisés pour des raisons de coûts et de temps. Les modes alternatifs de résolution des litiges sont également favorisés afin de permettre aux parties de garder le contrôle sur le processus. Récemment, Christopher Seppälä indiquait que, dans un monde idéal, la résolution des litiges de construction se ferait simplement par le recours à un bureau de conciliation émettant un avis non-contraignant à l'égard des parties (« *Dispute Review Board* »)[10]. Les parties soumettraient leur

2. *Global Construction 2030 Report, (Global Construction Perspectives and Oxford Economics)* qui prévoit une croissance annuelle moyenne de 3,9 % pour le marché de la construction jusqu'en 2030, pour atteindre un montant total de 17,5 trillion USD.

3. A. Masri, *"Trends in International Construction Contract Practice and disputes over the last Fifteen Years: Internationally and in France"*, Cahiers de l'Arbitrage 2018, n° 1, p. 27.

4. 2018 ICC Dispute Resolution Statistics, ICC Dispute Resolution Bulletin 2019, No. 1.

5. *Ibid.*, p. 13 – Ce nombre est toutefois à relativiser, les litiges de construction n'étant désormais que le quatrième pôle de contentieux pour la LCIA (LCIA 2018 Annual Casework Report, p. 5) et le SIAC (SIAC 2018 Annual Report, p. 17).

6. *White&Case 2018 International Arbitration Survey "The evolution of international arbitration":* 97 % des personnes interrogées indiquent que l'arbitrage demeure leur méthode favorite de résolution des litiges transnationaux.

7. Arcadis Global Construction Disputes Report 2019, p. 11, disponible à l'adresse: https://www.arcadis.com/en/united-states/our-perspectives/2019/global-,construction-disputes-report-2019/

8. Arcadis Global Construction Disputes Report 2019, p. 11. Il conviendra également de noter que l'arbitrage ne figure parmi les modes privilégiés de résolution des différends de construction que dans les régions de l'Amérique du Nord et du Moyen-Orient.

9. John Riches, Christopher Dancaster, *Construction Adjudication*, Wiley, p. 8.

10. Christopher Seppälä, « *The past and future of construction arbitration* », Global Arbitration Review, volume 14, issue 2.

litige à un panel constitué d'une ou trois personnes, indépendantes des parties au contrat, et constitué dès le début de l'exécution du contrat. Le bureau a alors pour rôle la supervision de l'exécution du contrat afin d'éviter la survenance de litige, ou, le cas échéant, de permettre une résolution rapide et économique des litiges en émettant des avis sur les remèdes adéquats aux litiges existants entre les parties[11].

Le recours aux modes alternatifs de règlements des litiges est également favorisé par la pratique et les contrats types de construction, tels que les contrats FIDIC, qui contiennent généralement des clauses de règlement des litiges à plusieurs niveaux (« *multi-tiered dispute resolution clauses* »)[12]. La résolution des différends se fait alors par le recours à la négociation dans un premier temps, puis à un bureau de conciliation, et enfin par une procédure d'arbitrage commercial devant la CCI.

Cependant et comme nous l'avons indiqué dans notre précédente chronique[13], les bureaux de conciliation, comme les clauses de règlement des différends à plusieurs niveaux, sont également objets de critiques[14]. Ces critiques reposent sur l'incertitude qui a pu exister quant au caractère obligatoire du respect des différents niveaux de résolutions des différends par les parties, lorsque celles-ci préfèrent soumettre leur litige directement à un tribunal arbitral[15]. Ces critiques reposent également sur la prolongation inutile du processus de conciliation lorsque les relations entre les parties ne permettent plus une telle conciliation.

La question de l'efficience de la résolution des litiges, est d'autant plus importante dans le contexte de la multiplication des projets de construction. De nouveaux acteurs, de taille plus modeste, participent désormais de plus en plus à des appels d'offres internationaux. Ces nouveaux acteurs ont généralement moins d'expérience des marchés internationaux, et des litiges qui en résultent. Lorsque ceux-ci se retrouvent attributaires de marchés dans des pays dans lesquels ils ne sont jamais intervenus, et que le marché se retrouve brusquement interrompu, ces nouveaux constructeurs, moins rompus à l'exercice délicat de la résolution des litiges, se retrouvent face aux choix de la meilleure méthode pour leur permettre de résoudre les différends qui les opposent au maître de l'ouvrage. C'est le cas, par exemple[16], lorsque l'entrepreneur exécute un contrat de construction dans

11. Dr. Donald Charrett, Dispute Boards and Construction Contracts, Society of Construction Law, 2009.

12. Voir, par exemple, FIDIC Rouge, 2nd ed., 2017, Clause 20.1

13. A. Masri, "*Trends in International Construction Contract Practice and disputes over the last Fifteen Years: Internationally and in France*", Cahiers de l'Arbitrage 2018, n° 1, p. 29.

14. George M Vlavianosand Vasilis F L Pappas, "Multi-Tier Dispute Resolution Clauses as Jurisdictional Conditions Precedent to Arbitration", *The Guide to Energy Arbitrations*, Second Edition.

15. Voir, *e.g.*, C.R. Seppälä, "Recent Case Law on Dispute Boards", Dossier XV of the ICC Institute of World Business Law, Chapter 15, p. 116 – Voir également, Louis Flannery and Robert Merkin, "*Emirates Trading, Good Faith and Pre-Arbitral ADR Clauses: A Jurisdictional Precondition?*" (2015), dans George M. Vlavianosand, Vasilis F. L. Pappas, "Multi-Tier Dispute Resolution Clauses as Jurisdictional Conditions Precedent to Arbitration", *The Guide to Energy Arbitrations*, Second Edition.

16. Voir, *e.g.*, Bayindir Insaat Turizm Ticaret Ve Sanayi A.S. v. Islamic Republic of Pakistan, ICSID, Case No. ARB/03/29, ATA Construction, Industrial and Trading Company v. The Hashemite Kingdom of Jordan, ICSID, Case No. ARB/08/2, Pantechniki SA Contractors and Engineers v. Albania, Award, ICSID, Case No. ARB/07/21, IIC 383(2009), Morrison-Knudsen International Company, Memorandum of determinations, IIC 1128 (1981), Bénin (OPIC), US.

un pays, sujet d'instabilités économiques et politiques, et où, le maître d'ouvrage (généralement une entité étatique), souhaite interrompre l'exécution du contrat sans l'accord de l'entrepreneur, et que l'entrepreneur est expulsé du territoire de l'État[17].

Dans une telle situation, l'entrepreneur est face à une multitude d'options. Il peut suivre le chemin contractuel classique tracé par la clause de règlement des différends à plusieurs niveaux, et tenter de résoudre le litige par les négociations contractuelles, le bureau de conciliation, ou l'arbitrage commercial. Si un traité bilatéral d'investissement existe entre l'État dont est originaire l'entrepreneur, et l'État partie au contrat, l'entrepreneur peut opter pour une méthode alternative et externe au carcan contractuel. Cette méthode consiste à saisir le Centre International pour le Règlement des Différends relatifs aux Investissements (« CIRDI ») et commencer une procédure d'arbitrage d'investissement. L'entrepreneur doit, dans une telle hypothèse, rapporter la preuve d'une violation du traité bilatéral d'investissement et non plus de la violation du contrat. Toutefois, dans le cadre d'un contrat de construction, nous montrerons dans cet article que la violation du contrat et la violation du traité restent étroitement liées.

La problématique de déterminer si l'arbitrage d'investissement constitue une méthode efficace de résolution des différends internationaux de construction s'inscrit dans le cadre de l'augmentation constante des contrats de construction auxquels des États ou entités étatiques sont partie[18, 19, 20].

Elle est d'autant plus intéressante pour l'entrepreneur qu'elle lui permettra, lorsque c'est une entité étatique qui est partie au contrat, et non l'État, de mettre directement en cause l'État.

Un troisième choix peut se présenter pour l'entrepreneur : initier en parallèle une procédure d'arbitrage d'investissement et le processus de règlements des litiges contractuel prévu la clause de règlement. Ce troisième choix ne sera toutefois pas examiné dans le cadre du présent article, le recours à deux procédures d'arbitrage en parallèle présentant des inconvénients évidents en termes de coûts et de durée.

L'entrepreneur qui fait alors le choix de recourir à l'arbitrage d'investissement pour résoudre les litiges issus d'un contrat de construction doit être prudent, car un tel recours a des conséquences économiques et logistiques (**I**). De même l'entrepreneur doit être conscient des conséquences du choix de l'arbitrage d'investissement sur le cours de la procédure arbitrale (**II**).

17. Randall Walker and Jay Randhawa, "The resolution of construction claims through investor-state dispute settlement: alternative opportunities for relief for international contractors" [2019] I.C.L.R. 255.

18. Voire, *e.g.* Virginia Calaiuta and William Laurence Craig, "Construction contracts as "investments" for the purposes of investment treaty arbitrations" in Renato Nazzini, "Transnational Construction Arbitration", Informa law.

19. 2018 ICC Dispute Resolution Statistics, ICC Dispute Resolution Bulletin 2019, No. 1.

20. ICSID Caseload statistics 2009-2019.

I. – Recours à l'arbitrage d'investissement : conséquence économiques et logistiques l'entrepreneur

Le recours à l'arbitrage d'investissement a des conséquences sur le coût et la durée du processus arbitral (**A**). Le recours à l'arbitrage d'investissement impacte également le contrôle de l'entrepreneur sur le processus arbitral, particulièrement eu égard au choix de l'arbitre (**B**.)

A. Les conséquences du recours à l'arbitrage d'investissement : les coûts et la durée du processus arbitral

Un entrepreneur de taille discrète et attributaire d'un marché dans un pays étranger se retrouve rapidement dans une situation d'exposition financière particulièrement importante.

En effet, si le nombre croissant de projets de construction transnationaux est synonyme d'opportunités nouvelles pour les acteurs de l'industrie, il est également synonyme de concurrence accrue. D'un point de vue économique et commercial, cela signifie que les nouveaux entrants dans l'industrie auront tendance à préserver de bonnes relations avec leurs clients, afin de favoriser leur activité sur le marché local. D'un point de vue contractuel cette concurrence accrue est synonyme de déséquilibre dans les relations entre le maître de l'ouvrage et l'entrepreneur, qui, afin de satisfaire les désirs de son client, accepte d'être partie à un contrat faisant porter l'intégralité du risque contractuel à l'entrepreneur[21].

La stratégie de l'entrepreneur sera généralement de proposer un prix d'exécution du marché plus faible que celle offerte par les autres constructeurs. Les coûts étant réduits, le constructeur affectera nécessairement peu de ressources à la prévention des litiges, ou à l'analyse de l'environnement législatif de l'État hôte du projet.

Lorsque l'exécution d'un tel contrat devient litigieuse, l'entrepreneur partie au contrat souvent déséquilibré se retrouve dans une situation économique critique : après avoir engendré des frais pour l'exécution du contrat, et bien souvent en attente de paiement, se pose la question du choix de la méthode de résolution des litiges. Le coût et la durée du processus de résolution des différends deviennent alors centraux.

Ces deux paramètres – coût et durée – ont une grande importance pour les praticiens de l'arbitrage[22]. Ils sont d'autant plus importants dans l'industrie de la construction, dans le cadre de laquelle au coût financier de la procédure d'arbitrage, s'ajoute un coût d'opportunité de la procédure d'arbitrage. Le coût d'opportunité est un paramètre plus important dans l'industrie de la construction, très compétitive, et

21. Voire, *e.g.*, Randall Walker and Jay Randhawa "the resolution of construction claims through investor-state dispute settlement: alternative opportunities for relief for international contractors" [2019] I.C.L.R. 255 – Dans la pratique, des entités étatiques n'hésitent pas à utiliser des contrats FIDIC et à en modifier le contenu afin de faire peser le risque contractuel sur l'entrepreneur. Ces contrats n'ont de FIDIC que le nom et dérogent à l'esprit des contrats FIDIC dont l'objet est de permettre une relation contractuelle équilibrée entre les parties.

22. White&Case 2018 International Arbitration Survey "The evolution of international arbitration": 97% des personnes interrogées indiquent que l'arbitrage demeure leur méthode favorite de résolution des litiges transnationaux.

où un constructeur peut rapidement être remplacé par un autre, lorsqu'il ne donne pas satisfaction au maître de l'ouvrage. Ce paramètre est moins prédominant, par exemple, dans l'industrie pétrolière, où l'industrie financière, où le nombre réduit d'acteurs, et leur assise financière plus importante, rééquilibre les rapports avec l'État hôte.

Si l'arbitrage commercial et l'arbitrage d'investissement sont parfois rapprochés par la doctrine[23], le choix de l'une ou l'autre procédure n'a pas le même coût d'opportunité pour l'entrepreneur quant à ses relations avec le maître d'ouvrage.

L'arbitrage commercial favorise la préservation des relations commerciales entre les parties. Initialement, « [l]*'objectif premier de la CCI était de promouvoir un processus aussi souple que possible afin d'encourager les parties à poursuivre leurs relations commerciales à la suite du règlement de leurs différends* »[24]. Le premier règlement d'arbitrage CCI insistait sur l'importance de la conciliation comme méthode de règlement des différends afin de permettre la préservation des relations commerciales entre les parties[25]. Cette approche est en accord avec l'approche prise par les contrats types de construction tels que les contrats FIDIC, et plus généralement l'approche prise par les praticiens dans l'industrie de la construction afin de sauvegarder les relations commerciales entre les parties. Cette approche peut s'avérer toutefois inefficace, lorsque les relations entre l'entrepreneur et le maître d'ouvrage ne permettent plus une conciliation entre les parties. C'est le cas lorsque l'État hôte ou l'entité étatique a d'ores et déjà expulsé l'entrepreneur du territoire et ne souhaite plus entretenir de relations avec l'entrepreneur.

L'entrepreneur peut alors choisir de se départir des procédures de règlement amiable afin de soumettre le différend à un tribunal arbitral d'investissement.

L'arbitrage d'investissement permet la résolution des différends transnationaux relatifs à un investissement réalisé par une personne privée sur le territoire d'un État. L'arbitrage d'investissement diffère de l'arbitrage commercial en ce qu'il porte sur la souveraineté de l'État partie à la procédure. En effet, le tribunal arbitral peut remettre en cause la politique souveraine de l'État vis-à-vis d'un investissement si celle-ci est en contradiction avec le traité bilatéral ou multilatéral d'investissement auquel l'État est partie[26]. L'arbitrage d'investissement favorise également une voie à la fois plus diplomatique et plus agressive, compte tenu du caractère de la procédure rendue publique.

Dans cette hypothèse le coût d'opportunité est plus important pour l'entrepreneur, qui perd alors tout espoir de reprendre des activités commerciales dans l'État partie, quelle que soit l'issue de la procédure d'arbitrage.

---

23. Voir, *e.g.*, Charles N. Brower and Shashank P. Kumar, "Investomercial Arbitration: Whence Cometh it? What Is It? Whither Goeth It?", ICSID review, Vol. 30, No. 1 (2015), pp. 35-55.

24. Eduardo Silva Romero, Emmanuel Jolivet et al., "Aux origines de l'arbitrage commercial contemporain : l'émergence de l'arbitrage CCI (1920-1958) », Revue de l'Arbitrage, (Comité Français de l'Arbitrage 2016, Volume 2016, Issue 2) pp. 403-444.

25. Giacomo Marchisio, "Chapter 3: The Influence of Arbitral Institutions on Today's International Commercial Arbitration" in *The Notion of Award in International Commercial Arbitration: A Comparative Analysis of French Law, English Law, and the UNCITRAL Model Law*, International Arbitration Law Library, Volume 44, (Kluwer Law International), pp. 25-50.

26. Bertrand Moreau, Eloïse Glücksmann, Pierre Feng, *Répertoire de procédure civile, Arbitrage international*, para. 5, Dalloz, 2016.

L'arbitrage d'investissement est ici décrit par la doctrine comme l'« option nucléaire »[27].

Si l'État hôte ne souhaite plus entretenir de relations avec l'entrepreneur, il est alors opportun pour l'entrepreneur de ne pas perdre de temps à essayer de parvenir à un accord avec le maître d'ouvrage. C'est également le cas, si l'exécution du contrat devient dangereuse, voire impossible pour l'entrepreneur, lorsque l'État hôte est en proie à des conflits armés et des instabilités géopolitiques.

La perspective d'un arbitrage d'investissement peut alors permettre à l'entrepreneur d'exercer une pression diplomatique sur le maître d'ouvrage afin de permettre une conciliation entre les parties. Si les parties n'arrivent pas à une conciliation, la procédure d'arbitrage d'investissement permettra à l'entrepreneur de mettre en cause l'État directement[28], lorsqu'une entité étatique est partie au contrat. Cette précision est importante, une problématique récurrente pour les constructeurs partie a des contrats dans des pays instables est d'obtenir le paiement des travaux exécutés, il n'est alors pas rare, lorsqu'une entité étatique est l'autre partie contractante, que celle-ci se prévale de son insolvabilité afin de se soustraire au paiement des travaux. Le constructeur doit donc être conscient que l'arbitrage d'investissement peut lui permettre de mettre directement en cause l'État pour obtenir le paiement des travaux[29].

Quant au coût financier de la procédure d'arbitrage[30], qu'elle soit d'investissement ou commerciale, il reste difficile à déterminer, car il dépend, entre autres, de la durée du processus et des frais de conseil des parties.

Le recours aux différents modes de règlement amiable à la disposition des parties, en amont de toute procédure arbitrale, tel que les bureaux de conciliation, permet de réduire significativement les coûts du processus[31].

Ainsi, dès lors que le contact avec l'État ou entité étatique n'est pas rompu, l'entrepreneur a tout intérêt à favoriser le maintien du dialogue et de la résolution amiable du litige, même lorsque l'entrepreneur n'a plus de perspectives économiques avec l'État hôte. L'entrepreneur peut et y a tout intérêt, même après le commencement d'une procédure d'arbitrage, continuer à rechercher une solution amiable afin de s'épargner des coûts, mais également une durée du processus, qui peut souvent s'avérer longue, voire très longue.

Face au choix de la procédure, l'entrepreneur doit en effet être conscient de la durée du processus arbitral, qu'il soit commercial ou d'investissement. S'il est exact que l'entrepreneur peut se soustraire aux mécanismes prévus par la clause contractuelle de résolution des différends à plusieurs niveaux, pour recourir à

27. Voir, *e.g.*, Dirk Buschle and Tobias Schaffner, "Investor State Disputes and ADR" (pp. 263-264) in Nikolaus Pitkowitz and Alice Fremuth-Wolf, Chapter VI. The Vienna Repositioning Propositions, The Vienna Repositioning Propositions Repositioning Actors And Actions In International Arbitration Austrian Yearbook on International Arbitration 2018 (Klausegger, Klein, Kremslehner, et al. (eds); Jan. 2018).

28. Voire, *e.g.*, Bayindir Insaat Turizm Ticaret Ve Sanayi A.S. v. Islamic Republic of Pakistan, ICSID Case No. ARB/03/29.

29. Csaba Kovács, *Attribution in International Investment Law*, Chapitre 4 et Chapitre 5, Wolter Kluwers, 2018.

30. Jeffery P. Commission (Vannin Capita), February 29, 2016, "How Much Does an ICSID Arbitration Cost? A Snapshot of the Last Five Years" – Global Arbitration Review, "Arbitration costs compared", 2 January 2019.

31. Peter Rosher, *Point de vue : les dispute boards, un outil efficace pour les projets de construction internationaux*, Le Moniteur, 9 mai 2016.

l'arbitrage d'investissement, le traité bilatéral d'investissement peut, de manière similaire, soumettre la procédure d'arbitrage à l'épuisement préliminaire des recours internes, ou à une période d'attente, « *cooling-off period* », durant laquelle l'entrepreneur ne peut soumettre le différend à un tribunal arbitral[32]. L'entrepreneur doit également avoir conscience qu'une procédure d'arbitrage d'investissement est significativement plus longue qu'une procédure de résolution des litiges résultant d'une clause de résolution des différends à plusieurs niveaux. En 2018, la durée moyenne d'une procédure d'arbitrage d'investissement était de trois ans et sept mois (exclusion faite des éventuelles procédures de conciliation, recours internes, et périodes d'attente)[33], contre un an et cinq mois pour une procédure de résolution initiée par une clause contractuelle de résolution des différends à plusieurs niveaux[34].

B. Les conséquences du recours à l'arbitrage d'investissement : le contrôle de l'entrepreneur sur le processus arbitral

Le contrôle sur le processus arbitral par l'entrepreneur s'effectue, entre autres, par le choix de l'arbitre, la confidentialité de la procédure et la prévisibilité du résultat de la procédure.

« Tant vaut l'arbitre, tant vaut l'arbitrage »[35]. Le choix de l'arbitre est crucial pour les praticiens de l'arbitrage, il en est de même dans l'industrie de la construction.

Dans une procédure d'arbitrage commercial, les réclamations faites par l'entrepreneur résultent directement de l'exécution, et par extension de la violation du contrat de construction. Lesdites violations reposent sur des assertions factuelles et techniques qui nécessitent que les arbitres qui ont à connaître du litige, aient également des compétences techniques. À ce titre, à l'origine, les arbitres commerciaux étaient initialement issus des corps de métiers en lien avec les litiges qui leur étaient soumis[36], et n'étaient alors pas systématiquement des juristes.

Si aujourd'hui les arbitres en matière de contentieux de la construction sont plus souvent des juristes, il n'est également pas rare qu'ils soient des experts et des ingénieurs de formation.

Ce système de sélection des arbitres permet à l'entrepreneur d'avoir un contrôle sur le processus de sélection de l'arbitre, qui parlera alors le même langage que l'entrepreneur, et pourra être sélectionné en fonction de son expertise technique d'abord, puis de son expertise juridique.

32. E.g. Le traité bilatéral d'investissement République tchèque-Pays-Bas qui prévoit une période d'attente de six mois. Christopher F. Dugan, Don Wallace Jr., Noah Rubins, Borzu Sabahi, « Exhaustion of Local Remedies », in Investor-State Arbitration, p. 347.

33. Proposals for Amendment of the ICSID Rules – Working Paper, Volume 3 ICSID Secretariat August 2, 2018, disponible à l'adresse : https://icsid.worldbank.org/en/Documents/Amendments_Vol_3_Schedule%209.pdf

34. Arcadis Global Construction Disputes Report 2019, p. 8.

35. Is Arbitration Only As Good as the Arbitrator?, ICC Publication No. 714, 2011, in Alexandre Job, « Attentes des entreprises en matière d'arbitrage », Colloque annuel de l'AFA, 2012.

36. Eduardo Silva Romero, Emmanuel Jolivet et al., « Aux origines de l'arbitrage commercial contemporain : l'émergence de l'arbitrage CCI (1920-1958) », Revue de l'Arbitrage, (Comité Français de l'Arbitrage 2016, Volume 2016, Issue 2), pp. 403-444.

Dans une procédure d'arbitrage d'investissement, bien que le litige sous-jacent porte également sur l'exécution d'un contrat de construction, il incombera à l'entrepreneur – et par extension à son conseil – de rapporter la preuve d'une violation d'un traité bilatéral d'investissement. Le litige portera alors également sur un troisième axe qui concernera plus spécifiquement des questions de droit international public. En conséquence, l'entrepreneur pourra moins contrôler les compétences techniques de l'arbitre et devra s'en remettre plus à son conseil pour procéder à la sélection de l'arbitre[37]. Un éminent praticien remarque également que les arbitres d'une procédure d'arbitrage commercial tendent à impliquer plus les parties et leur conseil dans la gestion de la procédure ou « *case management* », alors que les arbitres d'une procédure d'arbitrage d'investissement sont généralement moins familiers avec ces pratiques[38].

La confidentialité de la procédure est également cruciale, pour les deux parties à l'arbitrage. Elle permet aux deux parties de ne pas ternir leur réputation, pour l'entrepreneur dans l'industrie de la construction, et pour l'entité étatique ou l'État, au niveau international, afin de continuer à de nouveaux investisseurs sur son territoire[39]. Si l'arbitrage commercial permet encore de garantir une confidentialité, la plupart des sentences n'étant pas publiée, il n'en va pas de même pour l'arbitrage d'investissement, pour lequel les sentences arbitrales sont largement accessibles au public[40].

Cette absence de confidentialité en matière d'arbitrage d'investissement n'est toutefois pas dépourvue d'intérêt. Si les décisions rendues en matière d'arbitrage d'investissement ne forment pas un corpus de jurisprudence, elles sont utilisées par les tribunaux arbitraux et permettent de guider les arbitres dans le processus d'analyse des problématiques sous-jacentes[41]. On peut citer à titre d'exemple, le « *Salini test* ». Cette notion tie son nom d'une procédure d'arbitrage d'investissement opposant deux constructeurs italiens au Royaume du Maroc. Après l'initiation de la procédure par les constructeurs, le Royaume du Maroc avait contesté la compétence du tribunal à connaître du litige, au motif qu'un contrat ayant pour objet la construction d'une autoroute ne constituait pas un investissement au sens du traité bilatéral d'investissement existant entre l'Italie et le Maroc. Le tribunal avait conclu qu'un contrat de construction constitue un investissement aux motifs qu'un tel contrat rempli des critères spécifiques que nous verrons dans la seconde partie de cet article[42]. En définitive, le « Salini

37. Il convient toutefois de noter que les juristes se reposent fortement sur leur conseil pour sélectionner l'arbitre, *voir,* White&Case 2018, International Arbitration Survey, "The evolution of international arbitration".

38. Karl-Heinz Bôckstiegel, "Commercial and Investment Arbitration: How Different are they Today?", Arbitration International, Vol. 28, No. 4, p. 583.

39. White&Case 2018 International Arbitration Survey, "The evolution of international arbitration" : 46 % des juristes sondés indiquent que la confidentialité est l'une des trois caractéristiques les plus importantes de la procédure d'arbitrage.

40. Karl-Heinz Bôckstiegel, "Commercial and Investment Arbitration: How Different are they Today?", Arbitration International, Vol. 28, No. 4, p. 583.

41. A.K. Bjorklund, "Investment Treaty Arbitral Decisions as Jurisprudence Constante", TDM 1 (2010).

42. Emmanuel Gaillard and Yas Banifatem, "Introductory Note to ICSID: Salini Costruttori S.p.A. and Italstrade S.p.A. v. Kingdom of Morocco", International Legal Materials, Vol. 42, No. 3 (May 2003), pp. 606-608 – Laurence Burger, "The Trouble with Salini (Criticism of and Alternatives to the Famous Test)", ASA Bulletin (Association Suisse de l'Arbitrage ; Kluwer Law International 2013, Volume 31, Issue 3), pp. 521-536.

test » énonce les critères nécessaires pour établir si un investissement a été réalisé par l'investisseur sur le territoire d'un État[43]. Ces critères permettent une certaine stabilité pour évaluer les issues possibles à un arbitrage d'investissement.

Tel n'est toutefois pas le cas, où, en l'absence de publication des sentences arbitrales, il n'est pas rare que des tribunaux arbitraux rendent des décisions différentes sur des problématiques similaires. Ainsi, entre deux procédures arbitrales commerciales portant sur la même problématique, le résultat peut être différent.

L'entrepreneur doit également prendre en considération les modalités d'exécution de la sentence arbitrale.

Dans une procédure d'arbitrage commercial, l'entrepreneur qui obtient gain de cause devant le tribunal arbitral doit obtenir l'exécution de la sentence arbitrale auprès de juridictions étatiques. En d'autres termes, la sentence arbitrale doit être revêtue de la formule exécutoire, afin de pouvoir être exécuté dans un État comme un jugement rendu sur le territoire national[44]. Cette procédure peut s'avérer chronophage car la partie n'ayant pas obtenu satisfaction devant le tribunal arbitral, a tout intérêt à contester la décision de justice octroyant force exécutoire à la sentence arbitrale[45]. En conséquence, l'entrepreneur ayant obtenu une sentence favorable peut rencontrer d'ultérieures difficultés pour obtenir l'exécution rapide de la sentence arbitrale rendue dans une procédure d'arbitrage commercial.

Tel n'est pas le cas dans une procédure d'arbitrage d'investissement, où les sentences émises par les tribunaux arbitraux d'investissement ont force exécutoire dans les États partie à la convention du CIRDI[46]. Le constructeur ayant obtenu une sentence arbitrale d'investissement peut en obtenir l'exécution immédiate dans l'État partie au contrat sur présentation d'une copie de la sentence certifiée conforme par le secrétaire général du CIRDI. De surcroît, si l'État partie au contrat ne se conforme pas à la sentence, le constructeur peut en obtenir l'exécution dans tout État membre du CIRDI[47]. L'exécution de la sentence arbitrale d'investissement peut toutefois être rallongée, si l'une des parties requiert l'annulation de la sentence. L'annulation d'une sentence CIRDI reste un recours exceptionnel et qui n'est possible que dans les cas de vice dans la constitution du tribunal ; excès de pouvoir manifeste du tribunal ; corruption d'un membre du tribunal ; inobservation grave d'une règle fondamentale de procédure ; ou défaut de motifs[48].

---

43. Voir, *e.g.*, Laura Halonen, « Bridging the Gap in the Notion of "Investment" between ICSID and UNCITRAL Arbitrations: Note on an Award Rendered under the Bilateral Investment Treaty between Switzerland and Uzbekistan (Romak SA v Uzbekistan) », A.S.A Bulletin 2/2011, p. 29.

44. Cachard O., *Droit du commerce international*, Chapitre 4, oct. 2018, Lextenso éditions.

45. *Ibid.*

46. Christoph H. Schreuer, Loretta Malintoppi, August Reinisch & Anthony Sinclair, *Article 53 – Binding Force, The ICSID Convention: A Commentary* (2nd ed.), Cambridge University Press, p. 1096 (2009).

47. Jorge E. Viñuales and Dolores Bentolila, *The use of alternative (non-judicial) means to enforce investment awards, Diplomatic and Judicial Means of Dispute Settlement* (Laurence Boisson de Chazournes, Marcelo Kohen, and Jorge E. Viñuales eds.), Martinus Nijhoff, pp. 245-275 (2013).

48. Claudia Annacker, Laurie Achtouk-Spivakand Zeïneb Bouraoui, *The Guide to Challenging and Enforcing Arbitration Awards,* First Edition.

II. – Recours à l'arbitrage d'investissement : conséquences procédurales

Face au choix de la procédure d'arbitrage, l'entrepreneur doit également avoir conscience des différences procédurales existantes. Ainsi, dans le cadre d'une procédure d'arbitrage d'investissement, des objections sur la juridiction même du tribunal sont généralement systématiquement soulevées tandis qu'elles ne le sont que plus sporadiquement dans le cadre d'une procédure d'arbitrage commercial (**A.**), de plus, il appartient à l'entrepreneur de formuler ses réclamations contractuelles à la lumière d'une violation du traité d'investissement et non simplement d'une violation contractuelle (**B.**).

A. Objections sur la juridiction du tribunal

Lorsqu'un litige survient suite à l'exécution d'un contrat de construction, et que l'entrepreneur souhaite soumettre le litige a un tribunal arbitral commercial, la compétence du tribunal pour connaître des réclamations des parties pose généralement moins de problèmes. Comme nous l'avons précédemment indiqué, des problèmes peuvent survenir quant au respect par l'une ou l'autre des parties au litige, des différents niveaux de la clause de règlement des différends, et que l'une des parties souhaite soumettre directement le litige au tribunal arbitral sans soumettre celui-ci au préalable au bureau de conciliation. La compétence du tribunal arbitral est plus rarement remise en cause émanant directement de la clause contractuelle – clause compromissoire – signée par les parties, autonome du contrat dans lequel elle est stipulée. Le caractère autonome de la clause compromissoire écarte la possibilité pour les parties remettre en cause de se prévaloir d'une quelconque nullité du contrat pour écarter la compétence du tribunal[49].

Dans le cas d'un arbitrage d'investissement, avant de statuer sur le fond du litige, la juridiction et la compétence du tribunal sont au contraire plus systématiquement remises en cause par la partie adverse. Autrement dit, il est commun que l'une des parties conteste la formation du tribunal en vertu du traité bilatéral d'investissement et sa capacité à connaître du litige qui lui est soumis[50].

Il appartient alors à l'entrepreneur démontrer que le contrat de construction sous-jacent au litige constitue « un investissement » au sens du traité bilatéral d'investissement, comme d'ailleurs qu'il a la qualité d'investisseur au sens du traité bilatéral d'investissement, et enfin que le tribunal arbitral a la compétence pour connaître des réclamations émanant de l'exécution du contrat de construction[51].

La qualification d'« investissement » dépend tout d'abord de la rédaction du traité bilatéral d'investissement.

---

49. Cour de cassation, Chambre civile 1, du 7 mai 1963.

50. Veijo Heiskanen, "Ménage à trois ? Jurisdiction, Admissibility and Competence in Investment Treaty Arbitration", ICSID Review, (2013), pp. 1-16.

51. James Pickavance and Greg Falkof, "Accessing foreign investment protection for international construction and engineering projects", Informa [2019] I.C.L.R. 207.

Les définitions proposées prennent la forme d'une liste non-exhaustive de droits et de biens matériels et immatériels[52]. La qualification dépend traditionnellement de la nature économique de l'opération. Le projet de construction doit alors répondre aux exigences du « *Salini test* » déjà évoqué, c'est-à-dire que l'investissement doit constituer une contribution substantielle, avoir une durée certaine d'exécution, présenter une participation aux risques de la transaction, et constituer une contribution substantielle au développement économique de l'État hôte[53].

À ces critères, viennent s'ajouter des spécificités propres à chaque traité bilatéral d'investissement. C'est le cas, par exemple, lorsque le traité requiert que l'investissement soit fait conformément au droit interne de l'État hôte[54].

Si aujourd'hui la tendance est à l'anticipation des litiges dans l'industrie de la construction[55], l'entrepreneur doit avoir conscience des critères que devra remplir le projet de construction au regard du traité bilatéral d'investissement afin de bénéficier de la protection du traité. Cela signifie que l'entrepreneur, doit faire un travail en amont dès le stade de l'appel d'offres afin de s'assurer que le projet de construction peut prétendre à la qualification d'investissement. Or, et comme nous l'avons rappelé dans la première partie de cet article, cette nécessité d'anticiper est contradictoire avec la stratégie des entrepreneurs qui, en réduisant le prix d'exécution du contrat, réduit aussi son budget alloué à l'audit des risques juridiques. Néanmoins, les contrats de construction sont régulièrement reconnus par les tribunaux arbitraux comme étant des investissements[56].

De manière similaire, l'entrepreneur devra également s'assurer qu'il a bien la « qualité d'investisseur ». Ici encore, l'entrepreneur doit faire attention aux dispositions du traité bilatéral d'investissement existant l'État hôte avant de constituer un véhicule d'investissement dans l'État.

En fonction du traité bilatéral d'investissement, la qualité d'investisseur est basée sur le lieu d'immatriculation de la société (de projet, pour un contrat de construction)[57]. D'autres traités, de manière plus rare basent la qualité d'investisseur sur lieu du siège social[58].

À titre d'exemples, certaines difficultés peuvent ainsi apparaître lorsque l'entrepreneur décide de s'associer à un partenaire local pour exécuter le projet. Cette pratique est courante lorsque l'entrepreneur souhaite maximiser ses chances d'être attributaire du marché en utilisant l'expérience d'un constructeur local. Le constructeur local ne pouvant pas par définition bénéficier de la protection du traité bilatéral d'investissement, l'entrepreneur étranger doit alors être particulièrement

52. *Ibid.*

53. Salini Costruttori, *S.p.A. and Italstrade S.p.A. v. Kingdom of Morocco [I]*, ICSID, Case No. ARB/00/4, para 52.

54. C'est le cas pour les traités bilatéraux d'investissement avec l'Iran, voir Thomas Obersteiner, "In Accordance with Domestic Law' Clauses: How International Investment Tribunals Deal with Allegations of Unlawful Conduct of Investors" (2014) 31, Journal of International Arbitration, Issue 2, pp. 265-288.

55. Christopher Seppälä, "The past and future of construction arbitration", Global Arbitration Review, Volume 14, Issue 2.

56. Voir Salini Costruttori, *S.p.A. and Italstrade S.p.A. v. Kingdom of Morocco [I]*, ICSID, Case No. ARB/00/4, para 52.

57. Voir, *e.g.*, article 1 (7) (a) (ii) de la Charte de l'énergie.

58. Voir, *e.g.*, Traité bilatéral d'investissement Allemagne-Burkina (1962), article 1.4.b.

vigilant lorsqu'il décide de constituer une *joint-venture* pour l'exécution du contrat[59].

Ces considérations ne sont pourtant pas naturelles pour l'entrepreneur qui lors de la signature d'un contrat revoit traditionnellement les risques immédiats liés au contrat qu'il connaît tels que les risques du sol, les risques liés aux pénalités de retard, ou encore les risques liés aux changements de législation. Les dispositions du traité bilatéral d'investissement sont pourtant d'autant plus importantes lorsque le projet de construction doit être exécuté dans un État instable en proie à des instabilités géopolitiques et où le risque d'un changement de régime n'est pas à exclure.

B. La reformulation des réclamations contractuelles en violation du traité d'investissement

Lorsque des réclamations de l'entrepreneur surviennent suite à l'exécution du contrat, celui-ci peut immédiatement les porter à la connaissance du maître d'œuvre et du maître de l'ouvrage. C'est la méthode prévue par la clause de résolution de différends à plusieurs niveaux. L'entrepreneur soumet dans un premier temps ses réclamations au maître d'œuvre. Si l'entrepreneur n'est pas satisfait, ses réclamations seront alors soumises aux différentes méthodes de résolution alternatives des litiges prévues au contrat, puis à une procédure d'arbitrage commercial. Durant ce processus d'escalade des réclamations, celles-ci ne changeront pas. En d'autres termes, si l'entrepreneur estime que des pénalités de retard lui sont injustement appliquées par le maître de l'ouvrage, il présente cette même réclamation au bureau de conciliation puis au tribunal arbitral commercial.

Tel n'est pas le cas, lorsque l'entrepreneur décide saisir un tribunal arbitral d'investissement. Les réclamations contractuelles n'entrent pas ipso facto dans la compétence du tribunal[60], qui ne connaît que des violations du traité bilatéral d'investissement.

Cela signifie que l'entrepreneur doit rapporter la preuve que la violation « du contrat » équivaut en réalité à une violation « du traité ».

Deux auteurs exploraient récemment la possibilité pour un entrepreneur de reformuler ses réclamations contractuelles en violation d'un traité d'investissement[61]. Ainsi lorsqu'il a une réclamation contractuelle, l'entrepreneur doit nécessairement, s'il veut porter son litige devant un tribunal arbitral d'investissement s'assurer que sa réclamation constitue également une violation du traité d'investissement. C'est le cas par exemple d'une réclamation contractuelle pour rupture abusive du contrat de construction qui peut constituer une expropriation directe ou indirecte d'un investissement[62].

59. Erin Miller Rankin, Sami Tannousand Matei Purice, *The Guide to Construction Arbitration*, "Construction Disputes in Investment Treaty Arbitration".

60. Uff and Uff, "The Availability of Treaty Arbitration in Construction" [2010] ICLR 402.

61. Randall Walker and Jay Randhawa, "The resolution of construction claims through investor-state dispute settlement: alternative opportunities for relief for international contractors" [2019] I.C.L.R. 255.

62. *Ibid.*

La possibilité pour l'entrepreneur de reformuler ses réclamations en violation du traité lui offre une solution alternative pour la résolution de son différend avec le maître de l'ouvrage. Toutefois, elle n'est, ici encore, pas naturelle puisqu'elle se transforme d'une problématique contractuelle et factuelle en une problématique de droit international public.

CONCLUSION

Si l'arbitrage d'investissement constitue une réelle alternative à la résolution contentieuse des litiges de construction, cette solution reste exceptionnelle et dépend essentiellement de la situation de l'entrepreneur. Eu égard notamment aux répercussions économiques et à la durée la procédure, cette méthode de résolution des conflits pourra être privilégiée lorsque l'entrepreneur considéra que les perspectives de maintenir des relations avec l'État sont inexistantes. Si l'arbitrage d'investissement offre plus de stabilité au regard de l'exécution et l'interprétation des décisions rendues par d'autres tribunaux d'investissement, l'entrepreneur doit avoir conscience qu'il doit abandonner une partie de son contrôle sur le processus de résolution des différends.

Panorama international de jurisprudence

Panorama of World Cases Law

Canada | Canada

R. Aaron RUBINOFF
Associé, Perley-Robertson, Hill & McDougall

John SIWIEC
Avocat, Perley-Robertson, Hill & McDougall

Arbitration Award – Recognition and Enforcement – Model Law – New York Convention – Binding – *Functus Officio*

This appeal to the Court of Appeal for Ontario focused on when an international arbitration award becomes binding on the parties for the purposes of recognition and enforcement. The underlying dispute arose from a joint investment in real estate by the parties. The parties agreed to resolve their dispute by way of arbitration carried out by the Beth Din of Mechon L'Hoyroa, a rabbinical court in New York (the "**Beth Din**").

The appellants were successful at arbitration and commenced an application before the Ontario Superior Court of Justice (court of first instance) for recognition and enforcement pursuant to articles 35 and 36 of the *UNCITRAL Model Law on International Commercial Arbitration* ("**Model Law**") as incorporated in Ontario's *International Commercial Arbitration Act, 2017*. The application, however, was dismissed. The application judge found that the award was not yet binding in accordance with Model Law Article 36(1)(a)(v) because the respondents had raised further issues with the arbitral panel that the panel had expressed a willingness to consider. The Court of Appeal disagreed and reversed the decision, holding the arbitral award was in fact binding.

The Court of Appeal held that the grounds for refusing the recognition and enforcement of an award are to be narrowly construed. The Court engaged in an extensive analysis of the meaning of the term "binding" as found in both Article V(1)(e) of the *Convention on the Recognition and Enforcement of Foreign Arbitral Awards* (the "**New York Convention**") and Article 36(1)(a)(v) of the Model Law, including extensive reference to Gary B. Born's *International Commercial Arbitration*, 2nd edition. The Court found that the parties' arbitration agreement prohibited appeals, such that the tribunal was *functus officio* once rendering the award, and the respondent could not raise further issues to the tribunal.

At first instance, the application judge found that the tribunal made statements following its award that indicated that the arbitration process was not yet complete, including a post-award costs issue. The Court of Appeal, however, found that the application judge erred in law by conflating two matters: (i) whether the award was "binding" for the purposes of recognition and enforcement pursuant to the Model Law; and, (ii) whether the Beth Din had jurisdiction to accept new claims from a party following the issuance of the award. The Court relied on Model Law Article 32(1), which provides, in part, that "arbitral proceedings are terminated by the final award." On its face, the award was framed as a final award, and did not identify any other matters that required determination in the arbitration. Moreover, the Court held that the potential jurisdiction of the Beth Din to consider post-Award issues does not affect the binding nature of the award.

In allowing the appeal, the Court awarded the appellants theirs costs of the appeal fixed at $25,000, and their costs of the proceeding before the application judge, fixed in the amount of $15,000.

– *Popack v. Lipszyc*, 2018 ONCA 635, July 12, 2018

Arbitration Procedure – Arbitrator Challenge – Refusal to Recuse – Independence and Impartiality – Scope of Review – Reasonable Apprehension of Bias

In this decision of the Supreme Court of British Columbia (court of first instance), the Court had to decide the narrow issue of the scope of its review of an arbitrator's decision not to recuse himself. Specifically, the Court examined whether it was limited to the arguments and materials that were presented to the arbitrator or if it could consider the totality of the evidentiary record. The Court determined that, in light of its role of ensuring that the arbitrator is independent or impartial, it is not restricted to the actual challenge that was made before the arbitrator.

The parties were engaged in an arbitration arising out of a mining project in Tanzania. During the course of the arbitration, Tanzanian Goldfields Company Limited ("**Tanzanian Goldfields**") became concerned about the arbitrator's ability to be impartial and wrote a letter requesting that he recuse himself ("**Recusal Letter**"). The arbitrator refused the request.

Tanzanian Goldfields brought a petition to the Court to have the arbitrator's decision overturned. In its request, Tanzanian Goldfields referred to a number of facts that were not expressly referenced in its Recusal Letter. In response, East Africa Metals Inc. and Canaco Resources (BV) 2009 Inc. (together "**EAMC**") brought an application seeking to strike out portions of the petition that referred to facts that were not included in the Recusal Letter.

The grounds of the Recusal Letter centered on a letter counsel for EAMC sent to Tanzanian Goldfield's counsel, and copied to the arbitrator, which contained a number of inflammatory and destructive comments about Tanzanian Goldfield. As outlined in the Recusal Letter, Tanzanian Goldfield was concerned of the arbitrator's ability to remain impartial given the accusations in EAMC's letter.

British Columbia's *International Commercial Arbitration Act*, which is modeled after the UNCITRAL Model Law on International Commercial Arbitration, provides, in relevant part, that an arbitrator may be challenged if circumstances exist that give rise to justifiable doubts as to the arbitrator's independence or impartiality, and that such justifiable doubts only exist if there is a real danger of bias on the part of the arbitrator in conducting the arbitration. It further provides that if the challenge before the arbitrator is not successful, the challenging party may, within 30 days, request the Court "to decide on the challenge."

In deciding the challenge, the Court noted that there is no deference owed by a reviewing court to the arbitrator's decision. In determining the arbitrator's independence and impartiality, the Court applied the test for reasonable apprehension of bias as adopted by the Supreme Court of Canada in *Wewaykum Indian Band v. Canada*, 2003 SCC 45. The test asks: "what would an informed person, viewing the matter realistically and practically – and having thought the matter through – conclude" as to the decision maker's ability to decide fairly. The Court held that "an informed person" would have access to the entire record regardless of what was first put to the arbitrator. It further stated that not having access to the full record in order to assess bias risks an unfair hearing, which in turn is not just. As such, a reviewing court is not restricted to the actual challenge placed before the arbitrator, and is entitled to look at additional material to ensure that it is aware of all the relevant circumstances. The Court thus denied EAMC's application.

– ***Tanzanian Goldfields Company Limited v. East Africa Metals Inc.*, 2018 BCSC 1511, August 17, 2018**

Arbitration Agreements – Domestic and International Arbitrations – Jurisdiction to Consolidate – Consent – Model Law – Determination of Rules of Procedure

The central issue in this case was whether a domestic arbitration and international arbitration could be consolidated by the Court of Queen's Bench of Alberta (court of first instance) without the consent of all parties. The parties were part of two arbitrations relating to disputes surrounding the expansion and development of an oil sands facility in northern Alberta. Japan Canada Oil Sands Limited ("**JACOS**") initiated an international arbitration against Toyo Engineering Canada Ltd ("**Toyo Canada**") and its parent company Toyo Engineering Construction Ltd ("**Toyo Japan**"), while Toyo Canada initiated a domestic arbitration against JACOS.

JACOS commenced an application to the Court to have the domestic arbitration consolidated into the international arbitration. Toyo Canada and Toyo Japan brought a cross-application to consolidate the international arbitration into the domestic arbitration to be conducted in accordance with Canadian arbitration rules. Toyo Canada and Toyo Japan refused to consent to JACOS' request for consolidation.

The Court held that it had jurisdiction to consolidate a domestic arbitration into an international arbitration pursuant to the province of Alberta's *International Commercial Arbitration Act,* which incorporates the 1985 UNCITRAL Model Law on International Commercial Arbitration (***"ICAA"***). Section 8(1)(a) of the *ICAA* provides that the Court can consolidate arbitration proceedings "on terms it considers just", though states that the application must be brought by the "parties." In relying on Alberta case law, the Court found that an application for consolidation could be brought by one party, and that the consent of all the parties was not required.

In ordering the consolidation, the Court found that the two arbitrations are related, involve related parties, arose out of the same transaction, and involve similar questions of law and fact. It was inappropriate to refer the consolidation application to an arbitral tribunal because no tribunals were constituted in either arbitration. The Court was thus persuaded that consolidation would save time and resources. However, the Court refused to designate who would be the claimant in the consolidated international arbitration. Rather, the issue should be determined by the arbitrator in the consolidated arbitration in accordance with Article 19(2) of the Model Law, which states that, absent party agreement, the tribunal may conduct the arbitration in such a manner as it considers appropriate.

This decision is noteworthy because it is contrary to the case decided by the same Court, which the authors reported last year, *Alberta Motor Association Insurance Company v. Aspen Insurance UK Limited*, 2018 ABQB 207. In that case, the Court declined to consolidate two international arbitrations precisely because it understood the *ICAA*'s reference to "the parties" bringing an application for consolidation as requiring the consent of all parties.

– ***Japan Canada Oil Sands Limited v. Toyo Engineering Canada Ltd*, 2018 ABQB 844, October 9, 2018**

Arbitration Agreement – Incorporation by Reference – Standard Form Contract – GAFTA 88 – Stay of Proceedings

This case of the Court of Appeal of British Columbia examined whether an arbitration clause had been incorporated into relevant contracts therefore justifying a stay of proceedings. Section 8 of British Columbia's *International Commercial Arbitration Act*, RSBC 1996, c 233, which is modeled after Article 8 of the UNCITRAL Model Law on International Commercial Arbitration, provides that a court must grant a stay of proceeding where court proceedings are commenced with respect to a matter agreed to be submitted to arbitration, unless the agreement is found to be null and void, inoperative or incapable of being performed.

The appellant, Sum Trade Corp ("**Sum Trade**"), sued the respondent, Agricom International Inc. ("**Agricom**"), for breach of contracts for the sale of lentils that included reference to the "GAFTA 88." GAFTA 88 is a standard form contract drafted by the Grain and Feed Trade Association, which includes an arbitration clause and reference to the GAFTA Arbitration Rules.

At first instance, before the Supreme Court of British Columbia, and in keeping with Supreme Court of Canada case law, the judge ruled that objections to the arbitrator's jurisdiction should first be resolved by the arbitrator unless the challenge is based solely on a question of law, or, if a question of mixed fact and law, the question of fact only requires a superficial consideration of the documentary evidence. The judge found that the question of how standard terms like those in the GAFTA 88 form can be properly incorporated into contracts is one that is more appropriately dealt with by an arbitrator with specialised industry expertise, and thus ordered the stay.

On appeal, Sum Trade argued that the question of whether an arbitration clause is incorporated into a contract is a question of law "best decided by the courts". It argued that the GAFTA terms were not adopted because the parties did not objectively intend for the terms to be incorporated and the contracts would not make sense if the GAFTA terms were read in conjunction with the other terms of the contracts.

The Court of Appeal found that ascertaining whether it was the objective intention of the parties to incorporate the GAFTA arbitration clause in their contracts is "inherently fact specific" and a mixed question of fact and law. The Court of Appeal further held that where, as in this case, it is arguable that a party has agreed to refer disputes to arbitration by a tribunal competent to rule on its own jurisdiction, the stay should be granted and the question whether the party is bound to arbitrate the dispute should be left to the arbitral tribunal. Accordingly, the Court of Appeal dismissed the appeal.

– ***Sum Trade Corp. v. Agricom International Inc.*, 2018 BCCA 379, October 11, 2018**

Arbitration Agreement – Class Action – Standard Form Contract – ICC Arbitration – Arbitration Costs – Unconscionable

This case before the Court of Appeal for Ontario dealt with a proposed class action commenced on behalf of Uber App drivers in the province of Ontario. As part of the proposed class action, the appellant, David Heller, seeks a declaration that drivers in Ontario, who have used the Uber Driver App to provide food delivery and/or personal transportation services to customers, are employees of Uber and are governed by Ontario's *Employment Standards Act, 2000* (the "**ESA**"). In addition, Mr. Heller seeks declarations that Uber has violated the ESA, that the arbitration provisions in Uber's services agreements are void and unenforceable, and damages of $400 million.

The Uber services agreements, which drivers must accept in order to drive for Uber, provide that they are governed by the law of the Netherlands, and include a multi-tier arbitration clause. As a first step, parties must attempt mediation under the International Chamber of Commerce ("**ICC**") Mediation Rules. If unsuccessful, the second step is arbitration under the ICC Arbitration Rules, presided by one arbitrator, and seated in Amsterdam, The Netherlands (the "**Arbitration Agreement**").

At first instance, the Ontario Superior Court of Justice stayed the proceedings in favour of arbitration pursuant to Ontario's *International Commercial Arbitration Act, 2017*, which incorporates the UNCITRAL Model Law on International Commercial Arbitration with the 2006 amendments.

In granting the appeal and setting aside the stay, the Court of Appeal found the Arbitration Agreement to be invalid due to violations of the ESA, and on the basis of unconscionability. The first reason regarding the ESA is an Ontario law issue that will not be examined here other than noting that for the purposes of preliminary challenges to the court's jurisdiction, the court proceeds on the basis that the plaintiff's allegations are true, or at least capable of being proven, such as Mr. Heller's claim that he is an Uber employee and thus the ESA applicable.

Regarding the finding of unconscionability, the Court of Appeal outlined the expense of pursuing arbitration in accordance with the Arbitration Agreement. Under the ICC Mediation Rules, drivers must pay a non-refundable USD $2,000 filing fee to initiate mediation. For disputes under USD $200,000, drivers must pay an additional administrative fee, which can be as much as USD $5,000. These fees do not cover the mediator's fees or legal fees. If the dispute continues to arbitration, a driver, and any party wishing to join the arbitration, must each pay a non-refundable USD $5,000 filing fee. The ICC Arbitration Rules also require the parties to pay an advance on costs "in an amount likely to cover the fees and expenses of the arbitrators and the ICC administrative expenses for the claims which have been referred to it by the parties," which must be paid in cash, or in certain circumstances by bank guarantee. The administrative fee component of this advance is at least USD $2,500 per party for disputes under USD $200,000. These fees do not cover counsel fees, or other expenses related to participating in the arbitration.

As such, the initial administrative and filing-related costs for a driver to participate in the arbitration process is USD $14,500. The Court of Appeal noted that, as an UberEATS driver, Mr. Heller makes about CAD $20,800 to $31,200 per year, before taxes and expenses.

The Court of Appeal determined that the circumstances satisfied the test to determine the unconscionability of a contractual provision under Ontario law; namely, (i) a grossly unfair and improvident transaction; (ii) a victim's lack of independent legal advice or other suitable advice; (iii) an overwhelming imbalance of bargaining power caused by the victim's ignorance of business, illiteracy, ignorance of the language of the bargain, blindness, deafness, illness, senility, or similar disability; and (iv) the other party's knowingly taking advantage of this vulnerability.

In relation to the first part of the unconscionability test, the Court of Appeal found that the Arbitration Agreement represents a substantially improvident or unfair bargain by requiring an individual to incur significant costs of arbitrating a claim under the ICC Rules, the fees of which are out of proportion to the amount that may be involved. In addition, the individuals have to incur these costs up-front; the arbitration is governed by Uber's home jurisdiction, which is otherwise completely unconnected to where the drivers live or perform their duties; and, the rights of the drivers are to be determined in accordance with the laws of the Netherlands, laws of which the drivers are not given any information about.

Regarding the second part of the test, the Court of Appeal held that there is no evidence that Mr. Heller had any legal or other advice before entering into the services agreement and it is not realistic to expect him to have done so. In any event, Mr. Heller would not have been able to negotiate any of the terms of the services agreement.

On the third part of the test, Uber acknowledge that there is a significant inequality of bargaining power between the parties. As such, the Court of Appeal concluded that the fourth part of the test was satisfied given that Uber chose the Arbitration Agreement "in order to favour itself and thus take advantage of its drivers, who are clearly vulnerable to the market strength of Uber" and found it "a reasonable inference that Uber did so knowingly and intentionally."

Of note, in conducting its analysis, the Court of Appeal relied on Ontario's domestic *Arbitration Act, 1991*, in contrast to the lower court's reliance on Ontario's *International Commercial Arbitration Act, 2017*. The Court of Appeal, however, noted that its analysis and conclusions and would not change regardless of the applicable act.

The decision has since been appealed to the Supreme Court of Canada. The hearing is scheduled for November 16, 2019.

– *Heller v. Uber Technologies*, 2019 ONCA 1, January 2, 2019

Arbitration Award – Recognition and Enforcement – Garnishment – International Air Transport Association – Assets in Foreign Jurisdiction

This case from the Court of Appeal for Quebec dealt with the ability of an award creditor to enforce an award against a related third party of the award debtor in relation to assets held in a foreign jurisdiction.

In 2003, the Court of Arbitration of the International Chamber of Commerce issued an award ordering the Republic of Iraq ("**Iraq**") to pay Instrubel, N.V. ("**Instrubel**"), a Dutch company, almost CAD $32 million plus interest. Iraq, however, refused to pay. Instrubel commenced proceedings before the Superior Court of Quebec upon discovering that Iraq may have significant assets in Quebec. The International Air Transport Authority ("**IATA**"), which is headquartered in Montreal, Quebec, collects and remits fees from international airlines for use of airspace on behalf of airports and aviation authorities, including the Iraqi Civil Aviation Authority ("**ICAA**").

As part of its recognition and enforcement proceeding (referred to as "homologation" in Quebec), Instrubel obtained a writ of seizure before judgment by garnishment against the IATA and the funds it collected and holds on behalf of the ICAA. Iraq brought a motion to set aside the writ on various grounds, including a challenge to the territorial jurisdiction of the Court to issue and enforce a writ in relation to property located outside Quebec as the money to satisfy the writ was transferred to Quebec from an IATA Swiss bank account.

The Court granted Iraq's motion in part, concluding that Court did not have jurisdiction to authorize the seizure because the property was located outside the province at the time the writ was issued. The Court found that the IATA acts as an agent (mandatary) of the ICAA, such that the money it holds on behalf of the ICAA is not a debt, but property belonging to Iraq and outside of Quebec.

At appeal, the Court of Appeal overturned the decision, reinstated the writ of seizure and dismissed the motion to quash. The Court of Appeal held that in order for Iraq to claim ownership of the Swiss funds, the funds must be traceable – that is, the funds must be identified and not merely quantified. If the funds are not traceable, as in this case, there can be no claim to ownership. As such, the Court of Appeal found that there is a creditor/debtor relationship between the ICAA and the IATA.

Under private international law, the debt the IATA owes the ICAA is located at the place where it is collectible, which is ordinarily the domicile or principal place of business of the debtor. As the debtor, the IATA, is domiciled in Montreal, the debt is enforceable before Quebec courts.

The case has since been granted leave to appeal to the Supreme Court of Canada and a hearing has been scheduled for December 11, 2019.

– *Instrubel v. Republic of Iraq*, 2019 QCCA 78, January 22, 2019

Arbitration Award – CIETAC – Recognition and Enforcement – Proper Notice – Model Law – Definition of "International"

This case concerned an application to recognize and enforce an arbitral award issued by the *Chinese International Economic and Trade Arbitration Commission ("CIETAC")* before the Ontario Superior Court of Justice (court of first instance), subject to Ontario's *International Commercial Arbitration Act, 2017* (the "**Act**"). The Award found the Respondent Shuqin Xu, along with others, jointly and severally liable to pay the Applicants, Tianjin Huarong Equity Investment Fund and Shanghai Liyi Equity Investment Center (together, the "**Limited Partnerships**"), approximately CAD $10 million.

The Limited Partnerships are located in China, and Ms. Xu is a Chinese national who immigrated to Canada in 2009. Before coming to Canada, Ms. Xu resided in China with her husband, Jinlong Huang, whom she divorced in 2017.

Ms. Xu and her ex-husband are shareholders of Putian Zhonghong Investment Industrial Co., Ltd. ("**Putian**"), and Putian Southeast Xiangmi Industry Development Co. Ltd. ("**Xiangmi**"). In October 2011, the Limited Partnerships entered into an investment agreement in China with Ms. Xu, Mr. Huang, Putian, and Xiangmi (the "**Investment Agreement**"). The Investment Agreement provided that the Limited Partnerships would acquire shares in Xiangmi at specific subscriptions prices. It further provided, among other things, that in the event of an enumerated circumstance, the Limited Partnerships could choose a "transaction reversal" and require Ms. Xu, Mr. Huang, and Putian to repurchase all the shares they had acquired at the subscription price plus interest.

In May 2013, the Limited Partnerships gave notice that they would trigger the transaction reversal. Ms. Xu and Mr. Huang did not comply with the demand, which led to the CIETAC arbitration. While Mr. Huang, Putian and Xiangmi participated in the arbitration, Ms. Xu did not appear.

The Act provides that the procedure for the recognition and enforcement of international arbitration awards is governed by the *Convention on the Recognition and Enforcement of Foreign Arbitral Awards* (the "**New York Convention**") and the UNCITRAL Model Law on International Commercial Arbitration including the 2006 amendments (the "**Model Law**"). The Limited Partnerships' counsel framed the proceedings under the Model Law.

Before the Court, Ms. Xu argued that recognition and enforcement of the Award should be refused because she did not receive notice of the arbitral proceedings and was therefore unable to present her case contrary to Model Law Article 36(1)(a)(ii), and that the arbitration was not an "international commercial arbitration" as defined by the Model Law.

With respect to her first argument, Ms. Xu claimed that she only learned of the arbitration when she received a letter from the Limited Partnerships' Canadian counsel. Before that, she says that she did not receive any CIETAC documents or the Award.

The Court reviewed the service/notice requirements under the CEITAC Rules, the steps taken by CEITAC, as outlined in the Award, regarding service of the Notice of Arbitration and other Arbitration materials, and evidence filed by the Limited Partnerships. In all, it was established that for a period of more than ten months before the hearing of the arbitration, the Court of Arbitration of CIETAC sent the case materials to Ms. Xu a total of seven times to her two addresses in China and three times to her Canadian address in Toronto, Ontario. With respect to the service attempts at her address in Canada, Ms. Xu claimed that during the relevant period, Mr. Huang had commenced divorce proceedings against her so she refused any mail from China. The Court found that this evidence was not sufficient to overcome the substantial burden that she did not receive proper notice regarding the arbitration.

Regarding Ms. Xu's second ground for refusal, that the Court did not have jurisdiction because the arbitration was not "international" as defined under the Model Law, the Court examined Articles 1(3) and (4) of the Model Law. Seeing as Ms. Xu is an individual without a place of business, Ms. Xu's "habitual residence" governs pursuant to Article 1(4)(b) – that is, the place where a person resides for an applicable period of time with an intention to stay. At the time the Investment Agreement was entered into, Ms. Xu was living in Toronto with the intention of residing indefinitely. Thus, at the time of the arbitration agreement, although the other parties' place of business was China, Ms. Xu was habitually residing in a different State (Ontario, Canada). As such, the Court found that there was no jurisdictional issue and dismissed this ground.

Interestingly, the Court noted that, if it was wrong that the Model Law applied, then the application for recognition and enforcement could be reformulated under the New York Convention as a foreign award.

– *Tianjin v. Xu*, 2019 ONSC 628, March 8, 2019

Third Party Funding – International Arbitration – Securities Regulations – Reporting Requirements – Privilege – Disclosing Funding Agreements

This decision from the Ontario Securities Commission ("**OSC**" – the regulatory agency that administers and enforces securities legislation in the province of Ontario) concerns Stans Energy Corp's ("**Stans**" or "**the Filer**") application to be exempt from filing two third party funding agreements as part of its general reporting requirements as a Canadian publicly traded company. As outlined below, Stans' application was accepted and the exemption was granted.

Stans' held interests in certain mines, mineral resource properties, and processing facilities in the Kyrgyz Republic (the "**Republic**"). In 2013, the Kyrgyz State Prosecutor's Office initiated legal proceedings to revoke the mineral property licenses awarded to Stans in a 2009 auction process. In March 2014, the Inter District court of Bishkek ruled in favour of the Kyrgyz State Prosecutor's Office, and its decision was ultimately upheld in 2015 by the Kyrgyz Supreme Court.

In response, Stans commenced an arbitration against the Republic before the Arbitration Court at the Moscow Chamber of Commerce and industry (the "**MCCI Tribunal**"). In June 2014, the MCCI Tribunal awarded Stans USD $ 118 million in damages. However, the award was set aside by the Supreme Court of the Russian Federation in January 2016 on jurisdictional grounds.

In May 2015, Stans commenced a second arbitration against the Republic in relation to the revocation of its mining licenses claiming USD $ 219 million in damages and interest. This time, Stans commenced the arbitration under the 1976 arbitration rules of the United Nations Commission on International Trade

Law (the "**UNCITRAL Rules**"). The parties subsequently agreed that the arbitration ("the "**UNCITRAL Arbitration**") would be administered by the secretariat of the Permanent Court of Arbitration in The Hague, and seated in London, England.

The tribunal in the UNCITRAL Arbitration ordered that the proceedings would be bifurcated into a jurisdictional phase and a merits phase. A hearing on the jurisdictional issues took place on September 23, 2016, and on January 25, 2017, the tribunal rejected the Republic's jurisdictional objections. A hearing on the merits took place from April 9 to 13, 2018. At the time of the OSC decision, the post hearing submissions were in process.

On June 3, 2015, Stans entered in a litigation funding agreement (the "**LFA**") with Stonebury Limited (the "**Funder**"), a Guernsey subsidiary of the Calunius Litigation Risk Fund 2 LP (the "**Fund**") to finance Stans' costs in the international arbitration on a non-recourse basis.

In March 2018, Stans entered into a second funding agreement described as a capital provision agreement ("**CPA**") with Gillham LLC and Lucille Investments LLC (together, the "**New Funder**") for additional capital to assist in funding Stans' legal costs, and to provide funding towards ongoing overhead costs, in relation to the international arbitration on a non-recourse basis.

As part of its disclosure requirements under the National Instrument 51-102 *Continuous Disclosure Obligations* as a publicly traded company, Stans is required to file the LFA and CPA (the "**Third Party Funding Agreements**") as material contracts. On October 2, 2018, Stans issued and filed two material change reports, disclosing the agreements, providing background on the funders, and describing non-commercially sensitive key terms of the Third Party Funding Agreements, respectively.

The OSC noted that the Third Party Funding Agreement may be subject to privilege in connection with Stans' ongoing arbitration, and any public disclosure of their substantive terms beyond the material change reports, even in a redacted form, would run the risk of waiving privilege, which would be seriously prejudicial to Stans' interests. In addition, disclosure of the Third Party Funding Agreements would violate the confidentiality provisions in both agreements and would compromise Stans' ongoing relationship with the Funder and New Funders.

The OSC found that disclosure of the Third Party Funding Agreements in a redacted form would not provide additional information that would be material to an investor for purposes of making an investment decision, and the exemption was thus granted.

– *Stans Energy Corp. (Re)*, 2019 CanLII 36437 (ON SEC), March 14, 2019

Interim Award – Set Aside – Additional Evidence – Expert Evidence – Disqualifying Expert – Bias – Lack of Qualification

In this case, The Russian Federation ("**Russia**") brought a motion before the Ontario Superior Court of Justice (court of first instance) to disqualify Luxtona Limited's ("**Luxtona**") expert witness on grounds of bias and lack of qualification. The motion relates to Russia's application to set aside the arbitral tribunal's interim award finding that it has jurisdiction to hear Luxtona's claims of Russia's alleged breaches of the Energy Charter Treaty in relation to its investments in Yukos Oil

Company ("**Yukos**"). Last year, the authors reported on Luxtona's motion to strike out new evidence filed by Russia in the context of Russia's set aside application, which was dismissed (*The Russian Federation v. Luxtona Limited*, 2018 ONSC 2419, April 13, 2018).

A main issue in Russia's set aside application concerns whether the provisional application of the arbitration clause in the Energy Charter Treaty is inconsistent with Russian law. During the first stage of the arbitration, the parties submitted evidence on Russian law, with Luxtona submitting the evidence of Prof. Stephan. At the time, Russia did not object to Prof. Stephan's evidence.

As a result of the Court's previous ruling allowing Russia to file additional evidence noted above, Luxtona filed additional expert evidence from Prof. Stephan. Russia now challenges the admissibility of Prof. Stephan's new evidence.

Russia's first challenge relates to Prof. Stephan's alleged lack of independence in light of his long history of providing strategic advice and expert reports for Yukos and Yukos-related entities in claims against Russia. Among other things, Prof. Stephan as acted on behalf of Yukos-related entities in at least eleven matters since 2005 and has received substantial compensation from Yukos entities from these engagements.

Russia's second challenge is that Prof. Stephan is unqualified to provide expert evidence on Russian law. Among other things, Prof. Stephan is not a Russian lawyer, is not qualified to practice law in Russia, has no degrees in Russian law, and claims expertise is a wide array of topics including constitutional law, tax law, law on arbitrability of disputes, copyright law, and other topics.

The Court noted that the threshold requirement for the admission of expert evidence is that the expert possesses special knowledge and experience beyond that of the trier of fact. The admissibility of such evidence does not depend on how the expert acquired the special knowledge and experience as long as the expert has sufficient experience in the relevant subject matter. In addition, the expert first has a duty to the court, in that the expert's opinion must be impartial, independent, and unbiased. In other words, the expert's opinion should not change depending on which party retained him. In order to uphold these principles, the expert must attest or testify on oath that the expert will uphold the duty to be fair, objective, and non-partisan, which Prof. Stephan had provided.

In considering the circumstances, on a balance of probabilities, the Court found that Prof. Stephan's Yukos-related history does not demonstrate a lack of independence. The test under Canadian law is actual bias, not merely an appearance of bias. The Court held that "[t]he fact that he may have become the 'go to guy' for entities and shareholders wishing to make claims against Russia in international arbitrations is, again, not evidence of lack of independence." Rather, his accumulated experience "makes him a natural selection."

With respect to his alleged lack of qualification, the Court considered Prof. Stephan's experience, including his MA in Russian Studies, a law degree in the US, being a professor of law at the University of Virginia Law School specializing in post-Soviet law, taxation law, international business transactions and international law, and that he has been qualified as an expert in Russian law on several occasions before international tribunals and domestic courts in the US and Europe. As the Court remarked, Russia's complaints regarding his qualifications "go to the extent of his qualification, not whether he has any at all." Accordingly, the Court dismissed Russia's motion.

Of particular note, in relation to the ongoing set aside application, the judge expressed "serious doubt" about the correctness of the Court's previous ruling admitting Russia's additional evidence. The judge expressed concern of the possibility of the Court deciding the issue of the arbitral tribunal's jurisdiction on a completely different record than the record that was before the arbitral tribunal. As a result, the judge directed the parties to be prepared to reargue whether new evidence, which does not meet the test for new evidence under Ontario law, is admissible on a court reviewing an arbitral tribunal's jurisdiction under Model Law Article 16(3), which is incorporated in Ontario's *International Commercial Arbitration Act, 2017*.

– ***The Russian Federation v. Luxtona Limited*, 2019 ONSC 4503, July 29, 2019**

France | France

Priscille PEDONE
Avocat

Contrat – Volonté des parties – Clause de médiation – Clause d'arbitrage – Clause pathologique – Commission du SFDO – Indépendance et impartialité – Tribunal arbitral – Composition – Droit applicable – Sentence arbitrale – Notion – Titre exécutoire – Exequatur – Juge de la mise en état – Mesure conservatoire – Hypothèque judiciaire – Inscription – Sursis à exécuter – Mesure provisoire – Production de pièces – Cour d'appel – Mission – Amiable composition

Les conventions légalement formées tiennent lieu de loi à ceux qui les ont faites et elles ne peuvent être révoquées que de leur consentement mutuel ou pour les causes que la loi autorise. Elles doivent être exécutées de bonne foi.

Le 1er mars 2010, les parties ont conclu un contrat de renouvellement de collaboration libérale qui comporte des articles 15 et 16 ainsi libellés : « *Article 15 : Les parties s'engagent à tenter de résoudre à l'amiable tout différend susceptible d'intervenir entre elles, à l'occasion du présent contrat, sur la médiation de la commission de conciliation du SFDO qui, saisie à l'initiative de la partie la plus diligente, désignera un médiateur qui formulera une proposition de conciliation, dans les conditions visées au règlement de commission de conciliation du SFDO. Article 16 : En cas d'échec de la médiation, tous les litiges ou différends relatifs à la validité, l'interprétation, l'exécution ou la résolution du présent contrat seront soumis à l'arbitrage de la commission de conciliation du SFDO, conformément aux statuts du SFDO. Dès à présent, les parties conviennent de soumettre leur litige à un arbitre unique. Le tribunal arbitral statuera avec les pouvoirs d'amiable compositeur* ».

Les parties ont déjà soumis leur différend à la commission de conciliation dans le cadre de la médiation, laquelle a échoué. Il ressort de l'article 16 précité de leur contrat qu'elles doivent désormais soumettre leur différend à l'arbitrage de la commission de conciliation.

M. soutient que le dispositif d'arbitrage ainsi mis en place serait invalide au motif qu'il reviendrait à soumettre le litige aux mêmes personnes que celles qui en ont déjà connu dans le cadre de la médiation. Toutefois, cette critique est manifestement sans fondement. En effet, au vu des pièces produites par M. lui-même, la commission de conciliation du SFDO qui est intervenue en janvier 2017 dans le cadre de la médiation était composée de M. M.., alors qu'elle était composée différemment dès août 2018, M. H... ayant succédé entre-temps à M. L... Dès lors, en admettant même que M. X... n'ait pas lui-même été remplacé à ce jour, et puisque le dispositif prévoit un arbitre unique, l'arbitrage pourrait très bien être rendu par M. X... seul, ce qui éviterait l'inconvénient dénoncé par M. de faire arbitrer cette affaire par une personne qui a déjà eu à en connaître en qualité de médiateur.

M. soutient également que l'article 16 précité entrerait en contradiction avec l'article 13 du contrat, qui est ainsi libellé : « *Article 13 : Le présent contrat est soumis à la loi française, tant pour son exécution que pour sa résiliation et tout litige s'y rapportant sera de la compétence exclusive des tribunaux français* ».

Cet article a manifestement pour unique objet de désigner la nationalité du droit applicable et des juridictions compétentes en cas de litige, autrement dit de désigner une compétence territoriale et non une compétence matérielle. En ce sens, le tribunal arbitral composé et organisé par le SFDO, conformément à l'article 16 précité, est bien un tribunal français et la loi appliquée (à savoir l'article 1134 du Code civil dans sa rédaction applicable à cette espèce) est bien la loi française. Il n'existe donc aucune contradiction entre l'article 13 et l'article 16 du contrat liant les parties.

Les moyens et arguments soulevés pour voir écarter l'obligation contractuelle de soumettre le litige à l'arbitrage du SFDO doivent donc être écartés. L'ordonnance déférée sera confirmée sur ce point.

La sentence arbitrale n'est pas un titre exécutoire. En effet, en application de l'article 1487 du Code de procédure civile, elle n'est susceptible d'exécution forcée qu'en vertu d'une ordonnance d'exequatur émanant du tribunal de grande instance dans le ressort duquel elle a été rendue. Il en résulte que c'est à juste titre que M. a saisi, dès le 2 janvier 2017, le tribunal de grande instance de Châlons en Champagne, afin de satisfaire aux conditions de l'article R 511-7 du Code des procédures civiles d'exécution qui dispose que le créancier doit introduire une procédure nécessaire à l'obtention d'un titre exécutoire, dans le mois qui suit l'exécution de la mesure (en l'occurrence la publication le 30 décembre 2016 de l'hypothèque judiciaire provisoire). Ce titre exécutoire ne pouvant être obtenu par la seule saisine du tribunal arbitral du SFDO, M. Z devait bien saisir le tribunal de grande instance de Châlons-en-Champagne pour éviter que l'hypothèque judiciaire provisoire qu'il a fait publier encourt la caducité.

Par conséquent, l'ordonnance déférée sera complétée en ce qu'il convient non pas de dessaisir le tribunal de grande instance de Châlons-en-Champagne pour incompétence, mais de surseoir à statuer sur la validation de l'hypothèque judiciaire provisoire dans l'attente de la sentence arbitrale et, le cas échéant, de l'obtention de l'exequatur.

Sur les mesures provisoires demandées au juge de la mise en état.

Le tribunal de grande instance de Châlons-en-Champagne ayant été valablement saisi, rien n'interdisait de solliciter du juge de la mise en état désigné les mesures d'instruction ou les mesures provisoires entrant dans les pouvoirs de ce juge, dès lors que ces mesures n'entrent pas en contradiction avec les demandes au fond, qui elles relèvent de la seule compétence du tribunal arbitral.

Par l'effet dévolutif de l'appel, et afin de ne pas ralentir exagérément le cours de la justice, la cour est fondée à statuer sur la double demande formée au juge de la mise en état : d'une part la demande de production de pièces, d'autre part la condamnation à payer une provision.

Le juge de la mise en état exerce tous les pouvoirs nécessaires à la communication, à l'obtention et à la production des pièces.

[...]

Il appartiendra au tribunal arbitral, s'il l'estime utile (car il statuera en amiable composition), de déterminer si une prescription, au moins partielle est encourue, cette appréciation ne relevant pas de la compétence du juge de la mise en état. Il n'existe donc aucune raison légitime de s'opposer à la demande de production, sous astreinte, des avis d'imposition réclamés, ces pièces pouvant être de nature à éclairer le tribunal arbitral sur la décision qu'il aura à prendre pour trancher le litige au fond.

Quant à la provision sollicitée, il ressort des décomptes produits, à l'encontre desquels la partie adverse n'articule aucune contestation précise (hormis la prescription des demandes formées au titre des années antérieures à 2012), que la somme n'apparaît pas sérieusement contestable, même en faisant abstraction des montants dus pour la période antérieure à 2012.

– CA Reims, Chambre civile, 1re section, 5 mars 2019, n° 18-01905, *X c. Y*

Pacte d'associés – Statuts – Clause d'arbitrage – Champ – Arbitre – Désignation – Président du Tribunal de commerce

Pour justifier son recours à l'arbitrage et réaffirmer la compétence de ce magistrat pour procéder à la désignation litigieuse, M. Z se fonde non seulement sur les statuts des trois sociétés, mais également sur le pacte conclu entre l'ensemble des associés en date du 3 octobre 2011. En effet, ce pacte stipule en son article 8, intitulé « Arbitrage », ce qui suit : « *Pour toute contestation qui s'élèverait entre les associés soussignés relativement à la validité, l'interprétation ou l'exécution des présentes et non réglée par la procédure de conciliation, les soussignés s'engagent à soumettre leur différend à l'arbitrage. Dans les quinze jours suivant la constatation de la contestation notifiée par lettre recommandée par l'une des parties aux autres, soit celles-ci s'entendront sur la désignation d'un arbitre unique et s'en remettront à la décision d'arbitrage de celui-ci, soit chacune d'elles devra désigner un arbitre. Si les deux arbitres choisis ne pouvaient se mettre d'accord dans un délai de quinze jours à dater de la nomination du dernier d'entre eux, sur le choix d'un troisième arbitre, ce dernier sera désigné par le président du tribunal de commerce [...]. Au cas où l'une des parties n'aurait pas désigné son arbitre, comme en cas d'empêchement, d'abstention ou de décès de l'un des arbitres, il sera pourvu à sa désignation ou à son remplacement comme indiqué ci-dessus* ».

Pour s'opposer à ce que le président du tribunal de commerce désigne le deuxième arbitre destiné à composer le tribunal arbitral réclamé, les intimées font essentiellement valoir d'une part que l'urgence, qui fonde la compétence du juge des référés en application de l'article 872 du Code de procédure civile, n'est nullement caractérisée en l'espèce, pas plus d'ailleurs que n'est avérée l'existence d'une situation de dommage imminent ou de trouble manifestement illicite qui pourrait fonder sa compétence en vertu de l'article 873 du même code. D'autre part que la clause compromissoire n'a pas vocation à s'appliquer au différend né d'une décision de révocation d'un mandat social, qui s'agisse de celui de directeur général du Groupe ou de celui de co-gérant des deux autres sociétés.

La cour ne partage pas cette analyse, dès lors en effet : – que la clause compromissoire précitée, qui a été librement convenue entre les parties, soumet à la procédure d'arbitrage « *toute contestation* [...] *relativement à la validité, l'interprétation ou l'exécution* » du pacte d'associés, soit une compétence d'attribution très large qui recouvre notamment les « *modalités de management des six sociétés composant le groupe* » auxquelles l'ensemble des associés ont entendu étendre le pacte conclu entre eux le 3 octobre 2011 ainsi qu'il est indiqué à la page 5 dudit pacte. – qu'or, ce « management » fait l'objet d'une clause particulière insérée à l'article12 du pacte d'associés, aux termes de laquelle les associés ont décidé de désigner M. Z d'une part en qualité de directeur général de la société F (dont la société Groupe est la filiale), d'autre part en qualité de co-gérant des deux autres sociétés – que dès lors, les difficultés nées de la révocation de ces trois mandats, en ce qu'elles concernent le « management » des sociétés du groupe, relèvent incontestablement de la procédure d'arbitrage convenue dans le pacte d'associés.

Quant à la compétence du président du tribunal de commerce pour désigner un arbitre à la place des parties qui refuseraient de le faire, elle est également incontestable comme ayant été expressément prévue par le pacte d'associés, sans d'ailleurs que ce pacte ait entendu soumettre la saisine du magistrat aux conditions de la procédure de référé, ce dont il résulte qu'il est indifférent que l'urgence de l'article 872 du Code de procédure civile ou encore le dommage imminent ou le trouble manifestement illicite de l'article 873 soit ou non caractérisé.

– **CA Rennes, 3e Chambre commerciale, 5 mars 2019, n° 18-04188,** ***Z c. Proxia Groupe et a.***

Clause compromissoire – Moyen tardif – Irrecevabilité

Le défendeur représenté en première instance, qui aurait pu invoquer, à ce stade de la procédure, l'incompétence de la juridiction saisie et qui ne l'a pas fait, est irrecevable à soulever une telle exception pour la première fois en cause d'appel.

– **CA Agen, 6 mars 2019, n° 16-00460,** ***Mana Z c. Zelte Wilkins***

Clause compromissoire – Référé – Conditions – Urgence – Appréciation in concreto – Pouvoirs – Mesures conservatoires et de remise en état – Dommage imminent – Trouble illicite – Juge de l'évidence – Contestation sérieuses

Selon l'article 1448 du Code de procédure civile, « *lorsqu'un litige relevant d'une convention d'arbitrage est porté devant une juridiction de l'État, celle-ci se déclare incompétente sauf si le tribunal arbitral n'est pas encore saisi et si la convention d'arbitrage est manifestement nulle ou manifestement inapplicable* ». Et l'article 1449 ajoute : « *L'existence d'une convention d'arbitrage ne fait pas obstacle, tant que le tribunal arbitral n'est pas constitué, à ce qu'une partie saisisse une juridiction de l'État aux fins d'obtenir une mesure d'instruction ou une mesure provisoire ou conservatoire. Sous réserve des dispositions régissant les saisies conservatoires et les sûretés judiciaires, la demande est portée devant le président du tribunal de grande instance ou de commerce, qui statue sur les mesures d'instruction dans les conditions prévues à l'article 145 et, en cas d'urgence, sur les mesures provisoires ou conservatoires sollicitées par les parties à la convention d'arbitrage* ».

Malgré la présence au contrat d'une clause compromissoire, la saisine du juge des référés sur le fondement de l'article 809 alinéa 2 du Code de procédure civile reste possible aux seules conditions de l'absence de saisine préalable du tribunal arbitral et de l'urgence.

En l'espèce, le tribunal arbitral n'a pas encore été saisi et l'appelante fait valoir une situation d'urgence, laquelle s'apprécie in concreto.

[...]

La décision du juge des référés de se déclarer compétent pour statuer sur la demande de provision sur le fondement de l'article 809 alinéa 2 du Code de procédure civile est donc confirmée.

Sur la provision

L'article 873 du Code de procédure civile autorise le président du tribunal de commerce, dans les limites de la compétence du tribunal, et même en présence d'une contestation sérieuse, à prescrire en référé les mesures conservatoires ou de remise en état qui s'imposent, soit pour prévenir un dommage imminent, soit pour faire cesser un trouble manifestement illicite. Dans les cas où l'existence de l'obligation n'est pas sérieusement contestable, il peut accorder une provision au créancier, ou ordonner l'exécution de l'obligation même s'il s'agit d'une obligation de faire.

[...]

Ainsi, s'agissant du solde des honoraires de résultat concernant une vente antérieure à l'échéance du dernier avenant au contrat, la demande apparaît ne se heurter à aucune contestation sérieuse. La décision sera confirmée sur ce point.

[...]

En revanche, il n'appartient pas au juge des référés qui est le juge de l'évidence de trancher la question relative à la levée d'option qui relève des seuls pouvoirs du juge du fond dès lors qu'elle l'obligerait à apprécier la portée d'un acte et lui accorder des conséquences juridiques qu'il n'a pas. De sorte que la demande en paiement de la facture (qui mentionne clairement que la somme ne sera payable qu'à la confirmation de l'option), correspondant à la première tranche de l'honoraire de résultat portant sur les 20 appareils qui n'ont fait l'objet que d'une option non encore levée et non d'une commande ferme, sera rejetée en ce qu'elle se heurte à une contestation sérieuse.

– CA Toulouse, 7 mars 2019, n° 18-03496, *FTO Limited c. Airbus*

Principe de la contradiction – Définition – Accord de confidentialité – Interprétation – Volonté des parties – Droit applicable – Références surabondantes

Le principe de la contradiction exige seulement que les parties aient pu faire connaître leurs prétentions de fait et de droit et discuter celles de leur adversaire de telle sorte que rien de ce qui a servi à fonder la décision des arbitres n'ait échappé à leur débat contradictoire. Les arbitres n'ont aucune obligation de soumettre au préalable leur motivation à une discussion contradictoire des parties.

[...]

Ayant fondé son raisonnement sur l'analyse des dispositions de l'accord, notamment de l'article 1er et de l'articulation des clauses de l'accord entre elles, en citant deux articles de doctrine et en évoquant une décision de jurisprudence suisse, par des références surabondantes et uniquement pour conforter son examen des éléments de fait et de droit soumis et discutés par les parties, le tribunal arbitral qui n'a pas l'obligation de soumettre préalablement sa motivation à la discussion des parties n'a pas méconnu le principe de la contradiction.

[...]

La référence surabondante à la théorie de l'absorption alors que le tribunal arbitral a statué sur les moyens de droit et de fait invoqués et débattus entre les parties, ne saurait conduire à l'annulation de la sentence.

– CA Paris, Pôle 1, Chambre 1, 26 mars 2019, n° 17-03739, Z *c. Synthes GmbH*

Recours en annulation – Tribunal arbitral – Compétence – Cour d'appel – Contrôle étendu – Traité bilatéral d'investissements – Champ – Convention de Vienne sur le droit des traités du 23 mai 1969 – Interprétation – Traitement juste et équitable – Traité sur la Charte de l'énergie – Intention des parties – Article 1466 CPC – Moyen tardif – Champ – Renonciation – Ordre public international de fond – Violation manifeste, effective et concrète – Relevé d'office – Pouvoirs du juge – Contrôle étendu – Sentence arbitrale – Motivation – Droit à un procès équitable – Contrôle – Ordre public international – Conception française – Contradiction – Égalité des armes – Loi pénale – Non-rétroactivité – Principe d'ordre public international

Le juge de l'annulation contrôle la décision du tribunal arbitral sur sa compétence, qu'il se soit déclaré compétent ou incompétent, en recherchant tous les éléments de droit et de fait permettant d'apprécier l'existence et la portée de la convention d'arbitrage. Il n'en va pas différemment lorsque les arbitres sont saisis sur le fondement d'un traité.

En l'espèce, la procédure d'arbitrage a été engagée par les investisseurs en vertu du Traité relatif aux relations commerciales et économiques entre les États-Unis et la Pologne, signé le 21 mars 1990 et entré en vigueur le 6 août 1994 (TBI), dont les articles IX et X prévoient le règlement des différends d'investissement par voie d'arbitrage.

Sur le moyen pris en sa première branche :

L'article VI du TBI stipule : « *1. Concernant ses politiques fiscales, chaque Partie doit s'efforcer d'accorder un traitement juste et équitable de l'investissement aux ressortissants et sociétés de l'autre Partie et aux activités commerciales menées par ceux-ci. 2. Néanmoins, les dispositions du présent Traité, et en particulier les articles IX et X, s'appliquent aux questions de fiscalité uniquement en ce qui concerne ce qui suit : (a) une expropriation, en vertu de l'Article VII ; (b) les transferts, en vertu de l'Article V ; ou (c) le respect et l'exécution d'un contrat d'investissement ou d'une autorisation comme visé à l'Article IX (1) (a) ou (b), pour autant qu'ils ne soient pas soumis aux dispositions relatives au règlement des différends d'une convention visant à éviter la double imposition entre les deux*

Parties, ou qu'ils aient été soulevés au titre de ces dispositions de résolution des litiges et n'aient pas été réglés dans un délai raisonnable ».

Le tribunal arbitral a jugé, à la majorité, que le différend portait sur des « questions de fiscalité » au sens de ce texte et que sa compétence était donc limitée aux exceptions énumérées aux articles VI (2) (a), (b) et (c), ce que contestent les recourants.

Conformément à la coutume internationale exprimée par la Convention de Vienne sur le droit des traités du 23 mai 1969 : « *Article 31 : 1. Un traité doit être interprété de bonne foi suivant le sens ordinaire à attribuer aux termes du traité dans leur contexte et à la lumière de son objet et de son but. 2. Aux fins de l'interprétation d'un traité, le contexte comprend, outre le texte, préambule et annexes inclus : a) Tout accord ayant rapport au traité et qui est intervenu entre toutes les parties à l'occasion de la conclusion du traité ; b) Tout instrument établi par une ou plusieurs parties à l'occasion de la conclusion du traité et accepté par les autres parties en tant qu'instrument ayant rapport au traité. 3. Il sera tenu compte, en même temps que du contexte : a) De tout accord ultérieur intervenu entre les parties au sujet de l'interprétation du traité ou de l'application de ses dispositions ; b) De toute pratique ultérieurement suivie dans l'application du traité par laquelle est établi l'accord des parties à l'égard de l'interprétation du traité ; c) De toute règle pertinente du droit international applicable dans les relations entre les parties ; 4. Un terme sera entendu dans un sens particulier s'il est établi que telle était l'intention des parties.* ».

En premier lieu, il ne résulte de cette règle, ni d'aucun principe d'interprétation, qu'il conviendrait de distinguer là où un texte ne distingue pas.

En l'espèce, le TBI ne contient pas de définition de la notion de « questions de fiscalité ». Les termes de l'article VI (2) n'opèrent pas de distinction entre les dispositions fiscales matérielles et les procédures menées en matière fiscale. Ils énoncent que les « questions de fiscalité », de quelque nature qu'elles soient, ne sont pas couvertes par le Traité sauf dans trois hypothèses précisément circonscrites, à savoir lorsque ces questions sont liées, soit à une expropriation (a), soit au transfert des revenus d'un investissement régi par l'article V (b), soit au respect et à l'exécution d'un contrat d'investissement ou d'une autorisation relevant de l'article IX (1) (a) ou (b) du Traité (c) et, avec cette condition supplémentaire que ces « questions de fiscalité » ne soient pas couvertes par une convention fiscale bilatérale ou, si elles le sont et ont été soumises au mécanisme de règlement des litiges correspondant, qu'elles n'aient pas été résolues dans un délai raisonnable.

En deuxième lieu, une telle interprétation, suivant laquelle les parties contractantes acceptent le recours à l'arbitrage en matière fiscale dans les seules hypothèses prévues aux (a), (b) et (c) de l'article VI (2), est conforme à l'objet et au but du traité qui est de favoriser la coopération économique et de développer les investissements croisés en garantissant à ceux-ci un traitement juste et équitable dans le respect de la souveraineté des États contractants (préambule du TBI). L'objectif « prééminent », selon les recourants, du traitement juste et équitable, ne saurait avoir pour effet de gauchir l'interprétation des dispositions spéciales par lesquelles les États, dans l'exercice de leur souveraineté, ont circonscrit la portée de leur offre d'arbitrage.

En troisième lieu, le Traité sur la Charte de l'énergie, auquel, au demeurant, les États-Unis ne sont pas partie, est entièrement étranger au traité en cause dans la présente affaire, de sorte qu'à supposer que ses stipulations aient le sens que lui prêtent les recourants, elles sont dénuées de pertinence pour l'interprétation de l'article VI (2) du TBI qui doit être faite au regard de la commune intention des parties contractantes dans la conclusion de ce traité.

En quatrième lieu, suivant les principes coutumiers exprimés par l'article 32 de la Convention de Vienne précitée : « *Il peut être fait appel à des moyens complémentaires d'interprétation, et notamment aux travaux préparatoires et aux circonstances dans lesquelles le traité a été conclu, en vue, soit de confirmer le sens résultant de l'application de l'article 31, soit de déterminer le sens lorsque l'interprétation donnée conformément à l'article 31 : a) Laisse le sens ambigu ou obscur ; ou b) Conduit à un résultat qui est manifestement absurde ou déraisonnable.* ». En l'espèce, l'interprétation de l'article VI (2) suivant le sens ordinaire des termes aboutit à un résultat parfaitement clair et raisonnable. Il n'y a donc pas lieu de se référer aux travaux préparatoires.

Au demeurant, les recourants, pour prétendre, contre la lettre du texte, que l'intention des États contractants était d'exclure de l'offre d'arbitrage le seul droit fiscal matériel, invoquent des arguments qui ne sont pas pertinents. Ils se prévalent, en effet, d'extraits d'un rapport sur le TBI adressé par le Département d'État américain au Sénat qui énoncent : « *Lors des négociations, les États-Unis poursuivaient quatre objectifs principaux : Les investisseurs étrangers devront recevoir un traitement conforme au droit international et devront être traités de façon non moins favorable que les investisseurs de l'État hôte ou du pays tiers, quel que soit le traitement le plus favorable ("traitement national" ou "traitement de la nation la plus favorisée", sous réserve de certaines exceptions spécifiées) ; Les standards du droit international doivent s'appliquer à l'expropriation des investissements et au paiement d'une compensation en cas d'expropriation ; Les fonds liés à un investissement doivent pouvoir être librement transférés vers et depuis l'État d'accueil de l'investissement ; et Ceux qui ont la qualité d'investisseurs doivent pouvoir porter le différend qui les oppose à l'État d'accueil à l'arbitrage sans avoir recours, au préalable, aux juridictions nationales.* [...] *Le traité entre les États-Unis et la Pologne exhorte les Parties à appliquer leurs politiques fiscales de manière juste et équitable. Parce que les États-Unis traitent spécifiquement des questions fiscales dans les conventions fiscales, ce traité exclut ces questions de façon générale, et les traite uniquement dans la mesure où elles concernent des expropriations, des transferts ou des autorisations d'investissement, et où elles ne sont pas couvertes par la convention fiscale bilatérale.* ».

Mais, d'une part, ce document est interne aux institutions américaines, de sorte que l'on ne peut présumer qu'il reflète la commune intention des parties, d'autre part, et en toute hypothèse, contrairement à ce que prétendent les recourants, il exprime la volonté d'exclure « de façon générale » les questions fiscales sauf les exceptions qui sont celles de l'article VI (2), « et », à la condition supplémentaire qu'elles ne soient pas couvertes par une convention fiscale bilatérale, ce qui signifie que la volonté des États-Unis, lors de la conclusion du traité, était bien de donner à l'article VI (2) la portée qui se déduit de la lecture littérale de ce texte.

En dernier lieu, sur l'éventualité d'un déni de justice qui résulterait de l'application de la clause d'exclusion du TBI aux procédures fiscales, alors que celles-ci ne seraient pas couvertes par la convention fiscale bilatérale, il convient de rappeler que l'offre d'arbitrage résultant d'un TBI tire son efficacité du consentement des États, et que les conditions dont elle est assortie délimitent le pouvoir de juger des arbitres.

L'allégation d'un déni de justice ne saurait permettre d'outrepasser ces limites.

Il résulte de ce qui précède que le moyen, en sa première branche, n'est pas fondé.

Sur le moyen pris en sa deuxième branche :

L'article VI (1) du TBI stipule : « *Concernant ses politiques fiscales, chaque Partie devrait s'efforcer d'accorder justice et équité dans le traitement (should strive to accord fairness and equity in the treatment) des investissements et des activités commerciales conduites par des ressortissants et sociétés de l'autre Partie.* ».

Il résulte de ces termes, que si l'article VI (1) est susceptible d'avoir un effet entre les États contractants, il ne crée pas dans le chef des investisseurs un droit invocable devant un tribunal arbitral. Cette interprétation est confirmée par l'article VI (2) qui s'oppose au (1) de la façon suivante : « *Néanmoins, les dispositions du présent Traité, et en particulier les articles IX et X [relatifs à l'arbitrage], s'appliquent aux questions de fiscalité [dans les seules hypothèses prévues aux (a), (b) et (c)].* ».

Le moyen pris en sa deuxième branche n'est donc pas fondé.

Sur le moyen pris en ses troisième et quatrième branches :

Aux termes de l'article 1466 du Code de procédure civile, applicable en matière internationale par renvoi de l'article 1506 du même code : « *La partie qui, en connaissance de cause et sans motif légitime, s'abstient d'invoquer en temps utile une irrégularité devant le tribunal arbitral est réputée avoir renoncé à s'en prévaloir.* ».

En premier lieu, contrairement à ce que prétendent les recourants, cette disposition ne vise pas les seules irrégularités procédurales mais tous les griefs qui constituent des cas d'ouverture du recours en annulation des sentences, à l'exception des moyens fondés sur l'article 1520, 5° du Code de procédure civile et tirés de ce que la reconnaissance ou l'exécution de la sentence violerait de façon manifeste, effective et concrète l'ordre public international de fond, lesquels, en raison de leur nature, peuvent être relevés d'office par le juge de l'annulation, et soulevés pour la première fois devant lui.

En deuxième lieu, la renonciation présumée par l'article 1466 précité du Code de procédure civile vise des griefs concrètement articulés et non des catégories de moyens. En effet, le but poursuivi par cette disposition – qui est d'éviter qu'une partie se réserve des armes pour le cas où la sentence lui serait défavorable –, ne serait pas atteint si, sous couvert d'un cas d'ouverture unique, le recourant était recevable à développer devant la cour un argumentaire différent en droit et en fait de celui qu'il avait soumis aux arbitres.

Cette portée attribuée à l'article 1466 du Code de procédure civile n'est pas incompatible avec la plénitude du contrôle exercé par le juge de l'annulation à l'égard des cas d'ouverture du recours, dès lors qu'en statuant sur des moyens identiques à ceux qui avaient été soumis aux arbitres, il n'est lié ni par leur interprétation des textes, ni par leur appréciation des faits.

[...]

L'exigence de motivation des décisions de justice est un élément du droit à un procès équitable. Les arbitres qui s'abstiennent de motiver leur décision méconnaissent l'étendue de leur mission et la reconnaissance d'une sentence dépourvue de motif heurte la conception française de l'ordre public international.

Toutefois, le contrôle du juge de l'annulation ne saurait porter que sur l'existence et non sur la pertinence des motifs, peu important à cet égard que l'obligation de motiver la sentence figure dans le règlement d'arbitrage.

[...]

Le principe de la contradiction permet d'assurer la loyauté des débats et le caractère équitable du procès. Il interdit qu'une décision soit rendue sans que chaque partie ait été en mesure de faire valoir ses prétentions de fait et de droit, de connaître les prétentions de son adversaire et de les discuter. Il interdit également que des écritures ou des documents soient portés à la connaissance du tribunal arbitral sans être également communiqués à l'autre partie, et que des moyens de fait ou de droit soient soulevés d'office sans que les parties aient été appelées à les commenter.

L'égalité des armes implique l'obligation d'offrir à chaque partie une possibilité raisonnable de présenter sa cause – y compris les preuves – dans des conditions qui ne la placent pas dans une situation substantiellement désavantageuse par rapport à son adversaire.

[...]

La non-rétroactivité de la loi pénale plus sévère, dérivée du principe de légalité des délits et des peines, est un principe d'ordre public international.

[...]

La reconnaissance ou l'exécution de la sentence ne viole donc de manière manifeste, effective et concrète aucun principe d'ordre public international. Le moyen n'est pas fondé.

– **CA Paris, Pôle 1, 1re section, 2 avril 2019, n° 16-24358, *Z fondateur et président de Schooner Capital LLC c. République de Pologne prise en la personne du Prokuratoria Generalna Rzeczypolitej***

Principe de compétence compétence – Clause compromissoire – Validité – Conditions générales de vente – Opposabilité – Nullité manifeste – Accès à la justice – Article 6 CEDH – Règlement (UE) n° 1215/2012 du 12 décembre 2012 – Applicabilité

Selon l'article 1458 du Code de procédure civile, « *lorsqu'un litige relevant d'une convention d'arbitrage est porté devant une juridiction de l'État, celle-ci se déclare incompétente sauf si le tribunal arbitral n'est pas encore saisi et si la convention d'arbitrage est manifestement nulle ou manifestement inapplicable. La juridiction de l'État ne peut relever d'office son incompétence. Toute stipulation contraire au présent article est réputée non écrite* ».

Selon l'article 1465 du Code de procédure civile, « *Le tribunal arbitral est seul compétent pour statuer sur les contestations relatives à son pouvoir juridictionnel.* ».

En vertu du principe compétence/compétence, il appartient aux seuls arbitres de se prononcer par priorité sur leur compétence, en statuant sur l'existence, la validité et l'étendue de la convention d'arbitrage.

L'article 11 b) des conditions générales de vente de la société intimée est ainsi rédigé : « *[Pour chaque contestation : a) pour les fournitures en Italie il est compétent l'Autorité judiciaire ordinaire italienne, en particulier le tribunal de Bergamo,] b) pour les fournitures à l'étranger il est compétent l'Arbitrage de la Chambre de Commerce Internationale* ».

La recourante conclut en premier lieu à la nullité manifeste de la clause d'arbitrage en soutenant en substance qu'il n'est nullement établi qu'elle ait eu connaissance des conditions générales de vente de la partie adverse et qu'elle ait consenti à leur application.

Ce moyen n'est pas de nature à fonder la nullité manifeste de la clause d'arbitrage.

[...]

La circonstance que le tribunal arbitral ne soit pas encore saisi ne permet pas à la juridiction étatique de se déclarer compétente pour examiner le litige au fond dès lors que la clause d'arbitrage n'est pas manifestement nulle ou inapplicable et le renvoi à mieux se pourvoir en présence d'une telle clause ne prive pas la société du droit d'accès à un juge au sens de l'article 6, § 1, de la Convention de sauvegarde des droits de l'homme et des libertés fondamentales.

Enfin, les dispositions de l'article 8, 2) du Règlement (UE) n° 1215/2012 du 12 décembre 2012 du Conseil et du Parlement européen concernant la compétence judiciaire, la reconnaissance et l'exécution des décisions en matière civile et commerciale (le règlement Bruxelles I *bis*) ne sont pas applicables en présence d'une clause d'arbitrage.

– **CA Paris, Pôle 1, 1re section, 2 avril 2019, n° 18-15414, *SPBI c. Besenzoni***

Arbitrage institutionnel – Règlement d'arbitrage – Institution – Arbitre – Rôles respectifs – Aspects financiers – Mission – Principes de loyauté, d'indépendance et d'impartialité – Délais – Obligation de célérité et de diligence – Responsabilités – Fautes – Récusation – Indemnisations – Droit de représentation – Frais d'arbitrage – Perte de chance – Preuves – Préjudices financiers

L'article 1er du règlement d'arbitrage du CROEC, dans sa version communiquée par les parties et à laquelle elles se réfèrent ensemble, dispose que « *le Conseil Régional de l'Ordre des Experts-Comptables pourvoit à la mise en œuvre et à l'administration des arbitrages ; le Président du Conseil Régional ou son délégué nomme l'arbitre, organise et surveille la procédure, fixe les honoraires conformément au tarif en vigueur, assure le secrétariat et notifie les sentences* ».

Selon l'article 4 du règlement, « *l'Arbitre est un juge, doté de tous les droits et devoirs qui s'appliquent à cette fonction. Tout Arbitre désigné s'engage à mener sa mission à terme et en toute indépendance, dans les délais d'arbitrage prévus* ».

L'article 5 définissant les pouvoirs de l'arbitre énonce que « *l'Arbitre organise la procédure arbitrale sans être tenu de suivre les règles de procédure et de forme établies pour les tribunaux judiciaires sous réserve des principes directeurs du procès, aux dispositions de l'article 1460 du Nouveau Code de procédure civile et des dispositions d'ordre public* ».

L'article 12 prévoit que « *les frais d'arbitrage sont acquittés auprès de l'Ordre par les parties au moment du dépôt de la demande, conformément au barème. Si l'importance de la procédure le justifie, l'arbitre propose un réajustement des frais d'arbitrage au Président du Conseil Régional. À défaut du versement de la totalité des frais d'arbitrage dans le délai fixé par le Conseil Régional, la demande d'arbitrage est tenue pour retirée et les sommes avancées sont remboursées, déduction faite des frais engagés. Si le demandeur se désiste avant toute convocation par l'Arbitre, la somme avancée est remboursée déduction faite, cependant des frais engagés. En cas de désistement, la somme avancée est entièrement acquise au Conseil Régional si l'affaire a été citée* ».

Il se déduit de ces textes que dès sa désignation, l'arbitre doit respecter les principes de loyauté, d'indépendance et d'impartialité qui s'imposent à lui dans l'exercice de sa mission juridictionnelle ainsi que les principes directeurs du procès tels qu'énumérés à l'article 1460 du Code de procédure civile alors en vigueur.

Il résulte également de la combinaison des articles 1er et 12 du Règlement d'arbitrage que le CROEC est responsable du suivi de la gestion financière de l'arbitrage et que son président dispose de pouvoirs propres relatifs aux frais d'arbitrage.

[...]

En assignant les parties défenderesses à l'arbitrage en cours devant lui pour obtenir leur condamnation au paiement du premier acompte d'honoraires et d'un complément d'honoraires alors que les frais d'arbitrage sont acquittés auprès du CROEC et que l'arbitre doit proposer le réajustement des frais au président du CROEC, M. ... a ainsi pris une initiative intempestive et fautive qui empêchait que l'instance arbitrale se poursuive devant lui dans des conditions garantissant la loyauté et l'impartialité attendues d'un arbitre qui exerce une mission juridictionnelle.

Ce comportement fautif est la cause directe de son remplacement par M. ..., les sociétés défenderesses ayant demandé sa récusation en faisant valoir que les conditions du procès équitable n'étaient plus réunies. Le jugement sera donc confirmé en ce qu'il a retenu la faute de M. ....

– *sur la faute reprochée à M. ...*

Suivant l'article 11 du Règlement d'arbitrage du CROEC, « *l'adoption du présent règlement par les parties à l'arbitrage implique que le délai conventionnel pour la durée de la mission d'arbitrage soit fixé à six mois à compter de la date du procès-verbal constatant l'acceptation par l'Arbitre de sa mission.*

Le délai conventionnel de six mois prévu par le présent article peut être prorogé, soit par accord des parties, soit à la demande de l'une d'elles ou de l'Arbitre, par le Président du Conseil Régional de l'Ordre des Experts... ».

L'arbitre désigné était tenu de mener sa mission jusqu'à son terme ainsi que de l'obligation de rendre sa décision dans le délai conventionnel qui lui était imparti, sauf accord des parties pour sa prorogation ou décision de prorogation émanant du président du CROEC.

Il résulte des dispositions de l'article 11 précité que M. ..., ayant accepté sa mission le 30 mai 2007, devait déposer son rapport le 30 novembre 2007 sauf à obtenir l'accord des parties ou une décision du président du CROEC pour proroger ce délai.

Or, M. ... n'établit pas que les parties ont donné leur accord à cette prorogation que ce soit avant ou même après l'expiration du délai conventionnel.

[...]

L'arbitre auquel il appartenait soit d'obtenir l'accord des parties sur la prorogation du délai, soit de prendre l'initiative d'obtenir cette prorogation par une décision du président du CROEC en application de l'article 11 du Règlement d'arbitrage, avant le 30 novembre 2007, a ainsi manqué à son obligation de célérité et de diligence.

Il ne peut s'exonérer de cette faute au motif qu'une partie, qui en qualité de partie à l'arbitrage, n'était pas personnellement tenue de veiller au respect du délai conventionnel, disposait de la faculté de solliciter cette prorogation en application de ce même article.

[...]

En application des dispositions combinées des articles 1er et 12 du Règlement, il incombe au CROEC de prendre les mesures appropriées concernant le versement des frais d'arbitrage, le cas échéant, en agissant en justice pour obtenir le paiement des sommes dues par les parties défenderesses. Contrairement à ce que prétend le CROEC, il résulte de ces dispositions qu'il n'appartient pas à l'arbitre d'agir, pendant le cours de l'instance qui se déroule devant lui, pour obtenir le règlement des provisions fixées à la charge des parties, qu'il en va différemment lorsque l'arbitre agit postérieurement à la fin de sa mission pour le recouvrement de ce qui lui resterait dû sur sa rémunération.

[...]

Le CROEC, parfaitement informé des difficultés de paiement des frais d'arbitrage, s'est donc montré défaillant dans l'exercice de la mission de gestion financière de l'arbitrage qui lui incombait, en s'abstenant d'agir et en laissant l'arbitre assigner les parties défenderesses. Il a ainsi contribué par sa faute à la récusation inévitable de M. ..., peu important l'absence d'opposition de l'appelant à cette demande.

En revanche, le CROEC n'a été saisi ni par les parties ni par M. ... d'une demande de prorogation du délai conventionnel. Celle-ci pouvant intervenir par la seule volonté des parties, la mission du CROEC de surveillance du bon déroulement de l'arbitrage, qui n'inclut pas celle de prendre l'initiative de proroger le délai d'arbitrage, ne l'obligeait pas à intervenir dans la conduite par l'arbitre de sa mission, pour s'assurer de l'accord des parties.

[...]

Même si la représentation par avocat n'est pas obligatoire lors d'une procédure d'arbitrage, chaque partie doit pouvoir se faire assister par un avocat pour assurer au mieux la défense de ses intérêts et les frais qu'elle expose ainsi constituent un préjudice indemnisable s'ils sont inutilement engagés par la faute d'un arbitre ou de l'institution d'arbitrage.

[...]

La cour dispose des éléments suffisants, en considération du déroulement de la procédure d'arbitrage et des diligences menées par le conseil de l'appelant devant chacun des arbitres, pour évaluer le montant des honoraires relatifs à l'arbitrage M. ... et des honoraires relatifs à l'arbitrage M. ..., supportés inutilement par l'appelant du fait des agissements fautifs retenus.

Les fautes conjuguées de M. ... et du CROEC ayant contribué de manière indissociable au même dommage, ils seront condamnés in solidum au paiement de ce chef. M. ... sera condamné au paiement de cet autre chef. Le jugement sera donc infirmé de chef.

– *La demande relative aux frais d'arbitrage*

[...]

Les fautes conjuguées de M. ... et du CROEC ayant contribué de manière indissociable au même dommage, ils seront condamnés in solidum au paiement de cette somme.

– *La demande au titre du préjudice résultant de la perte de chance d'être jugé dans un délai raisonnable*

[...]

Les fautes commises par M. ... et le CROEC d'une part, M. ... d'autre part, ont incontestablement retardé le délai dans lequel l'appelant pouvait espérer obtenir une décision de l'arbitre et la perception des sommes qui lui étaient dues. Cependant, il incombe à l'appelant de justifier du préjudice financier allégué résultant de ce retard.

– *La demande au titre du préjudice financier*

[...]

L'appelant qui n'invoque plus un préjudice financier lié à la perte d'image au demeurant non établi, ne verse aux débats aucune pièce de nature à étayer la réalité du préjudice financier qu'il aurait subi du fait du temps prétendument consacré, au détriment de son activité professionnelle, au suivi de la procédure d'arbitrage et plus précisément à la surveillance des arbitres. Il y a donc lieu de lieu de confirmer le jugement qui a rejeté sa demande de ce chef.

- CA Paris, Pôle 1, 1re section, 2 avril 2019, n° 16-00136, *Cabinet Patrick Desbordes c. Conseil régional de l'ordre des experts comptables de la région Paris Île-de-France et Z*

Clause compromissoire – Définition – Validité – Principe de compétence compétence – Exception de procédure – JME – Conditions générales de vente – Opposabilité – Acceptation – Clause attributive de compétence – Responsabilité décennale des constructeurs – Ordre public – Indivisibilité du litige – Tiers – Chaîne de contrats – Inopposabilité de la clause – Demandes accessoires – Compétence

L'appelante revendique, au visa des pièces contractuelles renvoyant expressément aux conditions générales Orgalime SE 01, l'application de l'article 72 de ces dernières au terme duquel : « *Tous les différends découlant du contrat ou en relation avec celui-ci seront tranchés suivant le Règlement d'arbitrage de la Chambre de commerce internationale par un ou plusieurs arbitres nommés conformément à ce Règlement* ».

Cette clause s'analyse en une clause compromissoire telle que définie à l'article 1442 du Code de procédure civile. Elle est donc assujettie aux dispositions de l'article 1448 qui stipule que lorsqu'un litige relevant d'une convention d'arbitrage est porté devant une juridiction de l'État, celle-ci se déclare incompétente sauf si le tribunal arbitral n'est pas encore saisi et si la convention d'arbitrage est manifestement nulle ou inapplicable.

Il est admis (Civ. 2e, 22 nov. 2001) que le moyen tendant à voir constater l'incompétence de la juridiction saisie du fait de l'existence d'une clause compromissoire est régi par les dispositions qui gouvernent les exceptions de procédure.

Le juge de la mise en état était donc compétent en application de l'article 771 du Code de procédure civile pour statuer sur l'exception invoquée dont il n'est pas soutenu qu'elle a été présentée tardivement.

L'ordonnance sera donc infirmée en ce qu'elle qualifie le moyen de fin de non-recevoir échappant au pouvoir d'appréciation du juge de la mise en état.

[...]

La cour estime que la signature d'une commande par une partie renvoyant expressément aux « Spécifications » de l'offre N° E-07205-2 émise à son intention le 29 mars 2008 par l'appelante, offre qui a été annexée à la commande, paraphée en toutes ses pages et signée par la société, et qui comporte in fine sous le paragraphe « *Autres termes applicables* » suivi de la signature des parties la disposition suivante : « *Cette offre est régie par les conditions générales Orgalime SE 01* » lesquelles prévoient en leur article 72 la clause compromissoire ci-dessus rappelée, fait présumer l'existence, par renvoi express aux dispositions de l'Orgalime SE O1 dont la société n'a pas refusé l'inclusion au contrat des parties, d'une clause compromissoire liant les sociétés, satisfaisant aux exigences de l'article 1443 du Code de procédure civile dans sa version applicable à l'espèce, étant rappelé qu'en vertu du principe compétence compétence il appartient *in fine* à l'arbitre désigné de statuer sur sa compétence ainsi que sur l'existence, la validité et la portée de la clause compromissoire invoquée.

L'insertion dans la commande d'une clause attributive de compétence au profit du tribunal de commerce de Paris, le caractère d'ordre public du régime de la responsabilité décennale des constructeurs ou encore l'indivisibilité du litige opposant le maître de l'ouvrage d'une part à l'appelante, d'autre part aux autres constructeurs, ne sont pas de nature à entraîner la nullité ou l'inapplicabilité manifeste de la clause litigieuse et à faire obstacle à l'application de la clause d'arbitrage alors au surplus que le contrat de l'espèce stipule que tout litige relatif à l'interprétation ou à l'application du contrat sera soumis à la loi française (commande, page 4).

Il convient, par suite, d'accueillir l'exception soulevée, de dire le juge étatique incompétent pour statuer sur l'action exercée et de renvoyer la société à mieux se pourvoir.

Cette décision rend sans objet l'examen de la demande subsidiaire tendant à voir reconnaître le tribunal de commerce de Paris compétent.

Sur l'opposabilité de la clause compromissoire aux autres parties

Certaines sociétés intimées invoquent valablement l'inopposabilité de la clause compromissoire insérée dans la convention liant les sociétés C et J à laquelle elles n'étaient pas parties étant au surplus observé que les locateurs d'ouvrage dont la responsabilité est recherchée par la société ne relèvent pas d'une « même chaîne contractuelle » et que, s'agissant de certaines sociétés, l'appelante n'explique pas en quoi elles seraient directement impliquées dans l'exécution du contrat liant les sociétés C et J, auraient eu à ce titre connaissance de la clause compromissoire et auraient accepté de s'y soumettre.

Sur les demandes accessoires

Il n'appartient pas à la cour saisie d'une contestation de l'ordonnance du juge de la mise en état ayant rejeté les exceptions d'incompétence soulevées par une partie de se prononcer sur l'opportunité d'un sursis à statuer dans l'instance au fond dont est saisi le tribunal.

- CA Douai, Chambre 1, section 2, 4 avril 2019, n° 18-03482, *John Bean Technologies AB c. Maître Philippe Y en qualité de liquidateur judiciaire de la SARL Lesol Technique LST et a.*

Clause compromissoire – Référé – Mesures conservatoires – Dommage imminent – Trouble manifestement illicite – Définition

L'article 159 du décret n° 2012-432 du 30 mars 2012 relatif à l'exercice de la profession d'expert-comptable prévoit « *qu'en cas de contestation des conditions d'exercice de la mission ou de différend sur les honoraires, les personnes mentionnées à l'article 141 s'efforcent de faire accepter la conciliation ou l'arbitrage du président du Conseil régional de l'ordre avant toute action en justice. L'article 160 dudit décret énonce qu'avec l'accord des deux parties, le président du conseil régional de l'ordre arbitre le litige ou le fait arbitrer (...) Cet arbitrage est soumis aux règles concernées par les articles 1451 du Code de procédure civile.* »

[...]

En vertu de l'article 873 alinéa 1er du Code de procédure civile, le président du tribunal de commerce peut toujours, dans les limites de la compétence de ce tribunal, et même en présence d'une contestation sérieuse, prescrire en référé les mesures conservatoires ou de remise en état qui s'imposent soit pour prévenir un dommage imminent soit pour faire cesser un trouble manifestement illicite.

Le trouble manifestement illicite désigne toute perturbation résultant d'un fait matériel ou juridique qui, directement ou non, constitue une violation évidente de la règle de droit et le dommage imminent s'entend de celui qui n'est pas encore réalisé mais qui se produira sûrement si la situation dénoncée perdure.

- CA Paris, Pôle 1, 2e section, 4 avril 2019, n° 18-22900, *Auveco Audit Tetard et associés c. Syndic Avenir*

Convention d'arbitrage – Notion – Définition – Principe de compétence compétence – Article 81 CPC – Transmission de la clause – Opposabilité

En application de l'article 1442 du Code civil, la convention d'arbitrage prend la forme d'une clause compromissoire ou d'un compromis.

La clause compromissoire est la convention par laquelle les parties à un ou plusieurs contrats s'engagent à soumettre à l'arbitrage les litiges qui pourraient naître relativement à ce ou ces contrats.

L'article 1448 dispose que lorsqu'un litige relevant d'une convention d'arbitrage est porté devant une juridiction de l'État, celle-ci se déclare incompétente sauf si le tribunal arbitral n'est pas encore saisi et si la convention d'arbitrage est manifestement nulle ou manifestement inapplicable.

Enfin, l'article 81 du Code de procédure civile (anciennement article 96) prévoit que lorsque le juge saisi d'une exception d'incompétence estime que l'affaire relève de la compétence d'une juridiction répressive, administrative, arbitrale ou étrangère, il renvoie seulement les parties à mieux se pourvoir.

[...]

De surcroît, en présence d'une clause compromissoire qui n'est pas manifestement nulle ou inapplicable, il appartient à l'arbitre seul de statuer sur la validité ou les limites de sa compétence, et non au juge étatique saisi en contravention d'une telle clause.

[....]

Toutefois, il n'est pas contesté que la société vient aux droits et obligations de la société S, de sorte que les droits et obligations issus du contrat conclu avec la société D le 2 mai 2014 lui ont été nécessairement transmis, en ce compris la clause compromissoire qui lui est donc opposable.

– **CA Chambery, Chambre civile, 1re section, 9 avril 2019, n° 18-22900, *Dinamic Objectivos c. Me Y es-qualité d'administrateur judiciaire de Sat2way et a.***

Clause compromissoire – Principe de compétence compétence – Référé – Conditions – Mesures d'instruction – Article 145 CPC – Expertise – Motif légitime – Prescription – Provision – Désorganisation économique

Selon l'article 1449 du Code de procédure civile, que « *l'existence d'une convention d'arbitrage ne fait pas obstacle, tant que le tribunal arbitral n'est pas constitué, à ce qu'une partie saisisse une juridiction de l'État aux fins d'obtenir une mesure d'instruction ou une mesure provisoire ou conservatoire. Sous réserve des dispositions régissant les saisies conservatoires et les sûretés judiciaires, la demande est portée devant le président du tribunal de grande instance ou de commerce, qui statue sur les mesures d'instruction dans les conditions prévues à l'article 145 et, en cas d'urgence, sur les mesures provisoires ou conservatoires sollicitées par les parties à la convention d'arbitrage* ».

Il résulte de ce texte que l'existence d'une convention d'arbitrage ne fait pas obstacle à la saisine du juge des référés du tribunal de grande instance aux fins qu'il soit ordonné une mesure d'instruction, notamment comme en l'espèce une expertise, sans qu'il soit nécessaire de faire la preuve d'une situation d'urgence, la seule exigence étant de justifier d'un motif légitime au sens de l'article 145 du Code de procédure civile.

En l'état des procès-verbaux de constat et des expertises amiables faisant état d'un parasite affectant les semences qui lui ont été livrées, la société justifie d'un motif légitime à l'expertise qu'elle a sollicitée.

Le débat sur la prescription, qui relève des attributions du juge du fond, n'est pas de nature à remettre en cause ce motif légitime. C'est à juste titre que le juge des référés s'est déclaré matériellement compétent et sa décision ordonnant l'expertise sera confirmée.

La demande de provision concerne le défaut de paiement de factures correspondant à des livraisons de semences postérieures à celles concernées par l'expertise, la qualité de la marchandise livrée n'étant pas sujette à contestation de la part du destinataire.

Ce défaut de paiement des factures à leur échéance, motivé par le litige relatif à la qualité des lots de semence livrées antérieurement, est de nature à désorganiser économiquement la société, en sorte que cette société justifie d'une urgence au soutien de sa demande de provision. C'est dès lors à juste titre, et par des motifs pertinents que la cour d'appel adopte, que le juge des référés a retenu que l'obligation à paiement n'était pas sérieusement contestable et qu'il a accueilli la demande de provision. Il s'ensuit que l'ordonnance de référé sera confirmée.

– CA Limoges, 11 avril 2019, n° 18-01253, *Eugenio Sementi di Fabio d'Eugenio & CSRL c M. Rémi Y, SARL AB Développement, EARL Boudieux, Gaec Robin-Vannier, et a.*

Arbitrage du bâtonnier – Clause compromissoire – Article 21 de la loi du 31 décembre 1971 – Compétence – Pouvoir juridictionnel – Fondement

La clause compromissoire est exclusive de l'application des dispositions de l'article 21 de la loi du 31 décembre 1971. La SELARL a saisi le bâtonnier de Lyon, aux termes de son courrier du 28 février 2018, toute conciliation ayant échoué, pour qu'il soit statué sur le litige l'opposant à Mme Z sur le fondement de la clause compromissoire contenue dans le protocole d'association en son article 6.4 ainsi rédigée : « *En cas de différend et sauf conciliation intervenue entre les parties, ces dernières porteront leur litige devant M. le bâtonnier de l'ordre des avocats de Lyon* ».

En conséquence, si le bâtonnier de Lyon pouvait être compétent, ce n'était pas sur le fondement des dispositions de la loi du 31 décembre 1971 et du décret du 27 novembre 1991 qui attribue à la juridiction du bâtonnier le pouvoir de régler tout différend entre avocats mais en sa qualité d'arbitre désigné par les parties aux termes de leur convention, cette qualité faisant obstacle à toute délégation.

En analysant la clause litigieuse comme une clause compromissoire et en retenant néanmoins sa compétence sur le fondement des dispositions de la loi du 31 décembre 1971 et du décret du 27 novembre 1991, M. ..., ès qualités de délégué du bâtonnier de Lyon, a manifestement excédé son pouvoir juridictionnel, peu importe que Mme Z ait ou non en première instance contesté la désignation de M. ... ès qualités et sans qu'il y ait lieu de se prononcer sur le point de savoir s'il s'agit d'une demande nouvelle.

– CA Lyon, 11 avril 2019, n° 18-05597, *Z c. Bismuth associés*

Sentence arbitrale – JEX – Autorité de la chose jugée – Interprétation – Excès de pouvoir

S'il appartient au juge de l'exécution d'interpréter le titre lorsqu'une telle question se pose de façon incidente à l'occasion d'une difficulté d'exécution, l'interprétation ne doit pas viser à modifier ce qui a été décidé mais à chercher la portée de ce qui est ambigu et ne pas porter atteinte à l'autorité de chose jugée.

En l'espèce, la sentence portant condamnation conjointe et solidaire des parties, ce qui n'est pas contradictoire mais pléonasmatique, le premier juge a excédé ses pouvoirs en retenant que le tribunal arbitral n'avait pu statuer *ultra petita*.

En outre, le litige qui portait sur la cession de parts de sociétés commerciales, présentait un caractère commercial de sorte que les dispositions de l'article 1202 du Code civil, dans sa rédaction alors applicable, selon laquelle la solidarité ne se présume pas, ne s'appliquaient pas et l'appelante avait effectivement sollicité la condamnation solidaire des demandeurs.

– CA Paris, Pôle 4, section 8, 18 avril 2019, n° 18-06336, *Quarks c. Z*

Sentence arbitrale – Exécution – JEX – Créance certaine liquide et exigible – Estoppel – Instances – Interprétation de la sentence – Autorité de la chose jugée

Aux termes de l'article L. 211-1 du Code des procédures civiles d'exécution, « [t]*out créancier muni d'un titre exécutoire constatant une créance liquide et exigible peut, pour en obtenir le paiement, saisir entre les mains d'un tiers les créances de son débiteur portant sur une somme d'argent, sous réserve des dispositions particulières à la saisie des rémunérations prévue par le Code du travail* ».

L'exécution forcée implique donc que le créancier soit muni d'un titre exécutoire constatant une créance liquide et exigible à l'égard de la personne même qui doit subir l'exécution.

[...]

Le moyen tiré de l'estoppel doit être écarté parce que l'interdiction de se contredire au détriment d'autrui est limitée aux contradictions entre prétentions au sein du même procès, or l'instance arbitrale n'est pas la procédure d'exécution litigieuse dont la cour est saisie.

Ainsi que l'a souligné le juge de l'exécution, l'autorité de la chose jugée n'a lieu qu'à l'égard de ce qui fait l'objet d'un jugement et a été tranché dans son dispositif et le juge de l'exécution n'a pas à interpréter une décision dont le dispositif est dénué d'ambiguïté et ne peut encore moins le modifier. Or le dispositif de la sentence arbitrale est non équivoque et se limite à enjoindre à M. Z de céder ses actions et à fixer le prix de cession sans imposer à la défenderesse une quelconque obligation contraignante d'acquérir ces actions, demande qui ne lui était d'ailleurs pas présentée par M. Z qui, au contraire, s'opposait à cette vente.

L'argumentation de M. Z consistant à dire que la société défenderesse aurait implicitement été condamnée à racheter les titres qu'il détenait et à en payer le prix en euro ne peut être accueillie puisque le juge ne peut, sous couvert d'interprétation, découvrir des condamnations implicites et porter atteinte à l'autorité de la chose jugée, que le pouvoir du juge d'interpréter une précédente décision est strictement limité par son devoir de ne pas nuire aux dispositions précises de cette dernière et qu'enfin, le juge peut interpréter le dispositif d'une décision rendue par une autre juridiction en tranchant lui-même une question qui n'a été ni débattue devant le juge ayant rendu la décision, ni, a fortiori, tranchée par lui.

Il en résulte, ainsi que l'a estimé le juge de l'exécution, que M. Z ne disposait pas d'un titre exécutoire constatant une créance liquide et exigible à l'encontre de la société défenderesse et le jugement sera donc confirmé en toutes ses dispositions.

– CA Versailles, 16e chambre, 18 avril 2019, n° 18-05814, *Z c. Total Outre-Mer*

Estoppel – Définition – Fin de non-recevoir – Signification – Mandat de l'avocat – Domicile élu – Limite – Notification – Siège – Astreinte – Point de départ

Cette fin de non-recevoir [estoppel] nécessite que soient réunies, dans un même litige, une contradiction dans l'attitude procédurale se manifestant par un changement de position d'une partie, la volonté de tromper les attentes de son adversaire en ruinant ses attentes légitimes nées de la position initiale ainsi qu'une modification contrainte des moyens de défense de l'adversaire par l'effet de ce changement d'attitude.

[...]

Le mandat du domicile élu est limité aux diligences nécessaires dans le cadre de la procédure d'arbitrage et ses suites lesquelles ne comprennent pas la signification de l'ordonnance d'exequatur de la sentence, qui en est distincte.

Dès lors, en l'absence de domicile élu, il appartenait à M. Y de signifier l'ordonnance à la société appelante, dont le siège est à l'étranger, conformément aux dispositions de l'article 684 du Code de procédure civile. En l'absence d'une telle notification, l'ordonnance d'exequatur n'est pas devenue exécutoire et, en application de l'article R. 131-1 du Code des procédures civiles d'exécution, l'astreinte n'a pas couru.

– CA Paris, Pôle 4, section 8, 18 avril 2019, n° 18-02905, *Cheng Long c. Y*

Sentence arbitrale – Recours en annulation – Titre exécutoire – Hypothèque – JEX – Mission

Dès lors que la juridiction saisie du recours annule la sentence arbitrale, titre exécutoire en vertu duquel l'inscription d'hypothèque judiciaire avait pu être prise sans autorisation du juge de l'exécution, en faisant application de l'article 1493 du Code de procédure civile et que l'instance se poursuit donc pour qu'il soit statué sur le fond dans les limites de la mission de l'arbitre, cette annulation n'a pas pour effet de priver l'inscription d'hypothèque de tout fondement.

En effet, cette annulation ne modifie pas les conditions dans lesquelles la mesure conservatoire a été prise tant que la cour d'appel, saisie de l'entier litige, n'a pas statué au fond, de sorte que le moyen de M. Z tiré de ce que la sentence arbitrale a été annulée est inopérant.

– CA Aix-en-Provence, Chambre 1-9, 25 avril 2019, n° 18-14709, *Xavier Z c. Édifices de France*

Clause compromissoire – Tribunal arbitral – Constitution – Indépendance et impartialité – Difficulté – Conflit d'intérêts – Juge d'appui

Il est notable que l'appelant n'a pas produit l'acte de cession litigieux comportant la clause compromissoire dont il est fait état, cet élément étant pourtant déterminant.

En outre, les intimés qui ont fait appel à Maître... en qualité d'arbitre pour ce qui les concerne ont saisi le juge des référés pour vaincre la carence de Monsieur Z qui n'a pas lui-même désigné son propre arbitre. Sur ce point, l'appelant n'apporte aucun élément permettant de remettre en cause la désignation de Maître... en qualité d'arbitre.

En conséquence, la décision dont appel sera confirmée de ce chef.

Par ailleurs, l'article 1456 du Code de procédure civile dispose que : « *Il appartient à l'arbitre, avant d'accepter sa mission, de révéler toute circonstance susceptible d'affecter son indépendance ou son impartialité. Il lui est également fait obligation de révéler sans délai toute circonstance de même nature qui pourrait naître après l'acceptation de sa mission.*

En cas de différend sur le maintien de l'arbitre, la difficulté est réglée par la personne chargée d'organiser l'arbitrage ou, à défaut, tranchée par le juge d'appui, saisi dans le mois qui suit la révélation ou la découverte du fait litigieux. ».

En l'espèce, eu égard au fait que Maître... a eu à connaître de la procédure de divorce opposant Monsieur Thierry Z à son ex-épouse, il est peu probable qu'elle accepte la mission d'arbitrage confiée. Si tel était le cas, la difficulté justifierait que la personne chargée de l'arbitrage procède à la désignation d'un nouvel arbitre avant de faire intervenir le juge d'appui.

– **CA Rouen, Chambres civile et commerciale, 2 mai 2019, n° 18-04245,** ***Z c. Y mandataire judiciaire de la société Ambulances Neuvillaise et a.***

Détermination du prix – Arbitrage – Expertise – Tiers

Il ressort des articles 1591 et 1592 du Code civil que le prix de vente, qui doit en principe être déterminé et désigné dans l'acte de cession par les parties, peut cependant être laissé à l'arbitrage d'un tiers, termes auxquels la loi n° 2016-1547 du 18 novembre 2016 a substitué l'expression d'estimation d'un tiers pour en préciser le sens. Il est de jurisprudence constante que les parties peuvent prévoir qu'à défaut d'accord entre elles sur le choix de ce tiers, sa désignation pourra être décidée par le juge.

[...]

Le fait que le pacte envisage la fixation du prix d'exercice de l'option par un expert à défaut d'accord entre les parties n'est pas contraire à l'article 1592 du Code civil, cette disposition ne pouvant en toute hypothèse pas faire obstacle à la volonté souveraine des parties de s'accorder elle-même sur le prix.

Par ailleurs, la volonté des parties de recourir à un tiers pour l'estimation des parts cédées n'est pas contredite par le choix des termes d'Expert... dans le pacte, cette expression ayant seulement pour objet d'insister sur la nécessité que le tiers devant être désigné présente les aptitudes et qualités requises pour procéder à cette estimation.

Il sera, enfin, observé que la volonté résolue des parties de permettre une fixation du prix d'exercice de l'option par un tiers ressort clairement du second paragraphe de l'article 18 du pacte selon lequel : « *Dans l'hypothèse où l'Expert... ainsi désigné ne pourrait accomplir sa mission pour quelle que (sic) cause que ce soit, il sera procédé à une nouvelle demande de désignation d'un Expert... dans les conditions du présent article jusqu'à désignation d'un Expert... en mesure d'accomplir la mission confiée.* ».

Cette clause a pour but de remédier à la situation envisagée par la seconde phrase de l'article 1592 du Code civil selon qui dispose que si le tiers ne veut ou ne peut faire l'estimation, il n'y a point de vente.

En conséquence, et en l'état du désaccord constaté entre les parties à cette désignation, il convient de donner plein effet à l'article 18 du pacte et de désigner un tiers estimateur, dans les conditions énoncées au dispositif du présent arrêt.

Il sera rappelé que l'estimation des parts confiée à un tiers en application de l'article 1592 ne constituant pas une mesure d'expertise au sens des articles 263 et suivants du Code de procédure civile, il n'y a pas lieu de statuer sur la rémunération du tiers évaluateur désigné l'expert, laquelle relève d'une libre discussion avec les parties.

– **CA Aix-en-Provence, Chambre 3-4, 2 mai 2019, n° 18-16301,** ***Cathay Capital Private Equity LBO/France Gestion c. Z***

Principe de la contradiction – Motivation – Ordre public international – Moyen tardif – Égalité des armes

En premier lieu, le principe de la contradiction exige seulement que les parties aient pu faire connaître leurs prétentions de fait et de droit et discuter celles de leur adversaire de telle sorte que rien de ce qui a servi à fonder la décision des arbitres n'ait échappé à leur débat contradictoire.

En second lieu, les arbitres n'ont aucune obligation de soumettre au préalable leur motivation à une discussion contradictoire des parties.

[...]

Aux termes de l'article 1466 du Code de procédure civile : « *La partie qui, en connaissance de cause et sans motif légitime, s'abstient d'invoquer en temps utile une irrégularité devant le tribunal arbitral est réputée avoir renoncé à s'en prévaloir.* ».

Le principe d'égalité des armes relève de l'ordre public international de protection, de sorte qu'il est loisible à une partie de renoncer à son bénéfice.

[...]

Il apparaît, par conséquent, que la recourante, qui avait contesté la production des pièces litigieuses lors de leur première soumission en février 2014, puis de nouveau en avril 2014 lorsque la partie adverse avait présenté sa demande de réexamen de l'ordonnance de procédure n° 13, ne renonçait nullement à ses objections mais estimait qu'elle était empêchée de les développer par l'absence de motivation de la nouvelle décision du tribunal arbitral. Le satisfecit général délivré par les parties sur la bonne tenue des audiences ne saurait davantage s'analyser en une renonciation à un grief sur l'admission des preuves.

Le moyen tiré de la violation du principe d'égalité des armes est donc recevable.

L'égalité des armes, qui est un élément du procès équitable protégé par l'ordre public international, implique l'obligation d'offrir à chaque partie une possibilité raisonnable de présenter sa cause, y compris ses preuves, dans des conditions qui ne la placent pas dans une situation de net désavantage par rapport à son adversaire.

- **CA Paris, Pôle 1, Chambre 1, 4 mai 2019, n° 16-163502, *Oxus Gold PLC c. République d'Ouzbekistan agissant par le Ministère de la Justice de la République d'Ouzbekistan, lui-même représenté par le Ministre de la Justice de la République d'Ouzbekistan***

Estoppel – Définition – In concreto – Arbitrage – Refus de participer – Attitude – Convention d'arbitrage – Champ – Exequatur – Compétence – Contrôle étendu – Clause compromissoire – Définition – Clause autonome – Validité – Ordre public international – Champ – Contrats – Side letter – Volonté des parties – Annulation partielle

L'estoppel est un comportement procédural déloyal d'une partie qui se contredit au détriment de son adversaire.

L'estoppel s'apprécie au regard des moyens invoqués.

Il n'y a aucune contradiction entre le fait de refuser délibérément de participer à l'arbitrage – ce qui est une façon de dénier la compétence du tribunal arbitral –

et l'appel de l'ordonnance d'exequatur de la sentence fondé sur un moyen tiré de ce que l'arbitre a outrepassé les termes de la convention d'arbitrage.

L'organisation par l'appelant de son insolvabilité, à la supposer démontrée, est une circonstance extérieure à la procédure arbitrale qui ne saurait être retenue au titre de l'estoppel.

Quant au fait que M. Z aurait dissimulé la curatelle dont il faisait l'objet, il est dénué de pertinence, dès lors que l'intéressé ne tire de cette incapacité aucun moyen au soutien de son appel.

Au surplus, l'article 1466 du Code de procédure civile, qui présume que celui qui s'est abstenu d'invoquer une irrégularité devant le tribunal arbitral a renoncé à s'en prévaloir, n'est opposable qu'à celui qui a participé activement à l'arbitrage.

Il convient, par conséquent, d'écarter la fin de non-recevoir tirée de l'estoppel ou de l'article 1466 du Code de procédure civile.

[...]

Le juge de l'exequatur contrôle la décision du tribunal arbitral sur sa compétence, qu'il se soit déclaré compétent ou incompétent, en recherchant tous les éléments de droit ou de fait permettant d'apprécier la portée de la convention d'arbitrage et d'en déduire les conséquences sur le respect de la mission confiée à l'arbitre.

La clause compromissoire est indépendante juridiquement du contrat principal qui la contient, de sorte que l'existence et l'efficacité de la clause s'apprécient, sous réserve des règles impératives du droit français et de l'ordre public international, d'après la commune volonté des parties, sans qu'il soit nécessaire de se référer à une loi étatique.

L'arbitre unique s'est prononcé sur sa compétence dans les termes suivants : La clause arbitrale vise les différends « découlant du présent contrat ». Le terme « découlant » est limitatif, la clause n'englobant ainsi pas les différends qui seraient périphériques au contrat. Si la convention des parties relative à une répartition générale des profits et des risques dans le rapport 80-20 était considérée comme un accord connexe (qui aurait fait l'objet d'une side letter séparée), le litige relatif à cette convention ne serait pas couvert pas la clause arbitrale. L'arbitre considère cependant qu'une telle construction serait plutôt artificielle et qu'il est plus naturel de considérer que les parties sont liées par un seul contrat global, la convention tacite des parties constituant un complément demeurant partie intégrante du contrat écrit. Dès lors, la compétence de l'arbitre unique, fondée sur la clause écrite, s'étend aux différends découlant de la convention des parties n'ayant pas été consignée dans le contrat écrit, donc au présent litige.

[...]

Il résulte, toutefois, de la lettre claire et précise du contrat, laquelle exprime la commune volonté des parties sans qu'il y ait lieu de procéder à une interprétation suivant une loi nationale, que la convention de fiducie ne donnait mandat à M. Y que pour la souscription des actions, de sorte que l'arbitre s'est prononcé sans convention d'arbitrage sur des demandes relatives aux dépenses engagées pour faire fonctionner la société. Il convient, par conséquent d'infirmer l'ordonnance entreprise, mais seulement en ce qu'elle rend exécutoire les condamnations prononcées par la sentence au-delà de 80 000 CHF.

– CA Paris, Pôle 1, Chambre 1, 14 mai 2019, n° 17-06397, *X c. Y*

Principe de la contradiction – Définition – Procédure collective – Ordre public international – Ordre public interne – Conséquences – Arrêt des poursuites – Exequatur – Déclaration de créance

Le principe de la contradiction exige seulement que les parties aient pu faire connaître leurs prétentions de fait et de droit et discuter celles de leur adversaire de telle sorte que rien de ce qui a servi à fonder la décision des arbitres n'ait échappé à leur débat contradictoire.

[...]

Les principes de l'arrêt des poursuites individuelles des créanciers, du dessaisissement du débiteur et de l'interruption de l'instance en cas de procédure d'insolvabilité, sont à la fois d'ordre public interne et international.

Ils impliquent, en premier lieu, que lorsqu'une sentence arbitrale rendue à l'étranger a condamné au paiement d'une somme d'argent un débiteur à l'égard duquel une procédure collective est ouverte par un jugement ultérieur, le créancier ne peut solliciter son exequatur en France qu'après avoir déclaré sa créance.

En second lieu, la sentence ne pouvant être contestée, conformément aux dispositions de l'article 1525 du Code de procédure civile, que par la voie de l'appel de l'ordonnance d'exequatur et pour les motifs énumérés par l'article 1525 du même code, il appartient au créancier de solliciter l'exequatur, lorsque la vérification des créances fait apparaître une contestation à l'égard de laquelle le juge-commissaire n'est pas compétent. L'exequatur prononcé dans de telles circonstances, ne peut avoir pour objet que la reconnaissance et l'opposabilité en France de la sentence. Il ne saurait, sans méconnaître le principe d'arrêt des poursuites individuelles, rendre exécutoire une condamnation à paiement.

– CA Paris, Pôle 1, Chambre 1, 14 mai 2019, n° 17-09133, *Ipsa Holding c. SCP Brouard Daude prise en la personne de Me Daude, ès-qualités de mandataire judiciaire de la Société Ipsa Holding*

Arbitrage du bâtonnier – Arbitrage – Conciliation – Procédure – Processus structuré – Fins de non-recevoir – Condition obligatoire et préalable – Sentence – Opposabilité Annulation

C'est à raison que l'appelant souligne que la mise en œuvre d'une procédure d'arbitrage, bien qu'elle ne soit légalement encadrée par aucune exigence formelle, doit néanmoins comporter des diligences organisées en vue du règlement du différend. L'article 1530 du Code de procédure civile, qui définit la conciliation, dispose qu'elle correspond à « *tout processus structuré, par lequel deux ou plusieurs parties tentent de parvenir à un accord, en dehors de toute procédure judiciaire en vue de la résolution amiable de leurs différends, avec l'aide d'un tiers choisi par elles qui accomplit sa mission avec impartialité, compétence et diligence* ».

Il apparaît que les faits rapportés en l'espèce par Me Y ne peuvent être considérés comme ayant été intégrés dans un processus structuré. En outre, il n'en ressort aucune tentative de résolution amiable des différends existants entre les parties. Aucune intervention du Bâtonnier en tant que conciliateur n'est attestée, un seul échange téléphonique avec chacune des parties n'étant pas assimilable à l'office d'un conciliateur. Qui plus est, bien que leur teneur exacte ne soit pas démontrée, ces échanges n'apparaissent pas avoir porté sur une recherche de rapprochement des parties. Les échanges écrits du 8 mars ne sont pas davantage pertinents : aucun des courriers, dont une copie a été adressée au Bâtonnier, n'évoque l'engagement d'une procédure de conciliation, même implicitement. Les différentes copies des échanges entre les parties adressées au Bâtonnier ne permettent pas non plus de considérer que ce dernier s'est comporté comme un conciliateur.

En l'absence de toute démonstration d'un processus d'échanges en vue de la résolution amiable des différends entre les parties, qui aurait été mis en œuvre de manière diligente par le Bâtonnier en tant que tiers impartial, aucune tentative de conciliation n'est caractérisée. Me Y ne peut donc pas valablement soutenir que la saisine du Bâtonnier en tant qu'arbitre a été précédée d'une tentative de conciliation. Il s'en déduit que les stipulations du contrat conclu entre les parties, imposant une recherche de conciliation avant toute procédure contentieuse, n'ont pas été respectées.

Par ailleurs, en deuxième lieu, Me Y approuve l'arbitre d'avoir retenu, selon les termes de la sentence querellée, que l'absence de tentative de conciliation n'est pas érigée en cause d'irrecevabilité par l'article 142 du décret du 27 novembre 1991, qui ne vise que le défaut de précision de l'objet du litige, de l'identité des parties ou des prétentions du saisissant dans l'acte de saisine. L'appelante considère donc que le défaut de tentative de conciliation ne constitue pas une fin de non-recevoir.

Néanmoins, il échet de rappeler qu'il résulte des articles 122 et 124 du Code de procédure civile que les fins de non-recevoir ne sont pas limitativement énumérées. L'appelante ne saurait donc prendre prétexte de l'absence de mention du défaut de tentative de conciliation, à l'article 142 du décret précité, pour en déduire qu'il ne constitue pas une fin de non-recevoir.

Au contraire, il est de droit qu'une clause contractuelle instituant une procédure de conciliation, obligatoire et préalable à la saisine d'un arbitre, constitue une fin de non-recevoir qui s'impose au juge si une partie l'invoque.

La partie est en conséquence fondée à opposer cette fin de non-recevoir à la demande d'arbitrage Me Y. Étant considérée l'absence en l'espèce d'une tentative de conciliation, qui aurait dû être mise en œuvre en application de l'article 20 du contrat du 8 décembre 2016, la saisine par Me Y du Bâtonnier en tant qu'arbitre, sur le fondement des articles 142 et suivants du décret précité, doit être déclarée irrecevable. La sentence arbitrale querellée sera infirmée.

– CA Colmar, Ch. 1re civile, section A, 15 mai 2019, n° 18-00082, *Z. c. Y*

Convention d'arbitrage – Référé – Contrats – Provision – Urgence – Communication de pièces – Fondement – Article 145 CPC – Principe de compétence compétence – Dommage imminent – Trouble illicite

La stipulation de convention d'arbitrage dans chacun des 7 contrats conclus entre le 15 novembre 2006 et le 9 avril 2015 par la société appelante avec les trois sociétés de Monsieur... ne fait pas obstacle, puisque le Tribunal Arbitral n'est pas constitué, à la compétence du Magistrat des Référés « *aux fins d'obtenir* (...) *une mesure provisoire ou conservatoire* (...) *en cas d'urgence* » (article 1449 alinéas 1 et 2 du Code de procédure civile).

Sur les demandes de provisions :

Sont applicables, outre le texte précédent, l'article 873 alinéa 2 du Code de procédure civile qui permet au Magistrat des Référés, « *dans les cas où l'existence de l'obligation n'est pas sérieusement contestable* », d'accorder une provision au créancier.

[...]

Enfin l'urgence n'est pas démontrée par ces créancières.

Sur les demandes de communication :

Les sociétés intimées visent dans le dispositif de leurs conclusions un seul texte du Code de procédure civile l'article 873 [en réalité limité à son alinéa 1er], mais nullement l'article 145. Or ce premier texte ne permet d'ordonner des « *mesures conservatoires* », telles que la communication des 2 rapports d'audit et des 4 interrogatoires de Monsieur..., que « *soit pour prévenir un dommage imminent, soit pour faire cesser un trouble manifestement illicite* ». Les sociétés intimées ne démontrent, ni même n'allèguent, ce dommage et/ou ce trouble, puisqu'elles se contentent de soutenir que ces documents sont nécessaires à la manifestation de la vérité et la solution du litige au fond.

– CA Aix-en-Provence, Chambre 3-1, 16 mai 2019, n° 18-14377, *Airbus Helicopters c. Asean Consulting Group FZC et Asean International*

Arbitrage – Clause compromissoire – Arbitrabilité – Article 2061 CC – Activité professionnelle – Définition – Compromis – Principe de bonne foi et de loyauté du procès – Principe de compétence compétence – Désignation – Difficulté – Juge d'appui – Ordre public

Aux termes de l'article 2059 du Code civil, toutes personnes peuvent compromettre sur les droits dont elles ont la libre disposition.

Aux termes de l'article 2061 du Code civil, en sa rédaction applicable au litige, sous réserve des dispositions législatives particulières, la clause compromissoire est valable dans les contrats conclus à raison d'une activité professionnelle.

Aux termes des articles 1442, 1443, 1444, 1445 et 1448 du Code de procédure civile, la convention d'arbitrage prend la forme d'une clause compromissoire ou d'un compromis. La clause compromissoire est la convention par laquelle les parties à un ou plusieurs contrats s'engagent à soumettre à l'arbitrage les litiges qui pourraient naître relativement à ce ou à ces contrats. À peine de nullité, la convention d'arbitrage est écrite. Elle peut résulter d'un échange d'écrits ou d'un document auquel il est fait référence dans la convention principale. La convention d'arbitrage désigne, le cas échéant par référence à un règlement d'arbitrage, le ou les arbitres, ou prévoit les modalités de leur désignation. À défaut, il est procédé conformément aux dispositions des articles 1451 à 1454. À peine de nullité, le compromis détermine l'objet du litige. Lorsqu'un litige relevant d'une convention d'arbitrage est porté devant une juridiction de l'État, celle-ci se déclare incompétente sauf si le tribunal arbitral n'est pas encore saisi et si la convention d'arbitrage est manifestement nulle ou manifestement inapplicable.

En l'espèce, la convention d'arbitrage a été conclue après le 1er mai 2011, l'acte de cession ayant été signé le 27 novembre 2015. Celui-ci contient une clause compromissoire ainsi rédigé : « *Les parties conviennent que toutes contestations qui pourraient surgir pour l'exécution du présent contrat ou de leurs suites seront soumises à la procédure d'arbitrage. Chacune des parties désignera un arbitre ; les deux arbitres ainsi désignés se concerteront afin de nommer le troisième arbitre. À défaut d'accord sur cette désignation, il sera procédé par voie d'ordonnance du Président du tribunal de commerce du lieu du siège du fonds de commerce saisi par une des parties ou un arbitre.* (...) ».

Il sera observé à titre liminaire que les intimés ne peuvent, sans adopter un comportement contraire au principe de bonne foi et de loyauté du procès, prétendre à l'inapplicabilité de cette clause à la demande en paiement qu'ils forment, en lui faisant grief de son imprécision, pour ensuite demander son application en réponse à la demande indemnitaire pour dol élevée à leur encontre.

Au surplus, le fait que cette clause ne prévoit pas les modalités de désignation des arbitres lorsque l'une des parties s'y refuse ne l'entache pas de nullité, mais entraîne l'application des dispositions supplétives prévues aux articles 1451 à 1454 du Code de procédure civile, notamment celles de l'article 1452 qui prévoient : « *2° En cas d'arbitrage par trois arbitres, chaque partie en choisit un et les deux arbitres ainsi choisis désignent le troisième ; si une partie ne choisit pas d'arbitre dans un délai d'un mois à compter de la réception de la demande qui lui en est faite par l'autre partie ou si les deux arbitres ne s'accordent pas sur le choix du troisième dans un délai d'un mois à compter de l'acceptation de leur désignation, la personne chargée d'organiser l'arbitrage ou, à défaut, le juge d'appui procède à cette désignation.* ».

Si les parties s'opposent sur le sens à donner à la formule « *toutes les contestations qui pourraient surgir pour l'exécution du présent contrat ou leurs suites* », elles n'en tirent en revanche aucune conséquence sur la détermination du litige, étant rappelé que les exigences de l'article 1445 du Code de procédure civile ne sont pas d'ordre public.

Sans qu'il soit nécessaire de procéder à leur interprétation, les termes employés impliquent clairement que tout litige survenant entre les parties à l'occasion de l'exécution du contrat sera soumis à une procédure d'arbitrage, la société recourante plaidant à juste titre que le paiement du solde du prix est inhérent à l'exécution du contrat.

Il n'existe pas de contradiction entre la clause prévoyant qu'un simple commandement demeuré infructueux suffise à voir constater l'exigibilité des sommes dues après l'expiration d'un délai de 15 jours et la clause compromissoire imposant le recours à une procédure d'arbitrage, celle-ci n'ayant vocation à s'appliquer qu'en cas de contestation.

– **CA Douai, Chambre 2, section 2, 16 mai 2019, n° 17-05060,** ***Le Fournil des Anges c. Y***

Arbitrage institutionnel – Exequatur – Compétence – Contrôle étendu – Clause compromissoire – Définition – Autonomie – Ordre public international – Étendue – Cession de contrat – Volonté des parties – Tribunal arbitral – Mission – Sentence arbitrale – Arbitrage international – Sentence rendue à l'étranger – Ordre juridique français – Pays de reconnaissance – Convention de New York du 10 juin 1958 – Convention du 15 mars 1982 entre la République française et la République arabe d'Égypte sur la coopération judiciaire en matière civile – Annulation dans le pays d'origine – Incidence – Arbitrage international – Critère économique – Principe de la contradiction – Égalité des armes – Révision

Il incombe au juge de l'exequatur de contrôler la décision du tribunal arbitral sur sa compétence, qu'il se soit déclaré compétent ou incompétent, en recherchant tous les éléments de droit ou de fait permettant d'apprécier la portée de la convention d'arbitrage et d'en déduire les conséquences sur le respect de la mission confiée à l'arbitre.

La clause compromissoire est indépendante juridiquement du contrat principal qui la contient, de sorte que l'existence et l'efficacité de la clause s'apprécient sous réserve des règles impératives du droit français et de l'ordre public international, d'après la commune volonté des parties, sans qu'il soit nécessaire de se référer à une loi étatique.

[...]

Cette convention stipule en son article 20 que : « *Si les parties ne parviennent pas à trouver une solution, tout litige, différend ou réclamation né entre l'Établissement public et la Société au sujet soit du Contrat, soit de tout élément s'y rapportant, soit du non respect des conditions qu'il comporte, soit de sa résiliation, soit de son annulation, sera résolu par la voie de l'arbitrage conformément au règlement du Centre régional d'arbitrage commercial du Caire (ci-après le CIRCICA).* ».

[...]

À la supposer établie, la circonstance que ce contrat aurait été cédé [...] en vertu d'un décret du Président du Conseil des Ministres n° 1009 du 19 juillet 2001 et d'un arrêté du Ministre égyptien du Pétrole du 9 août 2001 pris en application de ce décret, n'affectait pas l'efficacité de la clause d'arbitrage stipulée par le contrat du 6 janvier 1999.

[...]

Les parties ont donc volontairement poursuivi entre elles l'exécution de leurs obligations contractuelles résultant du contrat initial du 6 janvier 1999, y compris après la signature de l'Avenant n° 2 du 4 avril 2004. En conséquence, le tribunal arbitral n'a pas statué sans convention d'arbitrage.

[...]

En premier lieu, les dispositions des articles 1498 et suivants, devenus 1514 et suivants, sur la reconnaissance et l'exécution des sentences arbitrales sont applicables à la fois aux sentences arbitrales internationales et aux sentences rendues à l'étranger, quel que soit pour ces dernières, leur caractère interne ou international.

La régularité de telles sentences est examinée au regard des règles applicables dans le pays où leur reconnaissance et leur exécution sont demandées, l'objet de l'exequatur étant d'accueillir dans l'ordre juridique français les sentences étrangères aux seules conditions qu'il a posées.

Ainsi, en vertu de l'article VII, 1, de la Convention de New York du 10 juin 1958 pour la reconnaissance et l'exécution des sentences arbitrales étrangères, à laquelle renvoie l'article 33 relatif à la reconnaissance et l'exécution des sentences arbitrales de la Convention du 15 mars 1982 entre la République française et la République arabe d'Égypte sur la coopération judiciaire en matière civile, l'exequatur en France ne saurait être refusée à la sentence arbitrale rendue le 12 septembre 2009 au motif qu'elle a été annulée par une décision de la Cour d'appel du Caire le 27 mai 2010 dès lors que le droit français de l'arbitrage international, plus favorable, ne prévoit pas une telle cause de refus de reconnaissance et d'exécution de la sentence rendue à l'étranger.

En second lieu, en application du principe de validité de la convention d'arbitrage, la volonté des parties suffit à valider cette convention qui est soustraite à l'emprise des droits nationaux. En conséquence, la circonstance que le droit égyptien soumette à une autorisation ministérielle la conclusion par un établissement public d'un contrat prévoyant le recours à l'arbitrage pour la résolution des litiges relatifs à ce contrat et son exécution est indifférente à l'appréciation de l'efficacité de la clause compromissoire par le juge français, peu important que la sentence rendue en Égypte ait un caractère interne ou international.

Au demeurant, l'arbitrage en cause n'est pas purement interne à l'Égypte dès lors que l'opération ne s'est pas dénouée économiquement dans ce seul pays. En effet, il est stipulé par l'article 7.15 du Contrat que l'expertise technique étant détenue par une société italienne, l'intimée a l'obligation de la conserver comme « associée et actionnaire de son entreprise », selon la traduction du contrat produite aux débats, sans interruption pendant toute la durée d'exécution du contrat et que si elle y manque, l'établissement public sera en droit de résilier le Contrat sans que l'intimée puisse s'y opposer.

[...]

Le principe de la contradiction exige seulement que les parties aient pu faire connaître leurs prétentions de fait et de droit et discuter celles de leur adversaire de telle sorte que rien de ce qui a servi à fonder la décision des arbitres n'ait échappé à leur débat contradictoire. Le tribunal arbitral n'a pas l'obligation de soumettre au préalable l'argumentation juridique qui étaye sa motivation à la discussion des parties.

L'égalité des armes implique l'obligation d'offrir à chaque partie une possibilité raisonnable de présenter sa cause – y compris les preuves – dans des conditions qui ne la placent pas dans une situation substantiellement désavantageuse par rapport à son adversaire.

[...]

En dernier lieu, le reproche fait au tribunal arbitral d'avoir fondé son évaluation du préjudice de l'intimée sur les seules informations tirées des pièces comptables produites par cette dernière et du rapport D, sous couvert de violation du principe de la contradiction et de l'égalité des armes, ne tend en réalité qu'à une révision au fond de la sentence.

– CA Paris, Pôle 1, Chambre 1, 21 mai 2019, n° 17-19850, *Egyptian General Petroleum Corporation c. National Gas Company (Natgas)*

Recours en annulation – Clause compromissoire – Principe de compétence compétence – Contrat de franchise – CNUDCI – ICDR – Référé – Tribunal arbitral – Constitution – Incompétence du juge – Action du Ministre de l'Économie et des Finances – Tribunal de commerce de Paris – Article L. 442-6 III du Code de commerce – Sursis à statuer – Langue – Moyen tardif – Contrôle *in concreto* – Attitude des parties – Non participation – Déséquilibre financier – Coûts – Langue de l'arbitrage – Principe de la contradiction – Égalité des armes – Délais procéduraux raisonnables – Ordre public international – Révision au fond – Juge de l'annulation

En premier lieu, aux termes de l'article 1448 du Code de procédure civile : « *Lorsqu'un litige relevant d'une convention d'arbitrage est porté devant une juridiction de l'État, celle-ci se déclare incompétente sauf si le tribunal arbitral n'est pas encore saisi et si la convention d'arbitrage est manifestement nulle ou manifestement inapplicable.* ».

La clause compromissoire du contrat de franchise prévoit que : « *sauf stipulation contraire du présent Contrat, tout litige résultant du présent contrat sera exclusivement soumis à un arbitrage organisé conformément au Règlement d'Arbitrage de la Commission des Nations Unies pour le droit commercial international (CNUDCI) et sous l'égide du Centre International de Résolution des Litiges (ICDR)* ».

Le tribunal arbitral ayant été constitué le 7 juin 2016, l'action engagée le 15 juin 2017 devant le tribunal de commerce de Nancy aux fins d'annulation de cette clause ne peut exercer aucune influence sur l'appréciation de la compétence du tribunal arbitral.

La question de la validité de la clause compromissoire et, par conséquent, celle de la compétence de l'arbitre, ne peut être examinée *a posteriori* que par cette cour à l'occasion du contrôle de l'ordonnance d'exequatur de la sentence sur le fondement de l'article 1520, 1° du Code de procédure civile.

Il n'y a donc pas lieu de surseoir à statuer dans l'attente de la décision du tribunal de commerce de Nancy.

En second lieu, l'action exercée par le ministre de l'Économie et des Finances devant le tribunal de commerce de Paris en vertu de l'article L. 442-6 III du Code de commerce tend à la cessation de certaines pratiques commerciales et au prononcé d'une amende civile. Tant par son objet, qui ne remet pas en cause en tant que tel, la validité de la clause compromissoire mais seulement le choix de l'anglais comme langue d'arbitrage et le droit applicable que par son fondement de pur droit interne, cette instance est insusceptible d'exercer une influence sur le contrôle exercé en application de l'article 1520 du Code de procédure civile à l'égard d'une sentence rendue à l'étranger.

[...]

En premier lieu, aux termes de l'article 1466 du Code de procédure civile : « *La partie qui, en connaissance de cause et sans motif légitime, s'abstient d'invoquer en temps utile une irrégularité devant le tribunal arbitral est réputée avoir renoncé à s'en prévaloir.* ».

Mais la renonciation d'une partie à soulever une irrégularité doit s'apprécier au vu de son comportement au cours de la procédure d'arbitrage. En l'espèce, MM. Z et Y n'ont pris aucune part à l'instance arbitrale. Il ne saurait se déduire de leur défaillance qu'ils aient renoncé à invoquer l'incompétence du tribunal arbitral. Le moyen est donc recevable.

En deuxième lieu, le déséquilibre significatif de la relation commerciale, qui résulte, selon MM. Z et Y, de l'économie générale du contrat de franchise, à supposer qu'elle soit contraire à l'ordre public international, est sans effet sur la validité de la clause compromissoire du fait de l'autonomie de celle-ci par rapport au contrat qui la contient.

En troisième lieu, la procédure d'arbitrage a été engagée par la partie, qui en a avancé les frais, et il est constant que son coût s'est élevé à 9 691 dollars US.

[...]

La circonstance que l'arbitrage ait eu lieu en anglais, alors que ce n'est pas la langue maternelle des appelants, ne peut être regardée comme une atteinte aux principes de la contradiction et de l'égalité des armes dès lors qu'elle a été choisie par les parties dans une relation commerciale à caractère international et que des délais procéduraux raisonnables au regard de la complexité de l'affaire ont été fixés pour l'instruction de la cause. En l'espèce, il résulte de la sentence que MM. Z et Y ont reçu le 26 février 2016 la notification du dépôt de la demande d'arbitrage et se sont vus notifier le 7 juin 2016 la désignation de l'arbitre par le centre d'arbitrage et le 1er juillet 2016 un calendrier de procédure.

[...]

Le moyen discute l'interprétation et les modalités d'exécution du contrat. Sous couvert de l'allégation d'une violation de l'ordre public international, il tend à une révision au fond de la sentence qui n'est pas permise au juge de l'exequatur. Il doit donc être écarté.

– **CA Paris, Pôle 1, Chambre 1, 21 mai 2019, n° 17-07210, *Z c. Subway international***

Clause compromissoire – Principe de compétence compétence – Référé – Caractère manifeste de nullité ou inapplicabilité – Évidence – Motivation

Le tribunal, au visa de l'article 1448 du Code de procédure civile, a fait droit à l'argumentation de l'intimée soutenant son incompétence au profit de la commission d'arbitrage désignée à l'article 28 du protocole d'accord du 28 juin 1995.

Aux termes de l'article 1448, lorsqu'un litige relevant d'une convention d'arbitrage est porté devant une juridiction de l'État, celle-ci se déclare incompétente sauf si le tribunal arbitral n'est pas encore saisi et si la convention d'arbitrage est manifestement nulle ou manifestement inapplicable.

Seul le caractère manifeste de la nullité ou de l'inapplicabilité de la clause d'arbitrage est de nature à faire obstacle à la compétence arbitrale. Il est constant que l'inapplicabilité doit être évidente. Elle n'est pas manifeste lorsqu'une interprétation est nécessaire. Une compétence prioritaire est reconnue à l'arbitre pour statuer sur l'existence, la validité et l'étendue de la convention d'arbitrage.

[...]

L'article 455 du Code de procédure civile dispose notamment que « *le jugement doit exposer succinctement les prétentions respectives des parties et leurs moyens. Cet exposé peut revêtir la forme d'un visa des conclusions des parties avec l'indication de leur date. Le jugement doit être motivé* », prescriptions qui doivent selon l'article 458 être observées à peine de nullité.

En l'espèce, au visa explicite des dispositions de l'article 1448 du Code de procédure civile, les premiers juges ont considéré que « *la nullité ou l'inapplicabilité de la convention d'arbitrage n'étaient pas caractérisées, et que les héritiers de M. Z étaient tenus par les termes du protocole d'accord signé par leur père mais aussi par la clause compromissoire qui leur était opposable* » motivation qui répond aux exigences de l'article 455 même si le tribunal n'a pas repris point par point les moyens invoqués par les consorts Z.

– CA Bordeaux, 4e Chambre, 21 mai 2019, n° 18-04408, *Z c. Pricewaterhousecoopers Audit PWC Audit*

Tribunal arbitral – Mission – Amiable composition – Définition – Appel

Aux termes de l'article 14 du contrat d'exercice en commun, le tribunal arbitral a reçu mission de statuer en amiable compositeur.

Cette mission donne aux arbitres le pouvoir notamment de modérer les effets du contrat dans la recherche d'une solution juste et conforme à l'équité, en écartant au besoin l'application de certains droits nés de la convention, sous réserve de ne pas en modifier l'économie en substituant aux obligations contractuelles des obligations nouvelles ne répondant pas à l'intention commune des parties.

[...]

Par ailleurs, la présente cour d'appel est tenue, au regard de l'article 14 du contrat d'exercice et de l'article 1490 du Code de procédure civile, de statuer en amiable composition dans les limites de la mission du tribunal arbitral.

Il convient dès lors de vérifier si la solution résultant de la seule application des dispositions du contrat d'exercice en commun, et notamment de celles de son article 7, relatif à la répartition des honoraires et des charges entre les associés, est ou non conforme à l'équité.

– CA Lyon, Ch. 1re civ., 23 mai 2019, n° 16-02712, *Y c. Z*

Juge de l'exequatur – Ordre juridique national – Ordre public international – Corruption – Trafic d'influence – Exequatur – Contrôle – Violation manifeste effective et concrète – Convention de l'OCDE sur la lutte contre la corruption du 17 décembre 1997 – Convention des Nations Unies de Merida contre la corruption – Corruption – Agent public étranger – Définition – Faisceau d'indices – Caractère suffisamment grave, précis et concordant – Article 700

Le juge de l'exequatur n'est pas juge du contrat mais de l'insertion de la sentence dans l'ordre juridique national. Son contrôle n'a donc pas pour objet de vérifier que des stipulations contractuelles – y compris les règles de conformité (« compliance ») – ont été correctement exécutées, mais seulement de s'assurer qu'il ne résulte pas de la reconnaissance ou de l'exécution de la sentence une violation manifeste, effective et concrète de l'ordre public international et, en l'espèce, que la sentence ne prononce pas une condamnation à payer des sommes destinées au financement ou à la rémunération d'une activité de corruption ou de trafic d'influence.

Par conséquent, la première branche du moyen, qui allègue que la sentence violerait l'ordre public international en ce qu'elle condamne une partie à payer le prix du contrat alors que les stipulations contractuelles de prévention de la corruption n'avaient pas été respectées, au motif retenu par les arbitres que l'inobservation de ces règles résultait d'un commun accord des parties, n'est pas de nature à justifier l'infirmation de l'ordonnance d'exequatur.

Sur le moyen pris en sa seconde branche :

La prohibition de la corruption d'agents publics étrangers est au nombre des principes dont l'ordre juridique français ne saurait souffrir la violation même dans un contexte international. Elle relève par conséquent de l'ordre public international.

La lutte contre la corruption est un objectif poursuivi, notamment, par la Convention de l'OCDE sur la lutte contre la corruption du 17 décembre 1997, entrée en vigueur le 15 février 1999, et par la Convention des Nations Unies contre la corruption faite à Merida le 9 décembre 2003, entrée en vigueur le 14 décembre 2005.

Suivant le consensus international exprimé par ces textes, la corruption d'agent public étranger consiste à offrir à celui-ci, directement ou indirectement, un avantage indu, pour lui-même ou pour une autre personne ou entité, afin qu'il accomplisse ou s'abstienne d'accomplir un acte dans l'exercice de ses fonctions officielles, en vue d'obtenir ou de conserver un marché ou un autre avantage indu en liaison avec des activités de commerce international.

Si la République française et la République populaire de Chine sont toutes deux dotées d'incriminations pénales des faits de corruption, il n'entre pas dans la mission de cette cour, saisie de l'appel de l'ordonnance d'exequatur d'une sentence internationale, de rechercher si une partie à l'arbitrage peut être déclarée coupable d'un délit de corruption en application des dispositions pénales d'un ordre juridique national, mais seulement de rechercher si la reconnaissance ou l'exécution de la sentence méconnaît l'objectif de lutte contre la corruption en ce que la condamnation prononcée par cette sentence aurait pour effet de financer ou de rémunérer une activité de corruption ou de trafic d'influence. À cet égard, l'éventuelle mauvaise foi de la partie débitrice est indifférente, dès lors qu'est seulement en cause le refus de l'ordre juridique français de prêter le secours des voies de droit au paiement de sommes pour une cause illicite.

La présente instance n'ayant nullement pour objet le prononcé de sanctions pénales, la défenderesse ne peut utilement soutenir qu'elle n'aurait pas été mise en mesure de répondre à l'accusation d'avoir commis, en des lieux et à des dates déterminés, des faits de corruption d'un ou de plusieurs agents publics précisément identifiés.

L'examen par le juge de l'exequatur de l'allégation selon laquelle une sentence arbitrale allouerait des sommes destinées à financer une activité de corruption ne saurait porter, eu égard au caractère occulte des faits de corruption, que sur la réunion d'un faisceau d'indices. C'est sur l'admissibilité, au regard des règles de procédure civile, des preuves soumises par l'appelant, sur la réalité des indices, et sur leur caractère suffisamment grave, précis et concordant, et non sur des faits de corruption précisément identifiés, que porte, en l'espèce, l'exercice des droits de la défense.

[...]

Il résulte de l'ensemble de ces éléments des indices graves, précis et concordants de ce que les sommes versées finançaient et rémunéraient des activités de corruption d'agents publics.

Au surplus, si ni la défenderesse au recours ni la recourante n'ont été poursuivis pour ces faits – ce qui relève de la politique pénale des autorités chinoises –, il n'en reste pas moins que le ministre des chemins de fer de 2003 à 2011 et interlocuteur de Mme..., a été condamné en 2013 à la prison à vie pour avoir perçu environ 65 millions de yuans de pots-de-vin entre 1986 et 2011 et que M. Zhang..., ingénieur en chef adjoint de ce ministère a été condamné à la même peine pour avoir reçu 47 millions de yuans de pots-de-vin entre 2000 et 2011.

La recourante ajoute encore qu'elle était coutumière des pratiques de corruption d'agents publics étrangers, notamment par l'intermédiaire de prétendus consultants, ainsi qu'elle l'a reconnu aux termes d'accords de 2013 et 2014 avec le ministère américain de la Justice portant sur des faits commis en Indonésie, en Arabie saoudite, en Égypte et aux Bahamas. Cette circonstance doit être retenue, peu important qu'elle bénéficie à celui qui se prévaut de sa propre turpitude, dès lors que le refus de donner force à un contrat de corruption transcende les intérêts des parties.

Il convient, par conséquent, de juger que la reconnaissance ou l'exécution de la sentence qui condamne la recourante à payer des sommes destinées à financer ou à rémunérer des activités de corruption est contraire à l'ordre public international, d'infirmer l'ordonnance qui l'a revêtue de l'exequatur, de rejeter la demande d'exequatur et de condamner la défenderesse à restituer la somme correspondant aux fonds qui lui ont été transférés par voie de saisie-attribution.

Sur l'article 700 du Code de procédure civile : Aucune considération tirée de l'équité ne commande de faire bénéficier l'une des parties des dispositions de l'article 700 du Code de procédure civile.

– CA Paris, Pôle 1, Chambre 1, 28 mai 2019, n° 16-11182, *Alstom Transport c. Alexander Brothers Ltd*

Arbitrage CCI – Recours en annulation – Compétence – Convention d'arbitrage – Contrôle étendu – Arbitre – Mission – Ordre public international – Égalité des armes – Définition – Fraude procédurale – Ordre public international de procédure – Contrôle étendu

Le juge de l'annulation contrôle la décision du tribunal arbitral sur sa compétence, qu'il se soit déclaré compétent ou incompétent, en recherchant tous les éléments de droit ou de fait permettant d'apprécier la portée de la convention d'arbitrage et d'en déduire les conséquences sur le respect de la mission confiée aux arbitres.

[...]

Le principe d'égalité des armes implique que chaque partie ait la possibilité raisonnable d'exposer sa cause dans des conditions qui ne la placent pas dans une situation de net désavantage par rapport à la partie adverse.

[...]

La fraude procédurale commise dans le cadre d'un arbitrage peut être sanctionnée au regard de l'ordre public international de procédure. Elle suppose que des faux documents aient été produits, que des témoignages mensongers aient été recueillis ou que des pièces intéressant la solution du litige aient été frauduleusement dissimulées aux arbitres, de sorte que la décision de ceux-ci a été surprise.

Il appartient au juge de l'annulation d'examiner l'ensemble des circonstances susceptibles de caractériser la fraude alléguée, sans que puisse être utilement opposé le moyen tiré de la prohibition de la révision au fond des sentences, dès lors que la contestation porte précisément sur l'altération, par les manœuvres d'une partie, de l'appréciation des faits à laquelle se sont livrés les arbitres.

– CA Paris, Pôle 1, Chambre 1, 28 mai 2019, n° 17-03659, *International Exhibits Holding et a. c. The Ministry of Culture of the Republic of Iraq*

Clause compromissoire – Article L. 442-6, I, 2 du Code de commerce – Action du Ministre de l'Économie – Interventions volontaires – Accessoire – Validité – Avis de la Commission d'examen des pratiques commerciales – QPC – Conseil Constitutionnel – CEDH – Pratique restrictive de concurrence – Arbitrage international – Critère économique – Contrat de franchise – Validité – Clause illicite – Autorité de la chose jugée – Inopposabilité – Ordre public économique – Circonstance nouvelle – Concentration des moyens – Rétroactivité – Action nouvelle

En vertu des articles 329 et 330 CPC, l'intervention volontaire est accessoire lorsqu'elle appuie les prétentions d'une partie et elle est principale si son auteur a le droit d'agir relativement à celle prétention et s'il a intérêt, pour la conservation de ses droits, à soutenir le Ministère.

[...]

Il apparaît d'évidence que le partenaire lésé est nécessairement intéressé à connaître d'une action du Ministre qui vise notamment à rendre nulles des clauses d'un contrat auquel il est partie.

La Commission d'examen des pratiques commerciales, dans son avis n° 14-02 du 13 février 2014, tout en précisant que « *telle est d'ailleurs la position adoptée par la jurisprudence dominante* », a considéré que : « *S'il est vrai que l'article L. 442-6-1 du Code de commerce mentionne uniquement l'engagement de la responsabilité civile de l'auteur de la pratique, cette disposition spéciale n'interdit pas à la victime d'une pratique visée par ce texte de demander la nullité de la clause ou du contrat contraire à l'ordre public concurrentiel sur le fondement du droit commun. De même, ni les cas spéciaux de nullité de plein droit prévus à l'article L. 442-6-11, ni les prérogatives spécifiquement reconnues au ministre de l'Économie et au Ministère public par l'article L. 442-6-1/1 ne font interdiction au contractant lésé de mettre à néant la stipulation ou l'engagement illicite en application des articles 6, 1131 et 1133 du Code civil.* ».

L'obligation faite au Ministre d'informer les victimes des agissements visés par l'action qu'il engage sur le fondement de l'article L. 442-6, III, alinéa 2, du Code de commerce, a pour but, selon la réserve d'interprétation du Conseil constitutionnel, dans sa réponse à la QPC n° 2011-126 du 13 mai 2011, d'assurer le respect du droit du partenaire lésé au recours juridictionnel. Le Conseil constitutionnel précise que les parties se prétendant victimes des pratiques visées par l'action du Ministre ont la faculté de « *se joindre à celle de l'autorité publique par voie d'intervention volontaire* », termes que fait siens la Cour européenne des droits de l'homme, en page 7 de sa décision (cinquième section, requête numéro 512255/08, *GALEC c. France*). Ainsi, ni le Conseil constitutionnel, ni la Cour européenne des droits de l'homme ne contestent le droit pour une personne privée de défendre ses intérêts privés dans l'instance engagée par le Ministre pour défendre l'ordre public économique.

Outre que la défenderesse n'explique pas en quoi elle subirait un préjudice du fait que les deux instances, d'une part à l'initiative du Ministre, d'autre part à l'initiative des intervenantes volontaires, soient jointes au lieu de se succéder et par conséquent ne justifie pas de son intérêt à contester la recevabilité des interventions volontaires, celles-ci répondent aux conditions visées par les articles 329 et 330 CPC, soit que l'intervention volontaire appuie les prétentions d'une partie, soit que son auteur ait le droit d'agir relativement à ces prétentions et qu'il ait intérêt, pour la conservation de ses droits, à soutenir cette partie.

Comme le font valoir à cet égard les intervenantes volontaires dans la présente instance, si l'obligation faite au Ministre d'informer les victimes des agissements visés par l'action qu'il engage sur le fondement de l'article L. 442-6, III, du Code de commerce ne devait pas leur permettre, comme parties au contrat dont la nullité est sollicitée par le Ministre en vertu de la préservation de l'ordre public économique, d'intervenir volontairement, cette réserve du Conseil constitutionnel serait dénuée de tout effet.

La clause compromissoire ne saurait parer à cette exigence constitutionnelle, plus encore lorsque, comme en l'espèce, est mise en cause sa propre validité.

Le tribunal dira recevables les interventions volontaires des demanderesses au visa des articles 329 et 330 CPC, en ce qu'elles ont le droit d'agir relativement aux prétentions qu'elles exposent dans la présente instance et en ce que leurs actions visent à appuyer lesdites prétentions ou bien en ce qu'elles ont intérêt, pour la conservation de leurs droits, à soutenir le Ministre.

Sur la recevabilité des interventions volontaires au regard de la clause compromissoire des articles 1476 et 1504 du Code de procédure civile ; de l'article 1351 du Code civil ; des articles L 442-6. 1. 2' et L 442-6-111, 2e alinéa du Code de commerce

Alors qu'il est constant que les contrats de franchise objet du présent litige ont pour objet de bénéficier d'un savoir-faire émanant d'une personne morale étrangère et que le paiement de la redevance, contrepartie de l'acquisition de ce savoir-faire, est effectué à cette personne étrangère, le tribunal dira que le litige, en ce qu'il concerne la clause compromissoire, porte sur un arbitrage international, en vertu de l'article 1504 du CPC qui prévoit simplement qu'« *est international l'arbitrage qui met en cause les intérêts du commerce international* ».

Le tribunal dira également que la clause compromissoire, dont la rédaction lui donne un caractère général, couvre le champ contractuel et le champ délictuel.

Si l'arbitrage international concerne au moins une partie française, l'existence et l'efficacité de la convention d'arbitrage s'apprécient sous réserve des régies impératives du droit français.

En l'espèce, des sentences arbitrales ont été rendues, qui valident à l'égard de certains franchisés la clause compromissoire.

Toutefois, selon l'article 1351 du Code civil : « *L'autorité de la chose jugée n'a lieu qu'à l'égard de ce qui a fait l'objet du jugement. Il faut que la chose demandée soit la même ; que la demande soit fondée sur la même cause ; que la demande soit entre les mêmes parties, et formée par elles et contre elles en la même qualité* ».

Par conséquent, dans le cas où une sentence arbitrale a, dans la présente instance, été rendue et qu'elle a jugé valide la clause compromissoire, cette sentence n'a pas l'autorité de la chose jugée à l'encontre du ministre qui agit en annulation de cette clause, l'objet de son action étant, non plus la défense d'intérêts privés du franchiseur et des franchisés qui faisaient l'objet de la sentence arbitrale, mais le respect de l'ordre public économique français.

C'est à juste titre que la défenderesse soutient qu'il résulte de la combinaison des dispositions des articles 1351 susvisé du Code civil et 1476 du CPC qu'il incombe au demandeur de présenter dans la même instance toutes les demandes fondées sur la même cause et qu'il ne peut invoquer dans une instance postérieure un fondement juridique qu'il s'était abstenu de soulever en temps utile. Il s'ensuit que, dès lors qu'une intervenante volontaire était fondée à contester la validité de la clause compromissoire devant la juridiction arbitrale, si elle ne l'a pas fait, elle n'a pas respecté ce principe de concentration des demandes et ne plus dès lors l'invoquer dans la présente instance.

Toutefois, la décision de nullité partielle ou totale de la clause compromissoire qu'est susceptible de rendre compétent le tribunal de commerce de Paris, qui sera fondée sur le respect de l'ordre public, constituera une circonstance nouvelle qui viendra dans cette hypothèse anéantir rétroactivement le contrat ou la clause sur le fondement duquel aura été rendue la sentence arbitrale.

Dans cette hypothèse, le juge arbitre aura fondé sa décision sur la prise en considération d'un état de droit qui sera apparu rétroactivement comme erroné. Or, la disparition rétroactive du fondement juridique d'une décision lui fait perdre l'autorité de la chose jugée et permet en conséquence à la partie qui avait succombé d'engager une nouvelle action, laquelle a pour effet de faire écarter les conséquences de la précédente décision, en dehors de tout recours en révision.

Dès lors, la partie qui n'avait pas concentré ses demandes devant la juridiction arbitrale sera, nonobstant les dispositions des articles 1351 du Code civil et 1476 du CPC susvisés, recevable à intervenir dans une instance nouvelle, en l'espèce volontairement aux côtés du Ministre, pour la préservation de ses droits, puis, dans l'hypothèse où aura été rendue une décision d'ordre public du tribunal de commerce de Paris qui n'existait pas lors de l'instance arbitrale et qui sera réputée avoir toujours eu l'autorité de la chose jugée, pour faire valoir lesdits droits.

En conséquence, il n'y a pas lieu pour le tribunal de statuer *in limine litis* sur l'autorité de la chose jugée des sentences arbitrales, puisqu'il lui suffira de constater que sa décision sur le fond, qui sera une décision ayant l'autorité de la chose jugée en matière d'ordre public, constituera une circonstance nouvelle qui viendra le cas échéant anéantir rétroactivement le contrat ou la clause sur le fondement duquel auront été rendues les sentences arbitrales, que l'éventuelle disparition rétroactive du fondement juridique de ces décisions leur fera alors perdre l'autorité de la chose jugée et permettra donc à la partie qui avait succombé d'engager une nouvelle action.

Sont à cet égard sans effet que les intervenantes volontaires aient été ou non condamnées par ces sentences arbitrales, d'éventuelles condamnations ayant alors perdu l'autorité de la chose jugée.

Sont également sans effet que les intervenantes volontaires agissent à titre principal ou à titre accessoire, puisqu'elles ont à la fois un intérêt à agir pour voir déclarer nulle la clause compromissoire afin de leur permettre d'engager une nouvelle action, et le droit d'agir, conformément à la décision n° 2011-126 du Conseil constitutionnel QPC du 13 mai 2011 en vertu de laquelle les dispositions de l'article L 442-6 III n'interdisent au partenaire lésé par la pratique restrictive de concurrence, ni d'engager lui-même une action en justice pour faire annuler les clauses ou contrats illicites, ni de se joindre il celle de l'autorité publique par voie d'intervention volontaire.

Le tribunal dira recevables les interventions volontaires dans la présente instance, au visa de la clause compromissoire des articles 1476 et 1504 du Code de procédure civile ; de l'article 1351 du Code civil ; des articles L 442-6, I, 2° et L 442-6-III, 2e alinéa du Code de commerce.

– T. com. Paris, 28 mai 2019, n° 2017005123, *Régionale des Entreprises de la Concurrence de la Consommation du Travail et de l'Emploi Pôle C – Aubervilliers et a. c. Subway international BV et Subway Realty of France*

Arbitrage ad hoc – Procédure arbitrale – Délais – Recours en annulation – Clause compromissoire – Rédaction – Clause pathologique – Volonté des parties – Arbitre – Désignation – Liste – Saisine – Mission – Point de départ du délai – Durée – Juge d'appui – Contrat – Loi des parties – Contrat d'adhésion – Indépendance et impartialité – Ordonnance – Insusceptible d'appel – Principes directeurs du procès – Principe de la contradiction

En vertu de l'article 1492 1° du Code de procédure civile, le recours en annulation d'une sentence arbitrale est ouvert en particulier si le tribunal arbitral s'est déclaré à tort compétent. Tel sera le cas dans l'hypothèse où le tribunal arbitral aura rendu sa sentence après l'expiration du délai de l'arbitrage.

[...]

L'article 30 du contrat de sous-traitance liant les parties est rédigé comme suit : « *30. 1 clause compromissoire : tout litige, quelles qu'en soient la nature et la date de survenance, relatif à l'interprétation, à la validité, à l'exécution et notamment aux droits à paiement du sous-traitant ou à la résiliation du contrat jusque et y compris réception des travaux, levée des réserves, garantie de parfait achèvement et apurement des comptes, sera soumis à une procédure d'arbitrage (l'arbitrage) conformément aux dispositions du présent article et des articles 1442 et suivants du nouveau Code de procédure civile. L'arbitre unique constituant le tribunal arbitral est désigné parmi la liste des arbitres figurant à l'article 10 des conditions particulières.*

La présente clause compromissoire demeurera sans effet dans le cas d'un appel en cause formé par l'entreprise principale à l'encontre du sous-traitant à la suite ou dans le cadre d'une procédure judiciaire principale. ».

Il en résulte expressément que sauf stipulations particulières, la procédure d'arbitrage à laquelle les parties ont convenu de soumettre tout éventuel litige reste régie par les dispositions des articles 1442 et suivants du Code de procédure civile.

L'article 30. 2 décrit ensuite les trois phases de la procédure. Il est rédigé de la manière suivante : « *Saisine de l'arbitre La partie qui soumettra un litige à l'arbitre (l'arbitre) doit adresser à l'un des arbitres désignés aux conditions particulières une lettre recommandée avec demande d'avis de réception (appelée lettre de saisine) précisant l'exposé du litige et la demande qu'elle formule, en joignant à ce courrier les pièces justificatives (contrat, avenants, correspondances, comptes rendus utiles).*

Le même jour, une copie intégrale de la lettre de saisine et des pièces jointes doivent être adressées par lettre recommandée avec demande d'avis de réception à l'autre partie.

Constats d'urgence En cas d'urgence, la lettre de saisine de l'arbitre peut demander la procédure de constat d'urgence à laquelle l'arbitre répondra dans les plus brefs délais.

Dans ce cas, l'arbitre procède lui-même ou fait procéder si nécessaire préalablement à l'établissement de l'acte de mission, par tout expert ou constatant qu'il nomme à cet effet, aux constatations en tous lieux, demandées par la partie qui l'a saisi ou à celles demandées par l'autre partie.

Les parties sont convoquées à ce constat qui donne lieu dans tous les cas à l'établissement d'un procès-verbal adressé à chacune des parties dans les plus brefs délais.

Procédure arbitrale

À la suite de la saisine, l'arbitre adresse aux parties par lettre recommandée avec demande d'avis de réception dans un délai de huit jours à compter de la saisine, une déclaration d'indépendance signée révélant, le cas échéant, toutes les circonstances, notamment : – des liens de nature familiale ou des relations professionnelles passées ou présentes telles que consultant, conseil, avocat avec l'une des parties, – ou les missions de rapporteur, juge, expert, arbitre dans un ou des litiges, clos ou en cours, impliquant l'une ou l'autre des parties ainsi que tout autre situation qui serait de nature à mettre en doute son indépendance ou son impartialité vis-à-vis de l'une ou l'autre des parties, et qui serait ainsi susceptible de supposer en la personne de l'arbitre un motif de récusation.

L'arbitre ne peut accepter sa mission qu'en l'absence d'une demande de récusation exercée devant M. le président du tribunal de grand instance compétent, dans les 10 jours suivant la réception de cette déclaration d'indépendance par les parties.

En cas de demande de récusation de l'arbitre, il est pourvu à son remplacement par la partie demanderesse parmi la liste figurant à l'article 10 des conditions particulières, sans que cette circonstance mette fin à l'instance.

Les dispositions de l'alinéa précédent s'appliquent en cas de décès, démission, empêchement ou abstention d'un arbitre.

Puis l'arbitre établit un calendrier de procédure qui comporte toutes les indications nécessaires au bon déroulement de la procédure, notamment dans la mesure du possible : la date de départ de la procédure d'arbitrage, – les dates de dépôt de la demande reconventionnelle éventuelle ainsi que les mémoires d'observation et des pièces justificatives de chacune des parties, – la date à laquelle l'affaire sera mise en délibéré par l'arbitre, excluant toute demande de production de pièces postérieures, – la date à laquelle la sentence motivée sera rendue. »

Il s'ensuit que les termes exprès de la clause compromissoire ne stipulent en rien que le délai d'arbitrage court à compter de la « saisine » de l'arbitre, terme qui ne peut donc être compris que comme la désignation par une partie d'un litige à l'arbitre lui-même désigné dans les conditions de l'article 10 des conditions particulières.

En outre affirmer que le délai de l'arbitrage commence à compter de cette désignation d'un litige à l'arbitre désigné dans les conditions de l'article 10 des conditions particulières supposerait que la mission d'arbitrage commence avant la phase destinée à permettre à une partie de récuser l'arbitre au besoin, ce qui n'a pas de sens.

L'article 1461 du Code de procédure civile prévoit que sous réserve des dispositions du premier alinéa de l'article 1456, toute stipulation contraire aux règles édictées au présent chapitre est réputée non écrite. Or, faute de stipulations particulières adoptées sur ce point par les parties, en dépit de ce que permet expressément l'article 1461 du Code de procédure civile, le point de départ du délai d'arbitrage doit s'apprécier conformément aux dispositions du Code de procédure civile auquel les parties ont expressément entendu soumettre la procédure d'arbitrage.

Ainsi selon l'article 1456 du Code de procédure civile, le tribunal arbitral est constitué lorsque le ou les arbitres ont accepté la mission qui leur est confiée. À cette date, l'arbitre est saisi du litige. Il s'ensuit que la saisine de l'arbitre au sens du Code de procédure civile est la date à laquelle le tribunal arbitral est constitué et que celui-ci ne peut l'être que lorsque l'arbitre a accepté sa mission.

En l'espèce que M. ... a accepté la mission le 12 juin 2017. Faute de stipulation contraire, l'article 1463 du Code de procédure civile trouve à s'appliquer. Celui-ci dispose que si la convention d'arbitrage ne fixe pas de délai, la durée de la mission du tribunal arbitral est limitée à six mois à compter de sa saisine. Le délai de six mois prévu par ce texte doit être décompté à compter du 12 juin 2017.

[...]

Sur la régularité de la désignation de l'arbitre

[...]

L'article 1455 du Code de procédure civile dispose que si la convention d'arbitrage est manifestement nulle ou manifestement inapplicable, le juge d'appui déclare n'y avoir lieu à désignation. Néanmoins l'article 1492 2° de ce même Code ouvrent le recours en annulation de la sentence arbitrale lorsque le tribunal arbitral a été irrégulièrement constitué. Tel peut notamment être le cas si la clause compromissoire est nulle. Saisie sur le fondement de l'article 1492 2° du Code de procédure civile, la cour doit apprécier la régularité de la clause compromissoire pour déterminer si le tribunal arbitral a été régulièrement constitué quand bien même le juge d'appui a considéré que la clause n'était pas manifestement nulle.

En l'espèce l'article 10 des conditions particulières du contrat de sous-traitance régularisée entre les parties, stipule que conformément à l'article 10 des conditions spécifiques, la partie demanderesse en arbitrage, soumettra à son gré le différend à l'un des arbitres ci-dessous désignés. Elle est ainsi suivie d'une liste de 11 noms d'arbitre classés par ordre alphabétique.

[...]

En vertu de l'article 1134 du Code civil, dans sa rédaction applicable au présent litige, les conventions légalement formées tiennent lieu de loi à ceux qui les ont faites. En outre, l'article 1444 du Code de procédure civile prévoit que la convention d'arbitrage désigne, le cas échéant par référence à un règlement d'arbitrage, le ou les arbitres, ou prévoit les modalités de leur désignation, les modalités prévues aux articles 1451 à 1454, s'appliquant à défaut. En l'espèce, l'article 10 des conditions particulières et l'article 30 des conditions spécifiques définissent les modalités de désignation de l'arbitre. En signant, le contrat de sous-traitance, la société appelante a ainsi accepté que l'un des arbitres mentionnés à l'article 10 des conditions spécifiques soit désigné dans l'hypothèse où l'une des parties soumettrait un litige à l'arbitrage. De plus, elle ne rapporte pas la preuve de circonstances particulières qui se seraient opposées à ce qu'elle-même propose un certain nombre d'arbitres lors de la négociation de la convention. Si elle fait valoir qu'elle était sous la dépendance économique de son donneur d'ordre qui l'a soumis à un contrat d'adhésion, force est de constater qu'elle n'en rapporte la preuve d'aucune manière. Enfin, la cour observe qu'au moment de la signature du contrat, le réclamant, par définition ne peut être connu. Ainsi, l'appelante aurait parfaitement pu prendre elle-même l'initiative de soumettre un différend à arbitrage et ainsi choisir elle-même un nom d'arbitre dans la liste de l'article 10 des conditions spécifiques. Aussi, elle ne rapporte pas la preuve d'une rupture du principe d'égalité des parties dans la désignation de l'arbitre. La sentence déférée à la cour n'encourt donc aucune nullité de ce chef.

Sur l'indépendance de l'arbitre

[...]

En application de l'article 1456 du Code de procédure civile dernier alinéa, en cas de différend sur le maintien de l'arbitre, la difficulté est réglée par la personne chargée d'organiser l'arbitrage ou, à défaut, tranchée par le juge d'appui, saisi dans le mois qui suit la révélation ou la découverte des faits litigieux. En outre, en vertu de l'article 1460 alinéa 3 de ce même Code, le juge d'appui statue par ordonnance non susceptible de recours, l'ordonnance ne pouvant être frappée d'appel que lorsque le juge déclare n'y avoir lieu à désignation pour une des causes prévues à l'article 1455.

[...]

L'appelante est mal fondée à soutenir que les décisions du juge d'appui sont éminemment critiquables dès lors qu'elles ne sont pas susceptibles de recours. Ces décisions ont ainsi irrévocablement statué sur l'indépendance de l'arbitre, question qui ne peut ainsi plus être rejugée par le moyen du recours en annulation dès lors que l'objet de la contestation est identique quant à l'appréciation des causes de récusation ou du moyen d'annulation, également fondés sur le défaut d'indépendance de l'arbitre et déduits des mêmes circonstances. Ainsi, l'intervention du juge étatique dans le processus de constitution du tribunal arbitral a eu pour effet en réglant, sans recours possible, les contestations portant sur la qualité des arbitres, d'assurer et de consacrer la régularité de la constitution du tribunal arbitral à cet égard. Dans ces circonstances, une nouvelle contestation de cette régularité ne pourrait être fondée que sur la révélation ultérieure d'un vice affectant la composition du tribunal arbitral. Or, tel n'est pas le cas des dernières douze circonstances invoquées et tenant aux liens supposés, celles-ayant déjà été soumises de manière irrévocable au juge d'appui du tribunal de grande instance de Versailles. La sentence déférée à la cour n'encourt dès lors aucune irrégularité de ce chef.

Sur le respect du principe de la contradiction

[...]

Il résulte de l'article 1464 du Code de procédure civile à moins que les parties n'en soient convenues autrement, le tribunal arbitral détermine la procédure arbitrale sans être tenu de suivre les règles établies pour les tribunaux étatiques. Toutefois, sont toujours applicables les principes directeurs du procès énoncé aux articles 4 à 10, au premier alinéa de l'article 11, au deuxième et troisième alinéa de l'article 12 et aux articles 13 à 21, 23 et 23-1. Il en découle que si le formalisme applicable aux tribunaux étatiques n'est pas transposable aux tribunaux arbitraux, le tribunal arbitral doit respecter le principe de la contradiction.

– CA Versailles, 4 juin 2019, n° 17-06632, *S.M.B. c. Bouygues Bâtiment Grand Ouest*

Arbitrage ad hoc – Arbitre – Désignation – Juge d'appui – Pouvoirs – Étendue – Excès de pouvoir – Médiation – Condition préalable et obligatoire – Fin de non-recevoir – Principe de compétence compétence – Contrats – Clauses compromissoires – Arbitrage multipartite – Jonction – Volonté des parties

Vu les articles 1452, 1453, 1454, 1455, 1459 et 1460 et 1465 du Code de procédure civile, il résulte des quatre premiers de ces textes qu'il appartient au juge d'appui, dans l'hypothèse d'un arbitrage ad hoc tel que ceux en litige, de désigner un arbitre à défaut pour une partie de le faire dans le délai d'un mois à compter de la réception de la demande qui lui en est faite par l'autre partie, qu'il règle tout autre différend lié à la constitution du tribunal arbitral et qu'il déclare n'y avoir lieu à désignation si la convention d'arbitrage est manifestement nulle ou manifestement inapplicable.

Il n'est pas allégué que les clauses compromissoires en cause sont manifestement nulles ou manifestement inapplicables et il n'est pas non plus en débat que les intimées n'ont pas désigné d'arbitre ni que l'ordonnance entreprise n'est pas susceptible d'appel, sauf excès de pouvoir du juge d'appui valablement saisi au visa des articles 1459 et 1460 précités.

Les parties s'opposent en revanche sur l'existence d'un tel excès de pouvoir qui conduit à s'interroger sur le point de savoir qui, du juge d'appui ou du tribunal arbitral, a le pouvoir d'apprécier la fin de non recevoir tirée par les intimées du non respect prétendu de la procédure de conciliation/médiation préalable, dont il n'est pas contesté qu'elle est prévue à peine d'irrecevabilité par les articles 12 du contrat de franchise, 8 du contrat d'approvisionnement et VI du protocole d'accord précités.

À cet égard, l'article 1465 visé plus haut prévoit que le tribunal arbitral est seul compétent pour statuer sur les questions relatives à son pouvoir juridictionnel.

Une intimée objecte, au visa de l'arrêt de la première chambre civile de la Cour de cassation du 10 janvier 2018 (n° 16-21391), que la question de la recevabilité de la demande d'arbitrage est distincte de celle de la compétence du tribunal arbitral. Elle en déduit que tout débat sur le principe compétence compétence est hors sujet et que si la fin de non recevoir n'est pas invoquée devant le juge d'appui, elle ne pourra plus l'être par la suite devant le tribunal arbitral qui n'a pas le pouvoir d'apprécier la régularité de la saisine du juge d'appui.

Cette décision se borne toutefois à énoncer que la question relative à la recevabilité de la demande d'arbitrage n'ouvre pas droit au recours en annulation de la sentence arbitrale prévu à l'article 1520 1° du Code de procédure civile. Il ne s'en déduit pas, au visa qui précède de l'article 1465 de ce Code, que le juge d'appui a le pouvoir d'apprécier une telle question. Il ne s'en déduit pas non plus que si la fin de non recevoir n'est pas invoquée devant le juge d'appui, elle ne pourra plus l'être par la suite devant le tribunal arbitral, peu important que le tribunal arbitral n'ait pas le pouvoir d'apprécier la régularité de la saisine du juge d'appui.

Ainsi, il est constant que commet un excès de pouvoir le juge d'appui qui refuse la désignation d'un arbitre en retenant que celle-ci n'a plus d'objet en raison de la prescription de l'action (Civ. 2e, 31 mai 2001, n° 97-17685), ou de l'exception de chose jugée ou de défaut d'intérêt d'une des parties à former une demande (Paris, Civ. 1re, 26 septembre 2002, *Revue de l'arbitrage* 2002, p. 322).

Le défaut de pouvoir du juge d'appui pour connaître des questions relatives au pouvoir juridictionnel du tribunal arbitral et donc de la fin de non recevoir soulevée par les intimés et tirée du non respect prétendu de la procédure préalable de conciliation/médiation est en cohérence avec son rôle spécifique d'assistance à l'arbitrage, de facilitateur de la procédure arbitrale que suggère cette appellation, venue du droit suisse, utilisée par la pratique et entrée dans les textes à l'occasion de la réforme du 13 janvier 2011.

L'ordonnance entreprise qui a retenu l'irrecevabilité de la demande de désignation des arbitres faute de médiation préalable doit donc être annulée pour excès de pouvoir.

Vu l'article 568 du Code de procédure civile, il doit donc être procédé à la désignation des arbitres choisis à titre subsidiaire par les intimées.

Conformément aux textes susvisés le juge d'appui, appelé à prêter son concours à la constitution du tribunal arbitral, doit respecter la volonté des parties.

L'appelante demande, à titre principal, la jonction des arbitrages par la désignation d'un arbitre unique des intimées pour chacun des trois litiges. Cependant cette demande apparaît en contradiction avec la volonté expresse des parties de prévoir un arbitrage distinct pour chaque contrat, dont au surplus le siège n'est pas identiquement fixé. En outre, l'appelante, qui invoque vainement l'article 1453 du Code de procédure civile relatif à l'arbitrage multipartite qui ne correspond pas à la situation de l'espèce dans laquelle chaque clause compromissoire ne concerne que deux parties et qui n'identifie aucune clause d'indivisibilité liant les trois contrats, ne justifie pas de la volonté des parties de rendre indivisibles, en dépit de ces clauses compromissoires distinctes et de leurs objets distincts, ces trois contrats qui opposent des parties distinctes.

Aucune des clauses compromissoires applicables ne conférant au juge d'appui cette faculté de jonction des arbitrages à laquelle les intimées s'opposent, le juge d'appui ne peut y faire droit sans excéder ses pouvoirs (Civ. 2e, 16 mars 2000, n° 97-19102, B 45 ; Montpellier, 29 septembre 2016, RG 16-02460).

– CA Paris, Pôle 1, Chambre 2, 6 juin 2019, n° 18-27939, *Arbia Dis c. Carrefour proximité France et a.*

Contrats indissociables – Clause compromissoire – Étendue – Référé – Référé provision – Conditions – Urgence – Contrôle in concreto

Sur la compétence de la juridiction des référés :

Le protocole de cession d'actions signé par les parties le 29 septembre 2010 stipule que : « *Les différends qui viendraient à naître à l'occasion du présent protocole ainsi que de ses annexes sont réglés par voie d'arbitrage. Dans les quinze jours suivant la constatation d'un litige notifié par lettre recommandée avec accusé de réception par un contractant à l'autre, chaque partie désignera un arbitre. Les deux arbitres ainsi choisis procéderont à la nomination d'un troisième arbitre qui présidera le tribunal arbitral. S'ils ne peuvent se mettre d'accord sur le choix d'un troisième arbitre, celui-ci sera désigné par M. ... du tribunal de commerce de Paris, saisi sur requête de l'une ou l'une des deux parties ou des deux parties ou des deux arbitres. Le tribunal siègera dans un délai de trois mois à compter du jour où il aura été saisi. Les parties renoncent expressément au droit d'interjeter appel de la sentence qui sera rendue par les arbitres* ».

L'acte de cession d'actions signé le 17 décembre 2010 ne reprend effectivement pas cette clause. Toutefois, cet acte de cession d'actions l'acte de cession n'est par nature que la réitération du protocole de cession de titres, après levée des conditions suspensives, ces deux actes forment, un ensemble contractuel indissociable.

Par ailleurs, il convient de relever que cet acte de cession énonce expressément que : – « *toutes les modalités du protocole en date du 29 septembre 2010 en date du 29 septembre 2010 demeurent applicables dans toutes leurs dispositions* » – « *en cas de litige ou de contestation, ledit protocole et l'acte de réalisation de la cession ferait la loi des parties* ».

Il s'ensuit qu'il est indiscutable que la clause d'arbitrage a vocation à s'appliquer au présent litige. Certes, l'existence d'une clause d'arbitrage n'est pas un obstacle à la compétence du juge des référés.

L'article 1449 du Code de procédure civile, dans sa rédaction issue du décret du 13 janvier 2011, dispose à cet égard que : « *L'existence d'une convention d'arbitrage ne fait pas obstacle, tant que le tribunal arbitral n'est pas constitué, à ce qu'une partie saisisse une juridiction de l'État aux fins d'obtenir une mesure d'instruction ou une mesure provisoire ou conservatoire. Sous réserve des dispositions régissant les saisies conservatoires et les sûretés judiciaires, la demande est portée devant le président du tribunal de grande instance ou de commerce, qui statue sur les mesures d'instruction dans les conditions prévues à l'article 145 et, en cas d'urgence, sur les mesures provisoires ou conservatoires sollicitées par les parties à la convention d'arbitrage* ».

Il se déduit de ce texte conforme au demeurant à la jurisprudence antérieure à son entrée en vigueur si l'urgence n'est pas exigée pour la recevabilité d'un référé-provision engagée au visa de l'article 873 alinéa 2 du Code de procédure civile, elle l'est pour justifier le recours au tribunal étatique en présence d'une clause d'arbitrage.

En l'espèce, il convient de relever que les échéances ont cessé d'être réglées entièrement à compter de l'échéance de 2014 sans que cela appelle de réaction de la part de la partie intimée et qu'il n'apparaît pas en conséquence que l'intimée puisse en conséquence se prévaloir d'une urgence telle qu'elle ne permettrait pas d'attendre la constitution du tribunal arbitral.

Il y aurait quelque paradoxe à reconnaître une urgence liée à l'insuffisance de la trésorerie de la société acquéreur des parts, la société intimée se fondant sur les indications de l'appelante selon lesquelles l'exercice 2017 a été particulièrement déficitaire, alors que précisément cette insuffisance de trésorerie est un motif de report de l'exigibilité des échéances de remboursement en application des stipulations du contrat et qu'il ne ressort pas à l'évidence de la lecture du contrat que le report éventuel de l'exigibilité des échéances ne s'appliquerait qu'aux trois premières échéances prévues, la seule différence entre les trois premières échéances et les suivantes étant que les trois premières échéances portent intérêts à 0 % sauf report tandis que les suivantes sont d'emblée concernées par un intérêt à 3 %. Il convient dès lors pour la cour par infirmation de la décision entreprise de dire que le juge des référés est incompétent pour connaître du litige.

- CA Paris, Pôle 1, Chambre 2, 6 juin 2019, n° 18-27683, *Ed2L c. Nicot Couderc*

Sentence arbitrale – Exécution – Titre exécutoire – Saisies – Mesures conservatoires – Mesures d'exécution forcée – Émanation étatique – Tiers au contrat – Exequatur – Autorité de la chose jugée – Immunité d'exécution – Définitions – Saisies – Produits financiers – Présomption de souveraineté – Distinction des biens utilisés à des fins publiques ou privées – Centre Régional d'Arbitrage du Commerce International du Caire

En vertu de l'alinéa 1 de l'article L. 211-1 du Code des procédures civiles d'exécution, « *tout créancier muni d'un titre exécutoire constatant une créance liquide et exigible peut, pour en obtenir le paiement, saisir entre les mains d'un tiers les créances de son débiteur portant sur une somme d'argent* ».

La saisie des avoirs de la société intimée n'est recherchée qu'en tant qu'elle constitue une émanation de l'État libyen, de sorte que le fait qu'elle ne soit pas condamnée aux termes de la sentence arbitrale est indifférent à la solution du litige.

[...]

La décision d'exequatur confère à la décision étrangère, sur le territoire français, l'autorité de chose jugée.

[...]

Sur la recevabilité des demandes et sur l'autorité de chose jugée de la sentence arbitrale

Aux termes de l'article 1355 du Code civil « *l'autorité de la chose jugée n'a lieu qu'à l'égard de ce qui a fait l'objet du jugement. Il faut que la chose demandée soit la même ; que la demande soit fondée sur la même cause ; que la demande soit entre les mêmes parties, et formée par elles et contre elles en la même qualité* ».

Cette condition est reprise à l'article 1484 du Code de procédure civile spécifiquement applicable en matière d'arbitrage international qui dispose que « *la sentence arbitrale a, dès qu'elle est rendue, l'autorité de la chose jugée relativement à la contestation qu'elle tranche* ».

Il ressort des motifs de la sentence arbitrale que « *l'Autorité Libyenne d'Investissement demeure une partie intégrante de l'État libyen (auquel la sentence arbitrale est applicable en toutes ses administrations et institutions, même non appelées en cause)* ». Cette disposition est précédée de cette phrase : « *le tribunal arbitral rejette la demande de mise en cause de l'Autorité Libyenne d'Investissement dans la mesure où elle n'est pas concernée par cet arbitrage. Il confirme néanmoins qu'abstraction faite du lieu de ses investissements, qu'ils soient effectués en Libye ou à l'étranger, l'Autorité Libyenne d'Investissement demeure une partie intégrante...* ». Elle est suivie par la liste des parties à qui la clause compromissoire est opposable au nombre desquelles l'Autorité Libyenne d'investissement ne figure pas explicitement, et par le rejet dans des termes qui suivent de : « *la demande de mise en cause de l'Autorité Libyenne d'Investissement (tout en confirmant qu'elle est partie intégrante de l'État libyen auquel la sentence arbitrale est applicable en toutes ses administrations et institutions)* », et de « *l'allégation de la partie défenderesse* » relative arguant « *de l'inopposabilité de la clause compromissoire* ».

[...]

Les contestations tranchées (par la négative) sont donc seulement relatives à la mise en cause de l'intimée et à l'inopposabilité de « la clause compromissoire » à cette entité et ne concernent donc pas la notion d'émanation de l'État libyen qui pourrait avoir une incidence sur la solution du litige, cette question restant de la compétence de la cour.

[...]

Sur le fond

À ce stade du raisonnement, il convient d'observer que, dans l'hypothèse où cette notion d'émanation de l'État libyen serait établie, aux termes de l'article L. 111-1-3, des mesures conservatoires ou des mesures d'exécution forcée ne peuvent être mises en œuvre sur les biens, y compris les comptes bancaires, utilisés ou destinés à être utilisés dans l'exercice des fonctions de la mission diplomatique des États étrangers ou de leurs postes consulaires, de leurs missions spéciales ou de leurs missions auprès des organisations internationales, que dans le cas d'une disparition de l'immunité d'exécution des États concernés.

C'est donc cette hypothèse d'une renonciation de l'État libyen à son immunité d'exécution que la cour doit d'abord examiner, étant entendu qu'en application des dispositions de l'article 954 du Code de procédure civile, elle ne statue que sur les prétentions énoncées au dispositif et que les « dire qu'ou « juger que » ne sont pas des prétentions, mais des rappels des moyens invoqués à l'appui des demandes, ne conférant pas – hormis les cas prévus par la loi – de droit à la partie qui les requiert, de sorte qu'il n'y a pas lieu de statuer sur ces points et qu'il convient de ne statuer sur lesdits moyens que s'ils ont une incidence sur la solution du litige.

[...]

L'article L. 111-1-2 du Code des procédures civiles d'exécution énumère les biens qui bénéficient d'une présomption de souveraineté. La question se pose notamment, pour un produit financier dénommé EMTN (Euro Medium Term Note).

Les États étrangers bénéficient en effet, par principe, d'une immunité d'exécution. Il en est autrement lorsque les biens concernés se rattachent, non à l'exercice d'une activité de souveraineté, ce qui signifie que les biens sont utilisés ou sont destinés à être utilisés à des fins publiques, mais à une opération économique, commerciale ou civile relevant du droit privé qui donne lieu à la demande en justice.

Or il n'est pas contesté que l'intimée a été créée en 2006 afin de gérer les fonds souverains détenus par la Libye. Ainsi, l'appelante reconnaît elle-même en page 29 de ses conclusions que les biens concernés sont « *utilisés ou destinés à être utilisés pour réaliser par la LIA une activité d'investissement ou de réinvestissement conformément à la mission que lui a été confiée la loi* ». C'est encore l'appelante qui rappelle les termes de l'article 4 de la loi n° 205/1374, selon lequel l'intimée, « *a pour objet d'investir et de faire fructifier les fonds que lui attribue le Comité Populaire Général (le gouvernement) conformément aux dispositions de la présente décision aux fins de fructifier ces fonds, fournir des apports financiers adéquats et diversifier les sources de revenus nationaux de manière à augmenter les rentrées annuelles du Trésor public et limiter l'impact des fluctuations des revenus et ressources pétrolières* ». De même, ceux de l'article 5 qui indique que « *l'autorité a pour objet l'investissement, directement ou indirectement, des fonds affectés à l'investissement à l'étranger en se basant sur la faisabilité économique et ce dans les différents domaines économiques, de sorte à contribuer au développement et à la diversification des ressources de l'économie nationale, à réaliser les meilleurs rendements financiers soutenant ainsi le Trésor public et assurant le futur des générations à venir, et à limiter les effets des fluctuations en termes de revenus et autres recettes de l'État. (...) L'autorité se chargera de la réception des fonds affectés à l'investissement et sera responsable de leur investissement et réinvestissement pour le compte de l'État afin de recueillir les ressources financières nécessaires pour favoriser le développement économique du peuple libyen et maintenir son bien-être et sa prospérité économique dans l'avenir* ». Enfin, il n'est pas indifférent de relever ainsi qu'il est dit par l'appelante, que les biens et avoirs détenus par l'intimée ont expressément fait l'objet d'un gel par l'adoption de la résolution 1973 du 17 mars 2011 du Conseil de sécurité de l'ONU, le paragraphe 20 de cette résolution, prévoyant que le Conseil de Sécurité « *se déclare résolu à veiller à ce que les avoirs gelés en application du paragraphe 17 de la résolution 1970 (2011) soient à une étape ultérieure, dès que possible, mis à la disposition du peuple de la Jamahiriya arabe libyenne et utilisés à son profit* ». Les biens appartenant à l'intimée, quel que soit le produit financier de placement, sont donc bien utilisés ou destinés à être utilisés à des fins publiques ce qui exclut qu'ils puissent être l'objet d'une saisie, sauf renonciation par l'État libyen.

Or, dans le cas d'espèce, au regard des exigences de la matière, s'agissant de la souveraineté d'un État, cette renonciation par la Libye à son immunité d'exécution ne peut être directement déduite de son adhésion à la Convention Unifiée pour l'Investissement des Capitaux Arabes dans les pays arabes signée le 26 novembre 1980 ou de l'acceptation du règlement de procédure du Centre Régional d'Arbitrage du Commerce International du Caire, étant précisé qu'il n'est nullement allégué ou établi que la sentence arbitrale fasse elle-même référence à une quelconque renonciation ou encore à un engagement de l'État à l'exécution de la sentence arbitrale. L'article 29 du contrat passé entre les parties à l'arbitrage est en effet rédigé dans les termes qui suivent : « *en cas de naissance d'un différend relatif à l'interprétation ou à l'exécution du contrat pendant la période où il a cours, il doit être procédé à sa résolution à l'amiable, et en cas d'impossibilité d'un tel règlement, il doit être recouru à l'arbitrage conformément aux dispositions de la Convention unifiée pour l'investissement des capitaux arabes dans les pays arabes signée le*

26 novembre 1980 ». Mais l'annexe de la convention Unifiée pour l'Investissement des Capitaux Arabes dans les pays arabes signée le 26 novembre 1980 intitulée « Conciliation et Arbitrage », en son article 2-8 qui prévoit que « *la sentence arbitrale rendue conformément aux provisions de cet article sera définitive et liera les parties qui doivent s'y soumettre et qui doivent l'exécuter immédiatement à moins que le tribunal n'ait fixé un délai pour l'exécution de tout ou partie de ladite sentence. La sentence arbitrale ne peut faire l'objet d'aucune voie de recours* » n'est pas visée par la clause compromissoire. L'article 34.2 du règlement de procédure du Centre Régional d'Arbitrage du Commerce International du Caire qui dispose que « *toutes les sentences sont rendues par écrit. Elles sont définitives et s'imposent aux parties. Les parties exécutent sans délai toutes les sentences* », n'est pas non plus visée et ne constitue pas davantage la preuve d'un engagement de l'État à l'exécution de la sentence arbitrale dans le cas d'espèce. Faute d'être plus précise quant à ses références et à la portée de l'engagement souscrit, celui pris par l'État libyen, signataire de la clause d'arbitrage, n'est donc pas un acte de renonciation à son immunité d'exécution.

En l'absence d'autres éléments, la notion de bonne foi dans l'exécution des conventions ou l'absence de recours possible qui s'imposent aux parties à la lecture des dispositions, de la sentence arbitrale ne sont d'aucun secours pour caractériser une telle renonciation. En conséquence, en l'absence de renonciation expresse de l'État libyen à son immunité d'exécution sur les biens concernés par les saisies litigieuses, le jugement qui en a ordonné la mainlevée sera confirmé.

- **CA Versailles, 16e Chambre, 6 juin 2019, n° 18-02247 et n° 18-00534, *Mohamed Abdel Mohsen Al-Kharafi et Fils c. Libyan Investment Authority* (deux arrêts)**

Arbitrage GAFTA – Clause compromissoire – Principe de compétence compétence – Référé – Conditions

En application de l'article 1448 du Code de procédure civile « *lorsqu'un litige relevant d'une convention d'arbitrage est porté devant une juridiction de l'État, celle-ci se déclare incompétente sauf si le tribunal arbitral n'est pas encore saisi et si la convention d'arbitrage est manifestement nulle ou manifestement inapplicable* ».

Il ressort de ce texte qu'en présence d'une convention d'arbitrage, le juge étatique ne peut retenir sa compétence que si, cumulativement, le tribunal arbitral n'est encore pas saisi et si la clause est manifestement nulle ou manifestement inapplicable.

Une telle clause ne peut être considérée comme manifestement inapplicable que si, en l'absence de toute interprétation nécessaire de ses termes pour en apprécier la portée ainsi que toute analyse juridique de la nature des relations contractuelles entre les parties, elle ne régit à l'évidence pas le litige entre les parties.

En l'espèce, la clause compromissoire invoquée est insérée dans le contrat conclu qui stipule que « *tout litige né à l'occasion ou en vertu du présent contrat entre l'acheteur, le vendeur ou/et le(s) courtier(s) partie(s) à ce contrat, y compris concernant son existence ou sa validité doit être tranché par un arbitrage en accord avec les règles d'arbitrage GAFTA n° 125 à Londres (...)* » (traduction de la version anglaise insérée dans le contrat selon laquelle « *Any dispute arising out of or under this contract between sellers, buyers and /or broker(s) having entered into or confirmed this contract, including dispute pertaining to its existence or validity shall be finally settled by arbitration in accordance with the GAFTA n° 125 rules of arbitration in London* »).

[...]

Il résulte des éléments que le litige opposant les parties trouve bien son origine dans le contrat du 13 avril 2018 dont la cargaison initialement prévue n'a pu être livrée dans les délais en raison d'agissements dont il appartiendra au tribunal arbitral de déterminer s'ils constituent des manquements aux obligations contractuelles respectives.

À cet égard, la clause compromissoire litigieuse couvre expressément non seulement les litiges nés « *en vertu* » du contrat du 13 avril 2018 mais aussi de manière plus large tout litige « *né à l'occasion* » dudit contrat (« *Any dispute arising out of or under this contract* »), termes suffisamment larges pour être susceptibles de régir des litiges qui trouvent leur fondement dans les conditions ayant permis la livraison finale de la marchandise.

Il ressort ainsi de ces éléments que la clause compromissoire ne peut être déclarée, avec l'évidence requise, manifestement inapplicable au présent litige.

Il convient dans ces conditions de confirmer l'ordonnance du premier juge, seul le tribunal arbitral étant compétent pour apprécier la portée de la clause compromissoire et de statuer sur sa propre compétence.

– CA Paris, Pôle 1, chambre 3, 13 juin 2019, n° 19-08056, *Commitrade Ltd c. Sovarex*

Clause compromissoire – Forme – Validité – Étendue – Clause attributive de compétence – Contrats – Pacte d'associés – Statut de la SCI – Volonté des parties – Applicabilité

L'article 1442 du Code de procédure civile dispose : « *La convention d'arbitrage prend la forme d'une clause compromissoire ou d'un compromis. La clause compromissoire est la convention par laquelle les parties à un ou plusieurs contrats s'engagent à soumettre à l'arbitrage les litiges qui pourraient naître relativement à ce ou ces contrats* ».

Une des intimées a introduit à l'encontre de l'appelante une action au visa des dispositions de l'article 1843-5 du Code civil. L'action ut singuli est fondée sur les seuls statuts de la SCI, signés le 13 mars 2007. L'article 27 « Compétence » des statuts, signés par les parties, est ainsi libellé : « *Les associés, le gérant ou les cogérants pourront choisir d'un commun accord, de résoudre par voie d'arbitrage les litiges auxquels les statuts pourraient par la suite donner lieu. À défaut, toutes contestations qui pourraient s'élever pendant la durée de la société ou de sa liquidation, soit entre les associés et la société, soit entre les associés eux-mêmes relativement aux affaires sociales, seront jugées conformément à la loi et soumises à la juridiction du tribunal de grande instance de Marseille* ».

Le recours à l'arbitrage ne revêt pas, aux termes de cet article, un caractère obligatoire mais facultatif, et suppose le commun accord des parties, ce qui n'est pas le cas en l'espèce.

Le pacte d'associés, signé le 22 février 2007, dont l'objet principal est de prévoir les modalités de sortie possible d'un associé, comporte à l'article 4, une clause compromissoire aux termes de laquelle les Parties conviennent de résoudre par voie d'arbitrage tous les litiges auxquels le Pacte, en ce compris ses avenants pouvant intervenir par la suite, ainsi que le protocole du 14 juin 2006 et ses avenants pourraient donner lieu, notamment ceux relatifs à leur validité, leur interprétation, leur exécution et à leur interprétation.

Si le protocole, précisé et complété par le pacte d'associés, a fixé l'accord des parties sur les modalités de leur co-promotion, les actes ultérieurs n'en constituant que l'exécution, la société appelante ne peut cependant prétendre à l'application de la clause compromissoire susvisée à l'ensemble des litiges opposant les parties, alors que dans les conventions postérieures, elles ont expressément convenu d'autres règles attributives de compétence. En effet, outre les statuts signés le 13 mars 2007 dans lesquels le recours à l'arbitrage n'a été stipulé qu'à titre facultatif, les parties ont, dans la convention de gestion signée le 12 novembre 2008, prévu de « *confier à leur conseil respectif le soin de rechercher une solution amiable* » et, en cas de désaccord persistant, la compétence exclusive du tribunal de Marseille, et dans le mandat de gestion signé le 11 septembre 2009 liant la SCI, d'une part, aux sociétés, d'autre part, une compétence exclusive à ces mêmes tribunaux.

La volonté des parties de soumettre tous différends les opposant à l'arbitrage ne peut être déduite de l'existence d'une procédure d'arbitrage antérieure, dans le cadre de laquelle une des sociétés avait invoqué la violation par l'autre société du protocole, du pacte et des statuts, dès lors que ladite procédure avait été initiée pour contester l'existence d'une situation de blocage que le pacte d'associés a expressément vocation à régir. Les statuts ayant été signés postérieurement au pacte d'associé, même si selon l'intimée ils ont été rédigés concomitamment, il ne peut davantage être considéré qu'en signant le pacte d'associés la société intimée a donné son consentement préalable à l'arbitrage institué par les statuts, qui dès lors ne nécessiterait plus l'accord des parties, et renoncé à saisir les juridictions nationales au profit de l'arbitrage.

La commune intention des parties quant au mode de règlement de leurs litiges ne nécessite aucune interprétation, en présence dans chacune des conventions d'une clause y afférente.

L'article 1448 du Code de procédure civile, dont l'application est invoquée à titre subsidiaire, dispose : « *Lorsqu'un litige relevant d'une convention d'arbitrage est porté devant une juridiction de l'État, celle-ci se déclare incompétente sauf si le tribunal n'est pas encore saisi et si la convention est manifestement nulle ou manifestement inapplicable* ».

Il n'est pas allégué qu'un tribunal arbitral soit saisi du présent litige. C'est à juste titre que, le litige ne relevant pas du pacte d'associés, seule convention signée par les sociétés comportant une clause compromissoire, le juge de la mise en état a jugé la convention d'arbitrage manifestement inapplicable.

– CA Aix-en-Provence, Chambre 3-4, 13 juin 2019, n° 18-18352, *Icade Promotion c. Sifer Tertiaire et Cap Est Loisirs*

Arbitrage international – Principe de la contradiction – Motivation – Recours en annulation – Cas d'ouverture

Le défaut de motivation d'une sentence n'est pas un cas d'ouverture du recours en annulation dans le droit français de l'arbitrage international, de sorte qu'en dehors des cas de violation de l'ordre public international, non invoquée en l'espèce, ou de méconnaissance du principe de la contradiction, la motivation de la sentence échappe au contrôle du juge de l'annulation.

– CA Paris, Pôle 1, Chambre 1, 18 juin 2019, n° 17-04601 et n° 17-13578, *QTS c. QACC*

Arbitrage CCI – Arbitre unique – Mission – Définition – Frais d'arbitrage – Dommages punitifs – Ultra petita – Révision – Principe du contradictoire – Définition – Motivation – Ordre public international – Violation de manière manifeste, effective et concrète

Selon l'article 37.1 du Règlement CCI, « *les frais de l'arbitrage comprennent les honoraires et frais des arbitres et les frais administratifs de la CCI fixés par la Cour (...), les honoraires et frais des experts nommés par le Tribunal Arbitral ainsi que les frais raisonnables exposés par les parties pour leur défense à l'occasion de l'arbitrage* ».

La mission de l'arbitre est délimitée par l'objet du litige, tel qu'il est déterminé par les prétentions des parties.

Il résulte de l'acte de mission signé le 9 décembre 2013 qui résume les réclamations respectives des parties et des prétentions du demandeur à l'arbitrage telles que reprises dans la sentence arbitrale, que la société défenderesse au recours, faisant valoir qu'elle avait déjà engagé et continuerait à devoir engager beaucoup de temps, de frais et à perdre son « temps managérial » (traduction libre de « executive time »), a demandé à l'arbitre unique d'ordonner à la partie adverse, de lui payer l'intégralité des honoraires et frais juridiques, y compris des frais d'assistance juridique, qu'elle a supportés dans le cadre de la procédure d'arbitrage.

[...]

Le recourant fait valoir que, sous couvert d'une décision sur des frais d'arbitrage, alors qu'aucune des parties ne le lui avait demandé, l'arbitre unique, statuant ultra petita, a alloué des dommages et intérêts punitifs d'un montant sans rapport avec le remboursement de frais exposés pour les besoins de la défense de la société adverse.

Mais en premier lieu, l'arbitre unique s'est borné à énoncer le ratio généralement appliqué, d'une à trois fois le montant du litige en jeu, dans les pays dans lesquels sont autorisés les dommages et intérêts punitifs, comme un élément de comparaison pour apprécier le caractère raisonnable des demandes formulées et leur proportionnalité par rapport à l'intérêt du litige. En second lieu, en limitant le remboursement partiel des frais d'assistance juridique par M. ... chiffrés par la société et en estimant que l'allocation n'aurait pu être considérée comme punitive que si elle avait excédé trois fois le montant du litige, l'arbitre n'a fait que procéder, sans excéder la mission qui lui était confiée par les parties, à l'évaluation des frais raisonnablement exposés pour sa défense par la société au remboursement desquels celle-ci pouvait prétendre, évaluation à l'égard de laquelle le juge de l'annulation n'est pas investi d'un pouvoir de révision.

[...]

Le principe de la contradiction exige seulement que les parties aient pu faire connaître leurs prétentions de fait et de droit et discuter celles de leur adversaire de telle sorte que rien de ce qui a servi à fonder la décision des arbitres n'ait échappé à leur débat contradictoire. Le tribunal arbitral n'a pas l'obligation de soumettre au préalable, à la discussion des parties, l'argumentation juridique qui étaye sa motivation.

[...]

Le moyen invoqué sous couvert du non respect de la contradiction, ne tend en réalité, qu'à obtenir la révision au fond de la sentence.

[...]

L'arbitre unique qui n'avait aucune obligation de soumettre au préalable sa motivation à une discussion contradictoire des parties n'a fondé sa conviction que sur les moyens et les preuves qui lui ont été soumis contradictoirement par les parties pour faire droit partiellement à la demande de la société au titre des frais exposés pour sa défense à l'occasion de l'arbitrage en tenant compte du temps passé pour le suivi de cette procédure.

[...]

Le principe d'une condamnation à des dommages et intérêts punitifs n'est pas, en soi, contraire à l'ordre public et le recourant n'établit pas en quoi la fixation des frais de représentation de la société au regard du préjudice subi par cette dernière et des manquements du débiteur à ses propres obligations heurterait en l'espèce de manière manifeste, effective et concrète la conception française de l'ordre public international.

- **CA Paris, Pôle 1, Chambre 1, 25 juin 2019, n° 16-04150, *Z c. Shackleton and Associates Limited***

Traité d'investissements – Compétence – Contrôle étendu – Clause de la nation la plus favorisée – Principe de la contradiction – Motivation

Le juge de l'annulation contrôle la décision du tribunal arbitral sur sa compétence, qu'il se soit déclaré compétent ou incompétent, en recherchant tous les éléments de droit et de fait permettant d'apprécier l'existence et la portée de la convention d'arbitrage. Il n'en va pas différemment lorsque les arbitres sont saisis sur le fondement d'un traité.

En l'espèce, la procédure d'arbitrage a été engagée par l'investisseur en vertu de l'article 17 de l'Accord OCI lequel dispose que : « *En attendant la création d'un organisme pour le règlement des litiges résultant de cet Accord, les litiges qui pourraient se présenter seront réglés par conciliation ou par voie d'arbitrage conformément aux règles suivantes : 1. La Conciliation* [...] *2. L'Arbitrage : a) Si les deux parties en litige ne sont pas parvenues à un accord par suite de leur recours à la conciliation ou si le conciliateur ne réussit pas à présenter son rapport dans le délai déterminé, ou si les deux parties ne s'accordent pas sur les solutions proposées, chaque partie aura le droit de recourir au tribunal arbitral pour trancher le litige.* [...] ».

L'article 8 § 1 de l'Accord OCI prévoit la clause de la nation la plus favorisée en ces termes : « *Les investissements appartenant à n'importe quelle Partie Contractante jouiront, dans le contexte de l'activité économique où ils auront engagé leurs investissements sur le territoire d'une autre Partie Contractante, d'un traitement qui ne sera pas inférieur à celui octroyé aux investisseurs appartenant à un autre État non partie dudit Accord dans le cadre de cette même activité. Ils auront les mêmes droits et privilèges que ceux reconnus à ces derniers* ».

La recourante soutenait que, par le jeu de cette dernière clause, étaient applicables aux obligations acceptées par la République gabonaise dans le cadre de ses demandes fondées sur la Convention de viabilisation et sur la Convention de construction, les clauses de respect des engagements suivantes : – L'article 2.4 du Traité bilatéral concernant l'encouragement et la protection réciproque des investissements signé entre la République gabonaise et le Benelux selon lequel : « *Chacune des Parties contractantes s'acquitte de tout engagement pris relativement à un investissement effectué par des investisseurs de l'autre Partie contractante* », – l'article 7.2 du traité bilatéral entre l'Allemagne et la République gabonaise qui dispose que « *Chaque Partie contractante respectera toute autre obligation dont elle aura convenu, relative à des investissements de ressortissants ou sociétés de l'autre Partie contractante sur son territoire* ».

Mais, en premier lieu, la clause de la nation la plus favorisée, qui étend au traitement des ressortissants d'un État partie à un traité les avantages accordés aux ressortissants d'un autre traité de protection conclu avec un autre État partie, ne concerne que les avantages substantiels contenus dans les traités d'investissement, dont notamment le traitement national, le traitement juste et équitable et les conditions d'expropriation. Cette clause n'a pas vocation à s'étendre aux avantages procéduraux de règlement des différends prévus dans les traités de protection des investissements et notamment à l'extension de la délimitation de la compétence des arbitres.

Dès lors, en l'absence de clause de respect des engagements figurant dans l'Accord OCI et d'extension par l'effet de la clause de la nation la plus favorisée des avantages procéduraux figurant dans d'autres traités, le tribunal arbitral n'avait pas à statuer sur l'existence d'une ou de plusieurs violations contractuelles résultant des conventions de viabilisation et de construction mais uniquement sur la violation des obligations internationales résultant de l'Accord OCI.

En second lieu, les conséquences juridiques tirées de la combinaison de la clause de la nation la plus favorisée figurant à l'Accord OCI et de la clause de respect des engagements figurant dans d'autres traités que l'Accord OCI ne peuvent être considérées comme relevant de l'intention des Parties Contractantes de cet Accord. Par une interprétation extensive jugée à juste titre « artificielle » par le tribunal arbitral, il ne serait plus nécessaire d'inclure dans les traités d'investissement des dispositions précises permettant la mise en œuvre de la responsabilité internationale de l'État pour, par exemple, violation du traitement juste et équitable ou pour ne pas avoir assuré la pleine protection et sécurité à l'investisseur, puisque par l'interprétation proposée, toute violation des contrats aurait le même effet sans avoir à remplir les conditions strictes attachées à l'application des standards internationaux de traitement.

[...]

Le principe de la contradiction exige seulement que les parties aient pu faire connaître leurs prétentions de fait et de droit et discuter celles de leur adversaire de telle sorte que rien de ce qui a servi à fonder la décision des arbitres n'ait échappé à leur débat contradictoire. Les arbitres n'ont aucune obligation de soumettre au préalable leur motivation à une discussion contradictoire des parties.

[...]

Contrairement à ce que prétend la recourante, le tribunal arbitral s'est contenté, sans soulever de moyen nouveau, de qualifier juridiquement les faits allégués et débattus devant lui et d'en tirer les conséquences juridiques pour motiver sa décision.

Ce moyen tiré du non-respect du principe de la contradiction invoqué par la recourante ne tend en réalité qu'à remettre en cause devant le juge de l'annulation l'appréciation portée par les arbitres sur l'argumentation et les pièces qui leur ont été soumises.

Le tribunal arbitral n'a pas méconnu de ce chef le principe de la contradiction.

– CA Paris, Pôle 1, Chambre 1, 25 juin 2019, n° 17-06430, *Kontinental Conseil Ingenierie KCI c. République Gabonaise*

Clause compromissoire – Référé – Urgence – État financier – Groupe de sociétés

L'article 1449 du Code civil dispose : « *L'existence d'une convention d'arbitrage ne fait pas obstacle, tant que le tribunal arbitral n'est pas constitué, à ce qu'une partie saisisse une juridiction de l'État aux fins d'obtenir une mesure d'instruction ou une mesure provisoire ou conservatoire. Sous réserve des dispositions régissant les saisies conservatoires et les sûretés judiciaires, la demande est portée devant le président du tribunal de grande instance ou de commerce, qui statue sur les mesures d'instruction dans les conditions prévues à l'article 145 et, en cas d'urgence, sur les mesures provisoires ou conservatoires sollicitées par les parties à la convention d'arbitrage.* ».

En application de ce texte la compétence exceptionnelle reconnue au juge des référés en présence d'une convention d'arbitrage est soumise à la condition de l'urgence.

Dès lors le demandeur au paiement d'une provision doit démontrer, outre le caractère non sérieusement contestable de l'obligation, les circonstances justifiant de l'urgence à en obtenir l'exécution.

[...]

Il ressort de l'examen de ces documents qu'à la fin de l'exercice 2017 la société appelante disposait de créances à recouvrer à hauteur de 14 062 816 euros. L'état de ses créances client a augmenté au cours de l'exercice suivant puisqu'il s'élevait à la somme de 21 millions d'euros et qu'en excluant les sommes réclamées dans le cadre de la présente procédure ces créances représentaient 64 % de son chiffre d'affaires en 2018. Dès lors la société appelante ne peut manifestement pas soutenir que l'aggravation de ses difficultés de trésorerie résulterait directement du refus de l'intimée de payer ses factures s'élevant à environ 3,5 millions d'euros.

[...]

Ces chiffres démontrent qu'à l'évidence ce groupe de sociétés est parfaitement sain et ne souffre manifestement d'aucune difficulté financière.

[...]

De plus les comptes de la société appelante permettent d'en déduire qu'elle est financée par le groupe, l'état de ses dettes étant composé à 50 % de dettes « groupe et associés » à hauteur de 12,2 millions d'euros en 2017 et de 13,3 millions d'euros à la fin de l'exercice 2018.

[...]

Il s'ensuit qu'il n'est pas établi l'existence d'une urgence manifeste justifiant la saisine du juge des référés nonobstant la clause compromissoire liant les parties.

– CA Paris, Pôle 1, Chambre 3, 26 juin 2019, n° 19-02646, *2H Energy c. GE Energy Power Conversion France*

Agence commerciale – Contrat – Clause compromissoire

Du fait de l'absence de contrat passé entre les parties, c'est à bon droit que le tribunal a considéré qu'aucune clause d'arbitrage ne pouvait s'appliquer entre elles.

– CA Aix-en-Provence, Chambre 3-1, 27 juin 2019, n° 17-02153, *Accessoires company c. Guess France*